AF612554

José Martín Félix de Arrate

Llave del Nuevo Mundo

Barcelona **2024**
Linkgua-ediciones.com

Créditos

Título original: Llave del Nuevo Mundo.

e-mail: info@Linkgua-ediciones.com

Diseño de cubierta: Michel Mallard.

ISBN rústica: 978-84-1126-770-0.
ISBN ebook: 978-84-9953-491-6.

Sumario

Llave del Nuevo Mundo

Dedicatoria

Ilustre Señor Cabildo, Justicia y regimiento de la muy noble y muy leal ciudad de San Cristóbal de La Habana.

En un rudo embrión o mal formado bosquejo ofrezco a la grandeza de V. S. una breve descripción de esta nobilísima ciudad, incultamente adornada de las pocas noticias que he podido adquirir de su primitivo establecimiento, y de las honrosas causas y circunstancias que contribuyeron desde sus principios para que, aventajando en sus progresos a las demás de la isla, llegase a ser hoy tan célebre entre las más famosas de este nuevo mundo.

Creo que en las groserías de mi pluma y en el desaliño de mi estilo perderá la mayor parte de su esplendor en el asunto; pero el sentimiento de verlo tan olvidado de aquellos ingenios de quienes era tan propia esta empresa y tan digna esta memoria ha inspirado alientos a la cortedad de mi espíritu para formar esta pequeña obra, la que me dejará con la noble vanidad de haberla intentado aunque no conseguido a proporción de su mérito, ni de mi deseo.

El único objeto que se le ha propuesto a mi gratitud para este empeño, en que me ha servido de estímulo así el culpable silencio de los patricios como la plausible curiosidad de los extraños (a quienes ha debido en sus escritos tan ilustres recuerdos), ha sido solamente aquella generosa emulación de que no le falte a mi patria lo que gozan otras ciudades de menor bulto y nombre.

Conozco que V. S., con su nobleza, lealtad y circunspección, la representa mucho mejor que yo puedo bosquejarla; pero no sé si entre sus lucimientos se dejará examinar más bien que entre mis borrones, ya porque lo que es permitido vean todos en los originales se comunica fácilmente en las copias, o ya porque hay ojos tan achacosos, que ofuscándose con las claridades, suelen percibir más entre las sombras.

La que yo solicito y me prometo en el amparo de V. S. no puede dejarme de ser tan benigna como segura; pues siendo la obra y el autor cosas tan de V. S. se halla precisado igualmente a protegerles. Perdonándome el que cuando he procedido tan osado en la ejecución de un proyecto superior a las fuerzas de mi habilidad, me porte tan modesto en los elogios de V. S., porque no quiero eslabonar yerro a yerro, dando que sufrir más a su prudencia, y que disimular a mi ignorancia y atrevimiento.

Dios nuestro Señor guarde a V. S. con los aumentos y felicidades que le suplico. Habana y noviembre 30 de 1761.

Muy Ilustre señor.

B. L. M. de V. S.

José Martín Félix de Arrate

Al que leyere

La inclinación que desde mis tiernos años tuve a los libros, sirviéndome desde aquella edad su lección de mayor deleite, fue creciendo con el curso del tiempo y más perfecto uso de la razón. Porque encontrando cada día en su hermosa y dulce variedad las más cumplidas satisfacciones el gusto, y el más sazonado pasto el entendimiento, se hizo en mí insaciable el apetito de leer, y como repasando a veces las noticias históricas, eruditas y mitológicas, era preciso sacase algún jugo sustancial y provechoso; al modo que la oficiosa abeja chupando el rocío de las flores fabrica panales de suavísima miel, advirtiendo entre las máximas discretas y agudas del doctísimo padre Garau cuanto excita los ánimos generosos a que en vez de ocuparse en materias de poco peso eleven el espíritu a revolver los anales de la patria y descubrir los hechos de los que la ennoblecieron,[1] pensé desde entonces dedicarme (como con efecto me dediqué) a investigar en lo historias de Indias, así generales como particulares, el origen y fundación de esta ciudad, los nombres y circunstancias de sus primeros pobladores, y reducir esta materia a un especial tratado, exornándolo con las individualidades de su situación, aumentos que ha tenido y estado en que se hallaba.

Con este conato repasé unas y otras, encontrando en ellas tan poca luz para lo principal, que en vez de servirme de norte y aliento para seguir la idea me llenaron de desmayo y ofuscación para abandonarla. Sin que me pudiese lisonjear la vana esperanza del recurso ordinario a los archivos, por constar plenamente de las mismas crónicas haber consumídose en el incendio que padeció esta ciudad invadida del francés año de 1538.

Ni pude persuadirme a que en aquellos tiempos pudiese haber reparado la curiosidad lo que devoró la desgracia, reproduciéndose por medio de algunos instrumentos comprobativos las recientes noticias de su establecimiento y población, por considerar muy ajeno a la constitución de aquella edad tan exquisita diligencia. Porque el rumor de nuevas conquistas, y el poderoso incentivo de la adquisición de grandes riquezas, llamaba las atenciones de los pobladores más a obrar que a escribir. Concepto que verifiqué bien fundado, luego que con mi ingreso a uno de los regimientos de esta

1 Máxim., tít. 2, pág. 174.

ciudad se me facilitó la ocasión de ver sus libros capitulares, en los que no hallé monumento alguno de los que necesitaba para el propuesto fin, pero ni aun otros muchos que pude esperar hubiese en los años sucesivos a la enunciada invasión. Comenzando los que existen desde el año de 1550, catorce después de la fatalidad acaecida, falta en que tuve tanto más que sentir, cuanto hay menos razón para poderse honestar; pasando más allá; de lo temido mi dolor a vista de este descuido, que me quitó los pocos alientos con que aspiraba a plantificar la obra.

Habiendo calmado con este último desengaño mi deseo, libre ya de la zozobra en que hace fluctuar el ansia de no conseguirse lo que se apetece, continué con serenidad mi antigua aplicación algún tiempo, hasta que al soplo de una insinuación respetable volvieron a la primera inquietud mis anhelos, figurándoseme dispensables los fundamentos que estimaba antes por tan necesarios para cimentar la premeditada construcción de la obra, resolviéndome a ejercitar lo posible, ya que lo demás no era practicable a costa del mayor desvelo y trabajo.

Esta reflexión me hizo conformar con la necesidad de ejecutar lo que pudiese, ya que no lo que debía y deseaba; pues quien carece de arbitrios y facultades para obsequiar con mucho, hace un grato sacrificio de lo poco, que aunque no sea el más lucido, es el más costoso. Porque el rubor de ofrecer una cortedad de más mérito a la oblación. Empeñándome a esto la doctrina y erudición del conde Thesauro, que califica de breve la vida de cualquier ciudadano que muere sin rendir algún obsequio a la patria. No queriendo terminase la mía sin tributarle una leve señal del amor que le tengo, y que por tantos títulos merece. Y más cuando el ejemplo de los extraños sirve de estímulo y aun de sonrojo a los patricios, tomando aquéllos como asunto de sus plumas la materia que a éstos no les ha debido ni un solo rasgo con que pudieron haber ministrado más alas a la fama y nombre de esta ciudad.

No pretendo comprender absolutamente en este cargo al regidor don Ambrosio de Zayas Bazán, porque sé muy bien compuso una relación histórica del establecimiento, situación y calidades de esta ciudad, adornada de algunas noticias particulares de la Isla, y que se remitió a la Corte por disposición del brigadier don Gregorio Guaso, siendo gobernador de esta plaza; pero como esta obra no ha salido a luz, ni quedado copia de ella entre sus papeles, creo le resulta por el descuido parte de aquella nota, y a mí el dolor de no haber logrado un ejemplar o diseño de tan buena pluma, para haber errado menos en el trasunto.

Expresaré aquí los que han honrado a La Habana en sus escritos; pues aunque resalte a vista de su memoria el defecto de la nuestra, no es justo padezcan olvido en mi gratitud los que tanto la han exaltado y engrandecido.

El maestro Gil González en su Teatro eclesiástico, y Juan Díaz de la Calle en su Memorial de noticias sacras y reales de Indias, recogieron y sacaron a luz varias de las circunstancias y requisitos, que así en lo formal como en lo material ilustraron y ennoblecieron esta ciudad.

Don Pedro Cubero en el libro de sus peregrinaciones hizo en una sucinta, pero expresiva relación, curiosos apuntes de la bondad de su puerto, excelencia de sus fortalezas, aseos de sus templos y hermosura de su población.

El Rmo. Padre Francisco de Florencia, varón de mucha doctrina y virtud, en la Crónica de su provincia de Nueva España, aun desviándose como lo conoció y expuso) de su principal asunto, se amplificó en describir y demostrar su benigno temple, generosa índole de sus naturales, comodidades de su célebre bahía, y otras notorias ventajas y conveniencias de su importante situación.

El maestre de campo don Francisco Dávila Orejón, que ilustró esta ciudad no menos con su gobierno que con sus recomendaciones y aplausos, gastó muchas hojas en manifestar al orbe lo esencial que era su puerto a la conservación de los dos opulentísimos reinos de México y Perú; explayándose en las noticias de su situación, utilidades de su fortificación, y amor y obediencia de sus vecinos; de suerte que en sus elogios suenan más como requiebros de un amartelado y tierno amante, que como expresiones de un desinteresado pangirista. Como se verá en el libro que imprimió, intitulado Excelencias del arte militar.

El marqués de Altamira, caballero angelopolitano, en un cuadro que aún corre manuscrito, formó en verso y prosa una breve y elegante descripción de nuestra Habana con las noticias que pudo recoger al tiempo de transitar por ella para los reinos de Castilla, retribuyendo su urbanidad en encomios cuanto disfrutó en cortesanía de los moradores de este país, siempre obsequiosos con los forasteros, aunque no siempre tan bien correspondidos.

Todos estos autores y otros (aunque más de paso) han inmortalizado en sus obras el nombre y excelencias de nuestra patria; y yo me valgo de ellos para apoyar el contexto de la mía. En lo que no dudo, se reconocerán muchos deslices y aun faltas graves propias de mi ignorancia, pero muy ajenas de mi intención, que ha sido solo desempeñar las obligaciones de mi agradecimiento, y hacerla más conocida a costa de este trabajo y estudio.

Confieso el poco que me ha costado el título que le he puesto a este opúsculo; porque no es invención debida a mi voluntad y discurso, sino un glorioso epíteto con que ha querido la real grandeza distinguir y condecorar a La Habana, llamándola Llave del Nuevo Mundo y antemural de las Indias Occidentales, como consta de las cédulas que cita don Francisco Dávila Orejón, y otras antecedentes y posteriores de que hago mención y confirman y corroboran ser muy peculiar de esta ciudad tan honroso nombre, y dimanado no menos que de la regia autoridad, digno por tan soberano origen de la veneración de todos sus vasallos. -Vale.

Capítulo I. Del descubrimiento de la isla de Cuba y de su situación y excelentes calidades

Entre las varias hermosas y fecundas islas que el grande Palinuro o famoso argonauta don Cristóbal Colón descubrió en estas partes de occidente, el año de 1492, y le afianzaron con su hallazgo y reconocimiento el deseado logro de aquella admirable empresa, con que quitó a las más heroicas y célebres de la antigüedad la mayoría, ya que no pudo la precedencia, fue la de Cuba, a quien llamó Juana, la primera en que por las noticias de su grandeza y apariencias de más fertilidad hizo internar algunos españoles, acompañados de dos indios, para que buscando en las inmediaciones de la costa pueblos de gentes, les diesen a entender en nombre de los reyes católicos el principal motivo de su venida a estas regiones. Pero aunque resultó de las diligencias el haber penetrado hasta un lugar de cincuenta casas y visto otras menores en que fueron bien recibidos, trayéndose consigo los enviados tres naturales por quienes se investigasen los de sus habitadores, satisfecho Colón con el informe de la cercanía de nuevas y más ricas tierras, prosiguió su derrota en demanda de la isla más vecina, a quien después tituló la Española.

Separose de Cuba con la incertidumbre de si era o no tierra firme, permaneciendo esta duda hasta que el año de 1494, siendo ya Almirante de las Indias y volviendo a continuar sus descubrimientos, examinó ser isla, verificándose esto más claramente después que por especial orden del rey comunicada al Comendador Nicolás de Ovando, gobernador que era entonces de la Española, la bojeó enteramente Sebastián de Ocampo el de 1508, reconociéndola por una y otra costa, y observando las buenas calidades del país, comodidades y excelencias de los muchos puertos y bahías de que gozaba por ambas partes.

Examinó entre los mejores y más recomendables por sus circunstancias, aún no bien comprendidas en aquel tiempo, éste de La Habana, a quien nombró puerto de Carenas por haber, como es tradición, facilitado en él la de sus bajeles con el casual hallazgo de un manantial de betún, que suplió la falta de brea y alquitrán con que venía; socorro que por no esperado fue más aplaudido.

Volvió, pues, Ocampo a Santo Domingo, y aunque con su llegada se hizo notorio todo lo que había advertido de la feracidad y requisitos de Cuba, no produjo ningún efecto en cuanto a tomar expediente para su población, hasta que el año de 1511, habiendo sucedido en la posesión del almirantazgo de las Indias don Diego Colón a su padre don Cristóbal, determinó pasase de la Española a Cuba el capitán Diego Velázquez, con el honroso encargo de reducirla y poblarla, contribuyendo mucho las apreciables prendas del electo para el más fácil y feliz éxito de la jornada, y lograr con la pacificación de los naturales los mejores establecimientos en la Isla; de cuya situación, grandeza y fertilidad, antes de pasar a otra cosa, es preciso hacer digna memoria, tocando algunas noticias históricas, políticas y geográficas que conducen a su mayor lustre y estimación y son muy propias de mi asunto, porque La Habana interesa como parte, y parte tan principal y mejorada cuanto se diga en honor de su todo, que es la Isla, por ser el precioso engaste de esta rica presea de la corona española, y la estimable concha de esta occidental margarita, como la llamó aquel gran apreciador de sus quilates, el discretísimo Orejón.[2]

Está situada la isla de Cuba dentro del trópico de Cancro en la embocadura del Seno Mexicano, al norte de la equinoccial desde los veinte grados de latitud, en que se demarca el cabo de Cruz, hasta los veintitrés y quince minutos, en que cae la bahía de Matanzas; y desde los doscientos ochenta y ocho grados y tres minutos de longitud, en que está el cabo de San Antonio, hasta los trescientos uno y veinte minutos, en que queda la punta de Maisí.[3] Su terreno es fértil y el temperamento es benigno, pues siendo seco y caliente, es más templado y sano que el de Santo Domingo y otras provincias de este nuevo mundo, porque las lluvias y vientos lestes, que comúnmente reinan en ella, hacen menos intensos los calores del verano y estío, y en la estación del invierno, por la frecuencia de los nortes, goza los más días y noches regularmente frías, o cuando menos frescas.[4]

Sobre su longitud, latitud y circunferencia varían considerablemente los autores. El cronista Herrera escribe que desde punta de Maisí, extremo oriental, hasta el cabo de S. Antón, que es el occidental, tiene de largo dos-

---

2 Déc. 1.ª 1. 9, cap. 2, fol 230.

3 Excelencias del arte militar, c. 65.

4 Herrera, Década 1.ª, lib. 2, ap. 3.

cientas treinta leguas, y que su mayor latitud es de cuarenta y cinco, desde cabo de Cruz hasta el puerto de Manatí. Cómputo que sigue Moreri en su diccionario, difiriendo de Herrera en que por lo más angosto le da quince, y aquél le señala doce.

Don Sebastián Fernández de Medrano reduce su longitud a doscientas leguas, su mayor latitud a cuarenta y su circunferencia a quinientas sesenta.[5] Pero el maestro Gil González se extiende a doscientas cincuenta de largo, cuarenta y cinco o cincuenta por lo más ancho, doce por lo más angosto, y más de seiscientas de circunferencia.[6] En cuya diversidad de cómputos no puedo establecer sólidamente el más fijo; pero juzgo más conforme y arreglada la longitud que expresa el último, aunque padeció el engaño que los demás en las doce leguas que pone por lo más estrecho. Porque son catorce las que incontrastablemente hay desde Batabanó a La Habana, que es lo más angosto.

Son por la mayor parte sus tierras fructíferas y llanas, pues aunque hay algunas anegadizas o cenagosas en la costa del sur, y se dilatan las serranías desde la punta de Maisí para Cuba como treinta leguas, no faltando otras (aunque no tan altas) en medio de la Isla y en la banda del norte, las que corren hasta el cabo de San Antón, esto es lo menos y aún son útiles para la crianza de ganado.

Los ríos que hacen cómoda y fertilizan esta Isla son ciento cuarenta y ocho.[7] Los veinticinco derraman desde La Habana al Cabo de San Antón por la costa del norte; y desde éste al Batabanó, por la del sur, desembocan catorce.

Desde este surgidero hasta Jagua se numeran siete, que tributan sus aguas a una ciénaga de sesenta leguas de largo, derramando a la expresada bahía tres navegables, que han recibido antes el caudal de diez; uno de ellos el de Santa Lucía, con buen salto para el moler, aserrar y llevar agua a la fortaleza que defiende aquel puerto. De Jagua a Trinidad hay catorce ríos, uno de ellos el de Arimao, con riberas y surgideros como el mar.

De Trinidad a Cuba por los territorios de Santo Espíritu, Puerto del Príncipe y Bayamo derraman veintiocho ríos, algunos navegables y de los

5 Mod. Geog., pág. 263.
6 Thtro. Ecco., c. 1, f. 272.
7 Dr. Urrutia en su Proemio orgánico mercantil.

mayores de la Isla. De Cuba a Punta de Maisí hay veintiuno, y fenecida la costa del sur, volviendo por la parte del norte, se cuentan hasta Baracoa tres, y desde ésta a Holguín veinte. De Holguín a la Guanaja, surgidero del Puerto del Príncipe, tres; y desde ésta al Cayo, cuatro; y del Cayo a Matanzas otros tantos. Contándose desde este puerto al de La Habana ocho. En todos los cuales hay mucha pesca de *lisas, sábalos* y *manjuaríes*, que suben del mar, y de otros diversos regalados peces de agua dulce, como son *guabinas, biajacas*, y gran copia de *camarones*.

Sus montañas son abundantes de frutas silvestres y ricas, de preciosas maderas, *cedros, caobas, robles, granadillos, guayacanes* y *dagames*, y otras de grande corpulencia y estimación, no solo muy a propósito para la construcción de bajeles, como se ha experimentado en las fábricas establecidas por el rey en esta ciudad, sí también muy especiales para otros usos que las han hecho apetecibles en España y en otros países de Europa, prefiriéndolas a las de aquellos reinos, y solicitándolas para las obras más excelentes y maravillosas que la magnificencia de nuestros monarcas ha proyectado y emprendido, como se evidencia de una real cédula de 8 de junio de 1578, en que se encargó al gobernador de esta plaza remitiese palos de diversas menas de las más particulares para el suntuoso edificio del *Escorial*.[8] Después en estos tiempos se han perdido once mil tablones de caoba para el palacio nuevo que S. M. labra en Madrid, de que se ha conducido ya gran porción; pero resta todavía parte de ella y de otras diferentes encargadas para distinto fin de su real agrado y buen gusto.

De las frutas de Europa o a su similitud, como se dice, únicamente llevan estos territorios *uvas, higos negros* y *blancos, granadas, melones* y *sandías*; pero de las regionales produce muchas exquisitas de excelente sabor.[9] Las *piñas, anones, zapotes, mameyes colorados* y *amarillos, plátanos, papayas, cocos*, y otras de que hace mención el cronista Oviedo, engrandeciendo algunas sobre las más regaladas de otras partes, especialmente la *piña*, que sobrándole para reina (título con que se ha levantado según escribe un autor) de todas ellas la corona que tiene, solamente le ha faltado para emperatriz de las Indias el que nuestro Máximo, Carlos V no la hubiese

8 Padre Acosta, Historia natural de la Indias, lib. 4, pág. 265.

9 Oviedo, Sumario de las cosas de Indias, cap. 64, f. 7. Espectáculo de la nat., t. 3, pág. 239 y sig.

querido comer. Pues habiéndole presentado una, como refiere el padre Acosta, se contentó con aplaudir su buen olor, y no probar su delicado gusto o diversos sabores, en que parece remeda al *maná*, como dice el traductor del citado *Espectáculo de la naturaleza.*[10] Negativa que parecería sin duda desprecio de aquella fruta, y yo juzgo prudentísima circunspección de aquel soberano monarca por no cebar el apetito en una golosina que no podía satisfacerle o saciarle siempre que desease gustarla.

Hay en los campos hermosa variedad de árboles floridos, yerbas y plantas odoríferas, entre las que es muy particular el *navaco* por su admirable fragancia. Hállanse en ellos muchas aves de canto como son *ruiseñores, sinzontes, mariposas, chambergos, azulejos, mallos* y *negritos*, de cuyas diversas especies pidió el rey al gobernador de esta ciudad se le enviasen en flotas y galeones.[11] Y para la caza, hay *palomas torcaces, becacinas, codornices, perdices* y diferentes generos de *patos* de que se pueblan ríos y lagunas, no faltando pájaros de vistosa y varia plumería, como son los *flamencos, guacamayas, cotorras* y *periquitos*, que estos últimos son de distintas especies de *papagayos* que enseñados a hablar son de mucho aprecio.

Sus tierras de labor, a más del *tabaco* y *cañas dulces*, que son las cosechas más largas y de mayor utilidad, producen con abundancia *yucas, batata, jengibre, maíz, arroz* y algún *cacao* y *café*; y después que las cultivan los españoles dan casi todas las verduras y legumbres de Castilla y algunas más excelentes. Solo del trigo, aunque se siembra y coge en diversos terrenos, son escasas las cosechas, porque aunque rinde bien, le cae la pensión de la *aljorra*, que a veces desanima a los labradores para no extenderlas. Por lo que me causa extrañeza que un autor tan verídico como el Padre Acosta afirme que en estas islas de barlovento no se cogía el referido, ni el *maíz*, cuando por lo que toca al primero, así antigua como modernamente se ha visto y toca lo contrario, llevando mucha y buena porción;[12] y por lo que mira al segundo, se disfrutan anualmente dos copiosas cosechas, una que

10 Historia natural de la Indias, lib. 4, pág. 44.
11 Cédula de Aranjuez, 6 de mayo de 1678.
12 Historia natural de la Indias, 1. 4, pág. 24.

llaman de agua y otra de frío, con admiración del orbe, como lo celebra el grande Solórzano por crédito de la fertilidad de estas regiones.[13]

Ni son menos aptas sus montañas, bosques y sabanas para las crianzas de ganado mayor y menor, especialmente del último, siendo los *puercos* de esta isla muy ventajosos a los de otras partes. Así lo sintió don Francisco González del Álamo, médico natural de esta ciudad, en la respuesta que dio a la consulta de su Ayuntamiento en 1706, la cual corre impresa, y en ella prueba con razones y autoridades que, por ser su nutrimento y común pasto la *palmiche*, que da la palma real, *naranjas, guayabas agrias* y *jovos*, es su carne más sana y sabrosa que la de aquellos que se sustentan con *maíz y bellota*, cuya fruta no falta en algunos criaderos de la Isla y distrito de esta ciudad.[14]

Antes de poblar en aquélla los españoles no había más animales cuadrúpedos que las *jutías* y cierta casta o raza de *perros mudos*, la cual parece que se ha extinguido, porque de cuantas conocemos ahora ninguna carece de articulación para latir, si no es que de los introducidos de varias partes han tomado o aprendido a ladrar, como se experimentó en los de las Islas de Juan Fernández, según afirma don Antonio de Ulloa en su relación histórica. Suplíase la falta de carnes con la de las tortugas, que era la frecuente pesca y sustento ordinario de los isleños de ella.[15]

En la riqueza de minerales de metal, aunque no fue tan opulenta como la Española, es cierto que a los principios de su población se sacó mucho oro en distintos parajes de ella, singularmente en los términos de Jagua y cercanías en que se fundó la villa, ya hoy ciudad, de la Santísima Trinidad:[16] a lo que parece aludió la noticia que dieron a Colón los indios, diciendo que en *Cubanacán* (que es lo mismo en su idioma, que en mitad de la Isla) se daba mucho oro. Y a la verdad hubo año que rindió al rey 6.000 pesos de quinto; pero como se aniquilaron los naturales y se entregaron los pobladores a otras ocupaciones y granjerías, en que se particularizaron los de esta Isla, faltó quien se ejercitase en este servicio.[17]

13 Polít. ind., 1. 1, cap. 4, f. 13.
14 Sent. y resp. imp. En México, pág. 12.
15 T. 3.º, lib. 2, cap. 4, pág. 291.
16 Déc. 2.ª, lib. 4, cap. 4, pág. 95.
17 Déc. 2.ª, lib. 3, cap. 12, pág. 8.

Y aunque Gómara, Moreri y Medrano escriben que el oro que se cogía en esta Isla era de poca ley, Herrera afirma lo contrario expresando excedía en dulzura y quilates al de Cibao de la Isla de Santo Domingo, lo que confirma aun hoy la experiencia; pues en los de Holguín y del Escambray[18] se saca en granos muy acendrado, por las personas que hoy se aplican a este trabajo, lo que hace creer subsisten minas de este metal en aquellas inmediaciones, de donde arrastra el ímpetu de las lluvias los muchos granos que en ambos nos se cogen.

Por lo que mira a cobre, no solo hay los célebres minerales del pueblo de Santiago del Prado,[19] cercano a la ciudad de Cuba, que a más del que dieron para las fundiciones de artillería que antiguamente se hicieron en aquélla y en ésta, se embarcaban y conducían 2.000 quintales todos los años para Castilla, como parece de una real cédula fecha en Madrid a 7 de marzo del de 1630; pero los hay también en el distrito de La Habana, de que se han remitido a España muchas porciones por cuenta de la Real Hacienda en tiempo que tuvo esta comisión y encargo el contador don Juan Francisco de Zequeira.

Poco tiempo ha que se encontró en términos de la jurisdicción de esta ciudad una mina de fierro, que labrado para remitir muestra a la corte, se ha reconocido por inteligentes ser de tan buena calidad como el de Vizcaya, y de gran ahorro al real erario si se beneficiase para el preciso consumo de los bajeles que se construyen en este arsenal.

Entre los vegetables de la Isla hay muchedumbre de plantas medicinales, y aunque de las virtudes de algunas, como son el *tabaco* y la *cebadilla*, trató cierto médico sevillano en un opúsculo que dio a luz, y el venerable Gregorio López en la obra que escribió, ambos dijeron poco, por ser tantas las que hay y se reconocen y experimentan cada día, que pudiera la curiosidad de los herbolarios y químicos enriquecer la farmacéutica con las noticias de sus salutíferas propiedades.[20] Pero dejando el hablar de todas o las más específicas para la curación de algunas dolencias a los profesores y facultativos, pasaré a lo que juzgo no ser muy impropio ni separado de mi asunto, antes

18 Sierra que forma parte del sistema montañoso central de Cuba, dentro de los límites de la actual provincia de Santa Clara.

19 Actual pueblo de El Cobre (provincia de Oriente).

20 Dr. Monard., De cos. que se traen de Ind., 2.ª pte., págs. 19, 26, 70, 73.

sí muy concerniente a él, dando alguna luz y noticia de los célebres baños de agua caliente de que goza la Isla y esta ciudad en su distrito, siendo bien repetidas y famosas las curaciones de los tocados del humor gálico o mal francés, experimentándose su eficacia con solo bañarse en ellos y beber su agua, observando en la comida razonable dieta, con lo que se ve todos los días en los aquejados de este achaque perfecta sanidad, recobrando muchos tullidos y baldados el uso y expedición de los miembros y partes impedidas aun al cabo de muchos años y después de diversas curaciones, de que hay innumerables ejemplares, por lo que son continuadas sus aguas anualmente de muchas gentes en el tiempo de seca, que es el más proficuo para tomar estos baños.

De ellos tenemos unos a cuarenta leguas de esta ciudad a la parte de sotavento, que son los del río de S. *Diego*; a cuya orilla brota un ojo de agua que es el más cálido y sulfúreo, y dentro del mismo río brotan otros varios que son los más templados. Los otros están a la banda de barlovento, algo próximos a la costa del sur, distantes como dieciséis leguas de La Habana, en el paraje que llaman el *Cuabal*, y ambos son frecuentados, sin embargo de lo prolijo de los tránsitos, por el beneficio e interés de la salud, tan justamente preferida a otra cualquiera comodidad, porque ninguna se goza con gusto faltando aquélla.

Capítulo II. Prosigue la materia antecedente con algunas noticias de otras particularidades de la Isla

Sobre las apreciables excelencias de esta isla de Cuba, que dejo diseñadas en el capítulo antecedente, y que la hacen tan digna de ser reputada por una de las Hespérides en que fingió la antigüedad aquellos huertos y árboles que producían manzanas de oro, añadiré otras no menos considerables, sin tocarlas con aquella individuación que merecen, por no extenderme más de lo que juzgo conveniente al método de esta obra y fuerzas de mi pluma; siendo la primera tratar de la multitud y bondad de sus puertos, en que no solo excede esta Isla a otras de barlovento, pero a todas las del orbe.[21] Pues sin contar algunas ensenadas y surgideros cómodos de menos nombre, y que en otras partes se estimarían por puertos, tiene innumerables en una y otra costa, las insignes bahías de Cuba, Guantánamo, Nipe, Jagua, Bahíahonda, Cabañas, Mariel, La Habana, Sagua y las Nuevitas; de las cuales las más no tienen semejanza en ambos mundos, y de cada una se pudieran escribir muchas particularidades, expresando su extensión, seguridad y fondo. Pero lo omito por excusar prolijidad, y no por el recelo de que puedan excitar curiosidades extranjeras, como lo explicó cierto grave autor, para no hacerlo, porque si en aquella edad fue prudente la precaución, ya en nuestros tiempos parece ociosa y aún ridícula, pues son más notorias sus circunstancias a los extraños o enemigos que a los naturales, como se evidencia en sus mapas, diseños y cuarterones.[22]

A consecuencia de la copia admirable de puertos que goza la Isla, daré con brevedad alguna noticia de las buenas y abundantes salinas que también tiene, de cuyo beneficio, como escribe don Francisco Orejón, le ha tocado bastante parte, proveyéndola la naturaleza sin auxilios del arte de un género tan preciso y precioso para la vida humana, y con tanta prodigalidad que, sin motivar falta al abastecimiento necesario de sus poblaciones, puede comunicarlo a otras del continente americano: como lo hace en ocasiones al reino de la Nueva España, en donde es más apreciable nuestra sal

---

21 Emporio del Mund., 1. 1.°, cap. 15, pág. 55, núm. 6.

22 Exc. del arte mil., cap. 63, pág. 117.

que la de las provincias de Campeche o Yucatán, por ser más blanca, más pura y de mejor grano.

Las salinas más principales de la Isla son las de Guantánamo, en la costa del sur, y la de la Punta de Hicacos en la del norte, que distará veinticuatro leguas de esta ciudad a barlovento, correspondiendo en ellas la abundancia y la calidad del grano, no siendo inferior la que se coge en el cayo llamado de Sal; pero éste, aunque muy cercano a nuestra costa, está separado del continente de la Isla, en que se diferencia de las expresadas.

No debo omitir entre las demás circunstancias de ella que ya he referido, y he de continuar en este capítulo, hacer alguna memoria de la naturaleza y costumbres de los indios en ella, sobre que hablan con uniformidad nuestros cronistas, asentando, sin discrepancia sustancial, eran de humor pacífico, dóciles y vergonzosos, muy reverentes con los superiores, de grande habilidad y aptitud para las instrucciones de la fe, bien dispuestos y personados, y de graciosa forma y hermosura, y que en la labor y construcción de sus casas y poblaciones gastaban curiosidad y policía.

El Padre Torquemada los favorece tanto, que habiendo celebrado su policía civil y otras generosas propiedades, no dudo decir parecía en su trato y sinceridad gente de la primera edad del mundo, o estado de la inocencia.[23] Bien al contrario de lo que se ha escrito de otras bárbaras o gentílicas de estas mismas partes, y de las de África; y lo que es más, de algunas gentes de Asia, que es tenida por la mejor cultura y política, pues en ellas apenas se conocían rastros de humanidad, ni de virtud moral. Tenían el engaño y la simulación por crédito de ingenio, como sucede entre los japoneses, los actos políticos de torpeza por obras laudables de la misericordia, como se lee de los chinos, el hurto o rapiña que se hace a los advenedizos por una lícita granjería permitida a los naturales, como se refiere de ciertas islas asiáticas; y sobre todo los sacrificios horribles de sangre humana por estatuto o rito sagrado de la religión: errores en que no fueron comprendidos los naturales de esta isla, quienes dotados de la bella índole que se ha expresado, y de las demás prendas que se han dicho, acreditan sin duda la bondad del clima.

23 Monarquía indiana, c. 24 y 26, ff. 580 y sigs.

No puedo negar que deshicieron las expuestas calidades por pusilánimes, o demasiadamente inclinados al ocio y descanso, buscando por remedio contra la indispensable necesidad del trabajo la última desesperación de ahorcarse, pues afirma el Inca se hallaban diariamente las casas despobladas de vivientes y llenas de cadáveres, de que hasta ahora se conservan osarios en algunas espeluncas o cuevas del contorno, a donde debían también de retirarse a quitar por sus mismas manos las vidas.[24] Pero al fin como hombres apasionados o frenéticos, viéndose compelidos a trabajar más de lo que permitía su flaqueza o habían tenido por costumbre, los hizo su ceguedad dar en semejante despecho, el que aniquiló, como diré en otra parte, la muchedumbre de habitadores que poblaban la isla, y de que apenas quedaron algunas pocas reliquias en Guanabacoa y el Caney.

Réstame todavía que entre tantas estimables circunstancias, como en lo natural ennoblecen esta isla de Cuba, se haga recuerdo de otras, que en lo político y cristiano también la ilustran y autorizan, y hacen manifiesta su dignidad y excelencia sobre las otras; no siendo la menor de sus prerrogativas el haber sido origen de muchos descubrimientos y gloriosas conquistas. Porque como publican todas nuestras historias, fue Cuba el taller donde se forjaron los grandes armamentos para el reino de Nueva España, provincias de Yucatán y la Florida, debiendo no solo a la celosa actividad y magnánimo corazón de su gobernador y adelantado Diego Velázquez, sino también al valor y marciales espíritus de sus principales pobladores, el que con dispendio de sus caudales y abandono de sus establecimientos en ella solicitasen dilatar la fe de Cristo y dominio español en este vastísimo imperio, lo que convencen bien los enunciados cronistas, y son padrón eterno de esta gloria de Cuba.[25] A que atendiendo S. M. en el acaecimiento del gran incendio que consumió muy a principios la ciudad de Santiago, ordenó se le diese de su real erario cierta suma para los reparos, haciendo en el despacho expedido para esta gracia relación del justificado mérito que tengo referido.

No es posible tampoco pasar en silencio la diversidad de renombres con que se ha distinguido esta isla, desde su feliz descubrimiento, pues se le

24 Historia de la Florida, c. 12.

25 Déc. 3.ª, lib. 10, cap. 9, fol. 291.

debe dar, entre sus otros honores, mucho lugar al que le resulta de aquéllos.[26] Llamola primero, como hemos tocado, *Juana* don Cristóbal Colón, en memoria del príncipe de Castilla primogénito de los reyes católicos. Después, queriendo honrarla más el mismo católico don Fernando, mandó que se titulase *Fernandina*, por alusión a su real nombre, y siendo éste que le dispensó la regia dignación, tan soberano y augusto, quiso el cielo fuese también conocida por la Isla de *Santiago* y *del Ave María*, gozando la primera nomenclatura por su patrón, el que lo es de toda la monarquía española; y la segunda que le adquirió la entrañada devoción de los indios naturales, aun entre las oscuridades de sus errores gentílicos, a la Santísima Virgen nuestra señora, y milagrosas asistencias con que los favorecía esta piadosísima Madre en varias ocasiones, como refieren más individualmente algunos escritores.[27]

Por esta causa o razón, aunque no dudo influiría también la del título de su iglesia católica, discurro que habiéndose determinado señalar blasón de armas a esta Isla para que lo usase en sus pendones y sellos, se dispuso el año de 1516 darle un escudo partido por medio, en cuyo superior cuartel estuviese la Asunción de Nuestra Señora con manto azul purpurado y oro, puesta sobre una Luna, con cuatro ángeles en campo de color de cielo con nubes, y en el inferior la imagen de Santiago en campo verde, con lejos de peñas y árboles, y encima una F, y una I a la mano derecha, y una C a la izquierda que son las letras iniciales de los nombres de Fernando, Isabel y Carlos, y a los dos lados un yugo y unas flechas y bajo de estas figuras colgando del pie del escudo un cordero, manifestándose que el principal timbre con que se honra y distingue Cuba es María Santísima señora nuestra.

El cordial afecto y religiosa veneración a esta gran reina, tan general en casi todos los originarios de esta Isla, la creerán propaganda de aquellos sus primitivos naturales, los que más piadosamente que el maestro Puente quisieron hacernos herederos de sus virtudes, como él se persuadió que lo seríamos de los vicios que con tanta generalidad apropió a los habitantes de

26 Herrera, Dc. 1.ª.

27 Déc. 1.ª, lib. 10, cap. 18, fol. 292. M. Gil González, Theatro ecco., c. 1.º, fol. 276. Gómara, Historia de la Indias, cap. 51, pág. 41, debb. y Sael, part. 1.ª. P. 130, cita a Beyerlin, list. M. v. Mar.

estas partes.[28] Pero no siendo un atributo tan sobrenatural como el expresado, ni influjo de los astros, ni constelación del clima, sino especial gracia y don de Dios, de quien desciende todo lo bueno y lo perfecto, es sin duda que solo a Su Majestad debemos reconocer por origen y autor de esta felicidad; siendo blasón característico, que ha dado el cielo a los de esta Isla, la tierna devoción con María Santísima, pues apenas hay corazón en ella que no le sirva de templo, ni templo en que no le hayan erigido multiplicados altares los corazones de los vecinos y naturales de este país todo mariano.

28 Excelencias de los dos Monarq., t. 1.º, lib. 2, c. 25.

Capítulo III. Del apresto de Diego Velázquez para pasar a Cuba, su arribo a ella, principios de su población y primitivo establecimiento de la villa de La Habana

Nombrado ya, como dejo dicho en el capítulo primero, el capitán Diego Velázquez para que pasase a poblar a Cuba, se divulgó por toda la Española el armamento que disponía para esta empresa;[29] y como era persona rica y acreditada de gran prudencia y afabilidad en los manejos y comisiones que había obtenido, y por eso generalmente aceptable a los castellanos, le siguieron hasta trescientos de ellos; y en cuatro embarcaciones que estaban preparadas para el transporte en Salvatierra de la Sabana, situada en el cabo de la isla de Santo Domingo, pasaron con felicidad a la de Cuba, desembarcando en el puerto de Palmas, cercano a la punta de Maisí.[30]

Desde este paraje, venciendo muchas dificultades que ocasionaba la espesura de los montes, que por aquella parte son, aun hoy, fragosos o intraficables, y alguna leve resistencia de los habitadores de aquella provincia, que eran los más indios fugitivos y malcontentos de la Española, a quienes esforzaba la ojeriza del cacique Hatuey, adverso a la dominación de los castellanos, comenzó Velázquez a intentar su población, año de 1512, fundando en la ribera de un puerto de la costa del norte la villa de la Asunción de Baracoa, que fue la primera de la Isla, y estimada algún tiempo cabeza suya.

Establecido ya en la nueva villa dicho capitán y poblador, determinó enviar con suficiente acompañamiento a Pánfilo de Narváez, y al licenciado Bartolomé de las Casas, que fue después el decantado obispo de Chiapa, a reconocer y pacificar los lugares y gentes de la Isla; siendo el efecto algo contrario a los fines de su intención y de la jornada, porque el ardor natural e imprudencia del primero dio varios motivos de desazón e inquietud a los isleños.[31] Pero serenados los ánimos de éstos, parte por la docilidad y mansedumbre de sus genios y parte por la bondad del padre Casas, pasaron desde las provincias del Bayamo y Camagüey, que es donde se asentaron después las villas de San Salvador y Santa María del Puerto del Príncipe,

29 Déc. 1.ª, lib. 9, cap. 2, f. 230.
30 Oviedo, libro 17, cap. 3, f. 130.
31 Déc. 1.ª, lib. 9, cap. 3, f. 236.

hasta lo más occidental de la Isla, en que estaba situada la provincia de La Habana.

Detuviéronse en ésta algún tiempo con el designio de recobrar ciertos españoles que habían librado de un naufragio y residían en ella, los cuales les mandó entregar el Cacique; pero luego que tuvieron aviso de que Diego Velázquez venía a encontrarse con ellos en el puerto de Jagua, partieron para allí los citados Narváez y Casas con la demás gente que habían traído, y se juntaron con Velázquez en el prevenido lugar. Tomáronse en él las providencias de fundar la villa de la Trinidad, en la costa del Sur, y la de Sancti-Spíritu en lo interior de la Isla, a distancia de veinte leguas de aquélla, habiéndose plantificado en este mismo año, que fue el de 1514, las otras tres villas de Santiago de Cuba, San Salvador del Bayamo y Santa María del Puerto del Príncipe, y al año siguiente la de San Cristóbal de La Habana.

La escasa y confusa noticia que los historiadores de las Indias han dejado en sus obras cerca de las referidas poblaciones, y particularmente de la última que es la de mi intento, se ha hecho más sensible, y aun irreparable, por no tener recurso a los archivos y monumentos antiguos de esta Isla, que se han perdido por varios accidentes, experimentándose la misma desgracia en los de esta ciudad; porque habiéndola sorprendido un corsario francés el año de 1538, a los veintitrés de su fundación, perecieron, como he referido en el prólogo, en el incendio que padeció entonces, y ha sido el único que hasta ahora le ha ocasionado la envidia de los enemigos. Por cuya razón no tocaré este punto con la claridad y certeza que es necesaria, sino con la que ministran algunas inferencias de las citadas historias y tradición de los antiguos.

Dio principio Diego Velázquez, con la asistencia de los ya nombrados Narváez y Casas, a la fundación y establecimiento de La Habana el referido año de 1515, llamándole villa de San Cristóbal por haberla comenzado a poblar su propio día, que es el veinticinco de julio, aunque acá se celebra, por especial indulto de la Silla Apostólica, a dieciséis de noviembre, porque no se embarace la festividad con la de Santiago patrón de España y de la Isla.[32] Pero a más del expresado motivo puede discurrirse concurriría tam-

32 Theatro ec., cap. 6, pág. 274.

bién el de obsequiar con la memoria y título de este santo mártir al Almirante de las Indias, por haber tenido su glorioso padre este mismo nombre.

El de Habana, que obtiene y escribe cierta pluma ser voz fenicia, derivada de los hebreos, o de la ciudad de Aba, de donde afirma no está lejos el río Abana de Damasco,[33] que refiere la Sagrada Escritura, lo tomó o se lo dieron en mi sentir por la provincia en cuyos términos fue asentada la nueva villa así como las demás primitivas poblaciones de esta Isla, pues a excepción de la Trinidad y Sancti-Spíritu, que conservan únicamente las denominaciones sagradas que les dio el poblador, todas mantienen el nombre de las provincias en que fueron establecidas, y aun la villa del Puerto del Príncipe es conocida y llamada hasta ahora, aunque no generalmente, *Camagüey*, título que tenía entre los naturales aquel territorio o provincia en que fue situada, como se percibe del cronista Herrera, infiriéndose también del mismo lo que he dicho del renombre de Habana, pues antes de tratar de la fundación de la villa de San Cristóbal, hace muchas veces mención de la provincia titulada La Habana en que fue asentada después. Lo que desvanece enteramente la conjetura de un moderno, que pensó que este nombre se le pudo haber impuesto por el lugar de Habanilla, encomienda en España del orden de Calatrava, por relación que uno de los principales pobladores de esta villa tenía con los señores del citado lugar, como se tocará en otro de esta obra.

El primer sitio o paraje que eligió y tomó para poblar La Habana no se sabe con certeza, porque aunque algunos ancianos afirman que su primitivo asiento fue junto a la boca del río de la Chorrera, nombrado de los indios *Casiguaguas*, distante como una legua de donde ahora está situada esta ciudad,[34] esto se opone a lo que dicen y aseguran muy graves cronistas de estos reinos, cuyos escritos hacen constante que de la banda o costa del Sur, en donde estuvo fundada, se trasladó a la del Norte a la orilla del puerto de Carenas, en que hoy existe, y como la expresada boca de la Chorrera se halla y está en un mismo paralelo y costa que el prevenido puerto, se convence no haber sido allí su primera fundación.[35]

Ni hace fuerza en contrario la circunstancia en que se particulariza Gómara entre los demás historiadores de Indias, pues aunque tratando

33 García, Oríg. de los ind., 1. 4, cap. 7, f. 235.
34 Déc. 2.ª, lib. 2, cap. 12, pág. 80, as de 1515.
35 Ensayo cronológ. de la Florida, pág. 334.

del primer asiento que tuvo la villa, la expresa situada a la boca del río Onicajinal, no puede inferirse sea éste el de la Chorrera, porque teniendo la boca al Norte, como se ha dicho, se implicaría notoriamente en afirmar que estuvo fundada en la parte del Sur.[36] A que se añade que así como se conserva la memoria del apelativo de Casiguaguas, que le daban los naturales, era muy regular el que permaneciese también el título de Onicajinal que le da Gómara, el que hoy no se encuentra, ni aun por consonancia, en ninguno de los que tenemos noticia derraman en una y otra costa, ni se ve ni registra en algunos más antiguos de la Isla, y solo puedo asentir a que si su primero establecimiento estaba, como se dice y yo supongo, en la costa del Sur, es muy posible fuese el que ahora llaman de la Bija, que desemboca en ella en paraje más oriental que el Batabanó, y en donde estoy informado se divisan algunas señales de que hubo antiguamente embarcadero.

A más del fundamento propuesto arriba que ministra la historia para no convenir en que esta villa estuviese poblada en las proximidades de la boca de la Chorrera, que cae al Norte, sino en otro paraje de la banda del Sur, lo persuade también otra razón apoyada en la autoridad del cronista Herrera, quien escribe que como hasta entonces los más descubrimientos que se hacían y empresas que se intentaban eran hacía el Sur en la Tierra Firme, se discurría por Velázquez ser conveniente para el comercio asentar sus poblaciones en aquella banda de mediodía, y para que mejor pudiese comunicarse con las demás de la Isla, pues exceptuada la de Baracoa, todas tenían sus puertos o surgideros al mismo Sur.[37]

En esta duda o contrariedad, que resulta de lo que afianza la historia y persuade la tradición, conformándome más con la autoridad y razones que favorecen aquélla que con la sencilla noticia que comunica ésta, he llegado a creer como indubitable que nuestra villa de San Cristóbal estuvo al principio plantificada en las cercanías de Batabanó, en otro surgidero inmediato de aquella costa o banda meridional: asunto sobre que expondré en el capítulo siguiente algunos fundamentos que corroboren el argumento, dejando al juicio de los más prudentes lectores la decisión de este problema, en que por encontrar o descubrir lo más cierto, propongo lo que

36 Gómara, Crónica de la Nueva España, cap. 8, f. 8.
37 Déc. 2.ª, lib. 1, pág. 17.

me parece más verosímil. No siéndolo para mí en ningún modo el que si hubiese sido situada esta villa en la Chorrera, como se dice, estando este paraje tan próximo a la parte donde ahora está, se dejasen de ver en aquel terreno algunos vestigios de la población antigua o a lo menos se conservase la memoria, llamando a aquel paraje Pueblo Viejo, como sucede con otros lugares que se han mudado en diversos países. Ni considero posible que, estando tan poco distantes ambos sitios, se escogiese aquél que solamente tiene una corta ensenada abierta, y no éste que gozaba de una bahía tan hermosa y resguardada, aunque sufragase por el primero el estar muy contiguo al río, pues esta conveniencia en que excedía al segundo no era comparable con la del puerto que tenía éste, siendo muy fácil de conseguirse, como después se consiguió, el conducir de un sitio a otro las aguas para la provisión de la nueva villa.

Capítulo IV. En que se proponen otras razones que persuaden haber sido poblada en la costa del Sur la villa de La Habana, y sido sus primeros vecinos los que se expresan

Entre las razones de congruencia que reservé tocar en este capítulo, a fin de establecer mejor contra una vulgar tradición la autoridad de una noticia histórica que nos persuade a creer que esta villa estuvo antes fundada en las cercanías del Batabanó o en otro surgidero inmediato, expondré primeramente la de haber venido Diego Velázquez, como refiere Herrera, desde Baracoa al puerto de Jagua por la costa del Sur y ser regular que por esta misma banda pasara desde Jagua a fundar La Habana, y que llegando al Batabanó u otro surgidero que tendría esta provincia por aquella parte, lo escogiese para plantar la nueva villa, concepto en que me hace afianzar un pasaje de la Historia de Nueva España escrita por don Antonio Solís, que a mi juicio y el de otros sujetos más reflexivos ha parecido muy bien fundado.

Refiriendo este elegante historiador el viaje de Cortés y su armada desde la Trinidad a La Habana, dice: «Partió con la armada al puerto de La Habana, último paraje de aquella Isla, por donde empieza lo más occidental de ella a dejarse ver del Septentrión».[38] De cuyas cláusulas, omitiendo otras semejantes del mismo autor y de Herrera, se deducen a mi ver dos cosas con bastante claridad. La una que esta villa estuvo antes fundada en aquella costa del Sur, pues si estuviera en ésta del Norte, en que está la boca del río de la Chorrera, que tiene a la frente el Septentrión, no expresara que desde La Habana comenzaba a dejarse ver de éste lo más occidental de la Isla. Y la otra que siendo aquella parte cercana al Batabanó, según demuestra la delineación de la Isla, el paraje por donde parece comienza a inclinarse algo hacia el Norte apartándose un poco del Sur lo más occidental de ella, es consiguiente que en aquel surgidero o en otro inmediato estuviese plantada entonces la antigua o primera villa.

Pero contra todo lo expuesto puede decirse o replicarse, con lo que se infiere del contexto de otras palabras que en su historia de Nueva España trae Bernal Díaz del Castillo, ser muy probable lo contrario.[39] Son así a la

38 Historia de Nueva España, lib. 1.º, cap. 12, pág. 21.

39 Historia verdadera, cap. 1, f. 1.

letra: «Fuimos a un puerto, que se dice en lengua de Cuba Jaruco, y es en la banda del Norte, y estaba ocho leguas de una villa que entonces tenían poblada, que se decía de San Christóval, que desde dos años la pasaron a donde agora está». Las cuales esfuerzan o corroboran más otras del mismo escritor al capítulo siguiente, en donde refiere que: «En ocho días del mes de febrero del año de 1517 salimos de La Habana, y nos hicimos a la vela en el puerto de Jaruco». Y de unas y otras cláusulas se deduce que, estando esta villa solamente ocho leguas del mencionado puerto, no era su situación en la costa del Sur, cuando es inconcuso que la menor latitud que tiene la Isla de costa a costa es de catorce leguas, y esto de Batabanó a La Habana, que es lo más angosto, pero no de Jaruco a Batabanó, que median sin duda más. De donde se hace más creíble estuviese fundada en la Chorrera, que dista de Jaruco nueve o diez leguas, en que es menos notable la diferencia del número que se asigna.

No puedo negar que esta réplica a la primera vista hace fuerza, y parece destruye los fundamentos de mi sistema, y más siendo producida por un autor que con sus propios ojos, y no guiado de ajenos informes, como Herrera y Solís, escribe y da noticia de lo que vio y pudo ver en tres o cuatro ocasiones que consta por su historia haber estado en La Habana. Pero todo esto se desvanece y allana fácilmente si se reflexiona, lo primero, que en aquella edad es muy regular no estuviesen puntualmente medidas las distancias que había de lugar a lugar, y así aunque se reputasen por ocho leguas las que mediaban desde Jaruco a La Habana antigua, podían ser y con efecto serían más en la realidad, porque ni aun hoy hay en esto la mayor exactitud, viniendo a este propósito lo que sintió un grave y moderno autor sobre la diferencia de leguas que se dan en España, diciendo que estas distribuciones de distancias no se hicieron siempre con el cordel en la mano sino por juicio, o como dicen a ojo.[40] Y lo segundo, que expresando ser la situación del puerto de Jaruco al Norte, nada dice sobre que La Habana estuviese poblada en la misma costa, siendo tan fácil y consiguiente esta expresión; arguyéndose muy bien de este silencio y de otras cláusulas, que trasladaré del capítulo 23 de la misma obra, que la expresada villa estaba fundada en la contraria.

---

40 Esp. Sagr. t. 1.º, cap. 3, pág. 86, n.º 127.

Dice pues en el lugar citado, hablando sobre la demora que tuvo Hernán Cortés en su navegación desde el puerto de la Trinidad al de La Habana, lo siguiente: «Teníamos sospecha no se hubiese perdido en los Jardines que es cerca de las islas de Pinos, donde hay muchos baxos, que son diez o doce leguas de La Habana.»[41] Luego, siendo indisputable que los referidos bajos nominados los Jardines están en la costa del Sur, y que distaban según sus cláusulas diez o doce leguas de la primitiva villa, se hace evidente que estaba situada en aquella banda, y no en la del Norte.

Pruébase esto con más claridad, lo primero, porque era regular referir la distancia que había desde dichos bajos a la tierra tomándola desde ellos a la costa del Sur a donde caen, que no desde esos mismos a la del Norte, de que están tan apartados. Lo segundo, por ser innegable que los citados jardines están distantes del Batabanó, o de aquella costa del Sur, trece o catorce leguas, conforme al más ajustado o corriente cómputo; y de aquí es que supuesta la latitud, que por donde menos tiene la Isla, distarían dichos bajos veintiocho leguas de esta banda del Norte; de cuya diferencia debe tenerse por más verosímil el que errase en una o dos leguas, que no en tantas. Y por consiguiente ser muy conforme a la distancia que señala desde aquellos bajos a La Habana el que la situación de ésta fuese en la otra costa y no en ésta. Y si lo expuesto no fuere admisible, considerándose equivocación del autor, también inferiré lo mismo, y con mayor fundamento, de la distancia que expresa había desde Jaruco la antigua villa de San Cristóbal.

Mas aunque faltase todo lo que se ha dicho y alegado arriba sobre el asunto, bastaría en mi entender para afianzar la noticia histórica, y persuadir que el establecimiento primero de la villa fue en aquella costa del Sur y cercanías del Batabanó, un monumento antiguo y auténtico que he encontrado en los libros de este Cabildo, que por la dificultosa inteligencia de la letra redonda no había sido descubierto hasta ahora.

Consta, pues, de él que en 18 de marzo de 1569 hizo pedimento Diego Hernández, indio, suplicando se le concediese para corral de puercos un sitio que estaba en el Pueblo Viejo, dos leguas de Yamaraguas y doce de

41 Historia verdadera, cap. 23, fol. 15 vuelta.

esta villa. De cuyo contexto se deducen varias reflexiones que califiquen el argumento propuesto y corroboren la opinión que sigo como más probable.

Que el Pueblo Viejo de que hace mención el nominado indio en su pedimento fuese la villa antigua de La Habana, lo persuade verosímilmente el que aquella expresión indeterminada de Pueblo Viejo parece relativa a la nueva población o villa existente con quien hablaba. Lo otro porque no constando de las historias ni de la tradición que en estas inmediaciones haya habido situado otro lugar, ni sido trasladada otra población que la villa de San Cristóbal, es muy presumible que fuese ésta y no otra distinta de que no hay noticia. A más de que afirmando uniformemente Herrera, Gómara y otros que la villa vieja de San Cristóbal estuvo en sus principios fundada en aquella costa, de donde se mudo a la del Norte, conviniendo en el paraje de su situación con el Pueblo Viejo que se refiere en el pedimento, parece sin duda que fue éste y no otro el primitivo asiento de la antigua villa de La Habana, lo que a mi ver se prueba con claridad.

El sitio Yamaraguas, señalado como confinante del Pueblo Viejo, es hasta hoy conocido por el nombre en esta ciudad, de donde está catorce leguas al Sur, en paraje más occidental que el Batabanó, de quien dista leste oeste como seis leguas: bajo de cuyo concepto es muy regular discurrir y aun creer que por allí fue establecida la primera villa o Pueblo Viejo, así por convenir según se ha dicho con la autorizada noticia de los cronistas citados, que la dan fundada en la banda del Sur, como porque estando dicho sitio de Yamaraguas dos leguas y media a corta diferencia de la playa y costa de mediodía, y casi a la misma distancia de la boca del río de la Bija, que baña su contorno, es muy conforme a razón y práctica se eligiese para la población aquel lugar, que tenía un río tan fértil para su abasto, y un surgidero tan inmediato para su comercio marítimo: sin que se ofrezca reparo ni dificultad, ya se considere situado el Pueblo Viejo dos leguas más allá de Yamaraguas hacia el Sur, o dos leguas más hacía el Norte, porque a más o menos distancia siempre subsistía la conveniencia de poder comunicarse por el río con el mar, como sucede en el Bayamo.

Baste lo referido para que se forme juicio de la incertidumbre que hay en esta materia, en que solo se encuentran algunas cortas luces entre muchas sombras, quedando únicamente asentado, como irrefragable, el que hubo tal traslación y que ésta parece se ejecutó por el tiempo y motivos que expresaré en el capítulo siguiente.

Nótase igual descuido y silencio en los cronistas de estos reinos en orden a los nombres, número y calidades de los vecinos y primeros pobladores de La Habana,[42] aunque me persuado que, entre otros, lo fueron Francisco de Montejo (después Adelantado de Yucatán), Diego de Soto, Garci Caro, Sebastián Rodríguez, Juan de Nájera, Angulo, Pacheco, Rojas, los dos hermanos Martínez, y un Santa Clara, los mismos que salieron de esta villa con Cortés el año de 1518, y es muy presumible estuviesen todos avecindados en ella desde su fundación, por constar plenamente el que Montejo tenía posesiones en el Mariel del distrito de La Habana cuando siguió al expresado caudillo en su jornada, y que deseosos los demás de mejor fortuna dejarían a su ejemplo las que gozaban, pues por lo que toca a Diego de Soto y Alonso de Rojas (distinto del que se conocía por el rico, que era Juan) no se ofrece duda ninguna, porque finalizada la empresa y ocupaciones que en ella alcanzaron, volvieron a La Habana como a lugar propio de su domicilio y vecindad, y dejaron en ella legítima descendencia, que se conserva hasta hoy y tiene justificado serlo de aquellos primitivos pobladores.

No dificulto incluir ni nominar entre los expresados al capitán Antón Recio, porque siempre he oído ser reputado por tal, y hace mucha prueba a su favor el que en el asiento y sepulcro que tiene en la parroquial mayor de esta ciudad, manifiesta la inscripción que sirve de orla a la piedra de su huesa, y se labró el año de 1572, que fue uno de los principales pobladores de la Isla, y por consiguiente de La Habana, en donde fundó casa y mayorazgo, y sirvió el oficio de regidor y depositario general muy desde sus principios, como diré después.

Fundado en otra razonable conjetura, discurro también que el primero teniente de gobernador que tuvo esta villa fue Pedro de Barba, que lo era al tiempo que transitó por ella con su armada Hernando Cortés, porque desde el establecimiento de La Habana, el año de 1515, hasta el de 1518 que arribó a ella, solo mediaron tres años, término en que era regular permaneciese en dicho encargo desde que se ausentó Velázquez, dejando

42 Déc. 2.ª, lib. 4, pág. 95.

efectuada la población, y así tendrá en la serie de las personas que consta la han gobernado hasta ahora el primero lugar, reservando para el que competa esta nomenclatura.

Capítulo V. En que se da razón del tiempo en que parece se trasladó esta villa al puerto de Carenas, motivos con que se infiere la ejecutó el adelantado Velázquez, y carácter de éste

Aunque los escritores citados en el capítulo que antecede testifican constantemente en varios pasajes de sus obras la mudanza de la villa de San Cristóbal de un sitio a otro, solo Bernal Díaz del Castillo nos da luz y fundamento para inferir se efectuó la prevenida translación el año de 1519, porque en las palabras que dejo fielmente copiadas en otro lugar dice, hablando de su arribo a Jaruco, que estaba ocho leguas de la nominada villa, la que de allí a dos años pasaron al paraje donde ahora se halla; y como por otras cláusulas del capítulo siguiente se entiende que su llegada al enunciado puerto fue a fines del año de 1516 o a principios del de 1517, es muy regular asentir a que se hiciese la mutación el año señalado, o cuando más al siguiente.

Lo asentado es muy conforme a lo que se percibe del cronista Herrera,[43] quien tratando del viaje de Cortés a la Nueva España el año de 1518 expresa que llegó a la prevenida villa, que a la sazón estaba en la costa del Sur, y *después* se pasó a La Habana, lo que es razonable creer se verificase al citado tiempo, porque no denota aquel *después* llano mucha intermisión o curso de años entre lo uno y lo otro.

Acerca de los motivos que ocurrieron para tomar la resolución referida, no dicen nada nuestras historias; pero es tradición vulgar que por ser poco sano aquel sitio y conocidamente nocivo a los recién nacidos, se tuvo por conveniente mudar la población a otro de distinta especie, a que no resisto dar algún ascenso, pues estoy persuadido que influyeron otros más eficazmente para facilitar esta idea tan feliz como acertada.

Las ventajas y conveniencias que ya descubierto y comenzado a conquistar el vastísimo reino de México se irían percibiendo o conjeturando de trasladar La Habana al puerto llamado de Carenas,[44] por ser más al propósito para el comercio y escala precisa de las navegaciones que habían ya

43 Déc. 2.ª, lib. 3, cap. 12, pág. 80.
44 Déc. 3.ª, lib. 5, cap. 5, pág. 158.

principiado a hacerse por el canal de Bahamas llamado nuevo, inspiraría eficaces motivos y razones al Adelantado Diego Velázquez, que ya en aquel tiempo gozaba este título, para promover y practicar la diligencia de pasar la villa de San Cristóbal del sitio primitivo a la parte occidental de esta bahía, concurriendo la circunstancia de que ya en él había, según se percibe de Gómara,[45] alguna población, pues siendo dicho Adelantado hombre muy sabio, como lo titula Herrera y lo hace manifiesto su aprobada conducta, y el jefe que entonces gobernaba la Isla, debo considerarlo el principal autor o móvil de esta utilísima providencia y loable determinación, porque la imagino muy propia de la atención y desvelo con que procuró los aumentos de ella y de todas sus poblaciones, por cuyo mérito, y otros de igual respecto dignos de especial estimación, daré en este lugar una breve noticia de la bondad del carácter de su persona, servicios que hizo a la Monarquía y beneficios que le debió Cuba, de cuya honrosa memoria es muy acreedor, y sería en mí culpable no tributarle este obsequio.

Fue el referido gobernador y Adelantado natural de Cuéllar, vecino de la isla Española, de donde lo sacó el Almirante don Diego Colón para la conquista y población de esta *Fernandina,* la que consiguió con tanta prosperidad, que en poco más de tres años la pacificó, y fundó siete poblaciones, no ocho como supone Herrera, porque San Juan del Cayo se estableció después, con títulos de villas, todas ilustradas de gente noble y personas principales, porque el buen tratamiento y acogida que hallaban en él los castellanos les atraía de todas partes la mejor porción de los sujetos de calidad que pasaban a Indias, como escribe Herrera y Bernal Díaz, asegurando que los que residían en esta Isla a su sombra se hallaban ricos y acomodados, siendo éste el poderoso y suave magnetismo con que atraía a los unos y conservaba a los otros en abundancia y tranquilidad.[46]

No era menos la que experimentaban los naturales en el tiempo de su gobierno,[47] pues hasta que terminó con su muerte el año de 1524 no se notaron en ellos, como se infiere de las historias, los alzamientos y fugas que en el de Manuel de Rojas, su inmediato sucesor, ni los desesperados homi-

45 Gómara, Crónica de Nueva España, cap. 8, f. 8.
46 Déc. 2.ª, lib. 2, cap. 17, pág. 147. Historia verdadera, cap. 1.º.
47 Déc. 3.ª, lib. 7, cap. 11, pág. 246.

cidios que en sí propios ejecutaban en el de Gonzalo Núñez de Guzmán, y que continuaron después.[48]

No se funda esto solamente en las inferencias de los citados escritos, sino que se hace constar expresamente de ellos esta verdad en honor del Adelantado, pues habiendo querido ausentarse de Cuba para una de las empresas que dispuso contra Cortés, le requirió la Real Audiencia por medio del licenciado Ayllón, como quien tenía tantas experiencias de lo que influía su buena dirección en la quietud de los vecinos y naturales de la Isla, se separase de tal designio, porque su presencia haría notable falta en ella para mantener el sosiego de los indios y españoles que lo amaban tanto.

Ni el rey formaba menos favorable concepto de la acreditada conducta del Adelantado, pues ordenó se suspendiesen las comisiones dadas a los licenciados Lebrón y Zuazo, para que no perturbase el estrépito judicial y odioso de las pesquisas el bueno estado en que tenía las cosas de su gobernación, no impidiéndole las atenciones que empleaba esmerándose en ella, extenderlas y aplicarlas a otras providencias del real servicio, solicitando, con dispendios considerables de su caudal, como afirma el cronista Oviedo,[49] y con fatigas de su persona, varios descubrimientos y gloriosas conquistas que, habiendo sido muy felices y opulentas para la corona y para otros individuos, fueron infaustas para él y para su hacienda, que consumió en los precisos gastos de ellas, sin que sacase ni aun el honor de que las reconozcan todos por efectos suyos: razón que sin duda movió a Herrera para decir que en este famoso varón no fue igual la dicha a la sabiduría y buenas intenciones que le adornaban, porque cogieron otros el fruto de sus bien encaminados proyectos y grandes erogaciones, no alcanzando de la piedad del rey en vida más que la merced del Adelantamiento de la Isla, por el tiempo de ella, y en muerte la honorífica expresión de sentimiento que hizo Su Majestad, con que calificó lo bien servido que se hallaba de este vasallo, y digno a la verdad de mayor premio, y de que yo haya hecho esta sucinta memoria en reconocimiento de haber sido el fundador de esta ciudad, y que durante su vida conservó esta Isla en la tranquilidad que he referido, siendo su muerte, si no el último período de la felicidad de sus

48 Inca, Historia de la Florida.

49 Gonzalo Fernández de Oviedo, Historia de la Indias, cap. 20, fol. 47.

naturales, un anticipado anuncio de la próxima desgracia, de su inquietud y aniquilación, materia que discurro tocar en el capítulo inmediato con la extensión que me parece pide, para que se comprendan los medios y providencias que se aplicaron para atajar el daño, y no tuvieron la eficacia que se deseaba, o no produjeron el efecto que se pretendía.

Capítulo VI. Refiérense las causas que parece concurrieron para la aniquilación de los naturales de la Isla, medios que se tomaron para atajarla y suplir su falta

Siempre será lamentable a los buenos patricios aquella fatal y lastimosa época en que, empezando a hacerse visible y casi inevitable la acelerada disminución de los naturales de la Isla, pronosticó como en las demás de barlovento el total exterminio del considerable número de indios que la habitaban al ingreso de Diego Velázquez en ella: pues consta de la Historia general de Herrera que, afianzados los vecinos de Santo Domingo de la certidumbre de esta noticia y sentidos de la falta experimentada de los isleños de la Española, pretendieron que el rey mandase proveer la inopia que había en la una con la abundancia de la otra. Instancia a que no quiso acceder S. M. sin dictamen del citado Velázquez, el que debió de ser contrario, porque no tuvo efecto la pretensión.

En esta próspera constitución parece que subsistió la Isla sin conocida decadencia poco espacio de tiempo, porque el año de 1523 o 1524, ya muerto el Adelantado, dio el rey permiso para introducir en ella trescientos negros: providencia a que sin duda daría motivo la evidente disminución de los naturales, que aunque atribuida por unos a la epidemia de viruelas, y por otros a la prohibición de la poligamia y mudanzas de costumbres, tengo fundamentos más sólidos en la historia para persuadirme que, aunque concurrieron las referidas causas, ninguna contribuyó tanto a su aniquilación como su misma rabiosa saña.

Así se infiere claramente de lo que por autoridad del Inca dejo apuntado en el capítulo segundo, y lo que también se deduce de la Historia de Herrera, que afirma que los indios, por no conocer nuevos encomenderos, se alzaban y huían a las montañas, donde es constante se quitaban la vida por no experimentar el castigo o volver a la sujeción que, aunque fuese muy moderada y suave, la estimaría su preocupación o libertinaje como penosa y tiránica. A más que siendo en los hombres tan diversos los genios como los rostros, no dudo tuviesen muchas razones para temer la severidad y rigor de algunos encomenderos, y que eligieran ciegamente la muerte, aun más bien que la servidumbre a que se veían reducidos, ahorcándose de los árboles, como expresa el citado Inca. Exceso que solicitó atajar la piedad de nuestro Soberano entonces reinante, tomando entre otros expedientes favorables, propios de su real y cristiano corazón, el de mandar los pusiesen en perfecta libertad, y los dejasen cultivar por sí mismos la tierra; pero ni aun este remedio tuvo el efecto de mejorarlos, porque debía de ser ya incurable la enfermedad, o porque no se aplicó como debía el medicamento.

Ello es cierto que mucho tiempo después de expedida la real orden que cita Herrera continuaba con horrible demasía el desafuero de los isleños, pues habiendo sido despachado aquel año de 1531, todavía se experimentaba la desgracia después del de 1538, en que arribó a Cuba Hernando de Soto, Adelantado de la Florida, como testifica Garci Laso, cuyas palabras, aunque parece enuncian que entonces tuvo principio aquel desorden, lo que debe entenderse de ellas es que por aquel tiempo tomó más fuerza el mal, y se dieron en ahorcar, como él dice, todos. De suerte que a la sazón que él escribía apenas se encontraban algunos.

De la aserción de un autor tan verídico como el citado se convence bien que la principal causa que influyó para la aniquilación de estos naturales fue, como dejo asentado arriba, su mismo desatinado furor, el cual despobló la Isla de innumerables vivientes, y lleno el abismo de casi infinitos habitantes. No puedo señalar el tiempo fijo en que terminó esta lastimosa tragedia; por el contexto de una real cédula librada el año de 1567 a pedimento de Bartolomé Barcaso, vecino de esta ciudad, entonces villa, discurro que ya por aquellos años existían muy pocos, y estos fugitivos por los montes, respecto a que su representación se dirigía únicamente a que se le permitiese reducir a una sola población los naturales que andaban derramados en ellos, y que se le diesen en encomienda. De que arguyo no había ya tanta copia de indios, pues no se extendió su proposición a más, siendo tan ordinario el que los pretendientes no pidan ni se contenten con lo menos.

Fundado en lo antecedente, no puedo asentir a la noticia que produce cierto escritor en la Cronología de su orden, dando por asentado que cuando transitó por este puerto para Castilla San Luis Beltrán predijo la devastación lastimosa de gentes que padecería la Isla a tiempo que tenía doscientos mil indios habitantes. Porque siendo inconcuso que este apostólico varón volvió de Cartagena a España el año de 1569, se hace difícil de creer, según lo supuesto, el que subsistiesen en ella tanto número de indios; a más de que en la vida de este glorioso santo escrita por el maestro Vidal, ni se hace relación de su arribo o escala en este puerto, ni de su profecía acerca de nuestros isleños.

Hace más sólido mi reparo, y más vehemente mi duda sobre la citada noticia el que, comenzando los libros capitulares de esta ciudad el año de 1550, no se encuentra ni registra en ellos documento que persuada hubiese en esta comarca ni jurisdicción, que no sería la menos habitada, pueblos de naturales a excepción del de Guanabacoa, ya hoy villa de españoles, distante como una legua de esta ciudad, el cual se fundó por acuerdo suyo en el nominado sitio y el de Tarraco el año de 1554, para reducir en él a doctrina y policía los que andaban vagabundos por los campos, como consta del Cabildo de 12 de junio del prevenido año; pues aunque parece que en el de 1575 pidió Diego Díaz, protector de los naturales, se les señalase en los confines de esta población tierra para sus conucos o labranzas, y con efecto se dio comisión para ello a Jerónimo de Rojas y Avellaneda, alcalde ordinario, y a Manuel Díaz, procurador del común, se infiere de la misma pretensión y providencia dada para su establecimiento en el contorno de esta ciudad serían tan pocos que no podrían formar un pueblo. A más que conforme a una recibida tradición no eran estos indios originarios de la Isla, sino traídos de la provincia de Campeche, los que dejaron perpetuado este nombre al barrio destinado para sus casas y siembras, y esto se hace muy verosímil porque, a no ser distintos de nuestros isleños, era regular haberlos puesto en Guanabacoa, como se practicaba con los pocos que vagaban por las haciendas del distrito. Todo lo que me obliga a creer que muchos años antes del de 1569 se habían reducido a cortísimo número y a dos lugares solos todos sus pueblos.

Esta desgraciada situación, cuyas perjudiciales resultas quizá no se comprendieron en aquella edad como se sienten ahora, abrió más ancha puerta a la introducción de los negros, que ya desde el año de 1508 habían principiado los genoveses, haciéndose necesario suplir la falta de los indios, trayendo del África armazones numerosas de aquéllos para el cultivo de las tierras y colección de los frutos; pero aunque de la expresada providencia se originó el beneficio de atraer al seno de nuestra sagrada religión una suma casi infinita de gentiles, que hubieran perecido en aquellas regiones entre las sombras del paganismo, privados de las luces de nuestra fe católica, única puerta de su eterna salud, no podemos negar que el remedio, aunque en lo espiritual dejo reparado el daño, no ha podido en lo temporal, político ni civil producir igual ni tan útil efecto.[50]

No se disputa que los negros por su robusta complexión o vigorosa naturaleza fuesen y sean más a propósito que nuestros primitivos isleños para el trabajo y fatiga de las minas, pues nos los pintan las historias muy delicados y perezosos para tal ministerio, sin embargo de que los ejemplares del reino de Nueva España desautorizan esta especie; pero prescindiendo de esta circunstancia, que en otras partes de este Nuevo Mundo, opulentas de minerales, haría casi indispensable y conveniente la introducción de negros para la saca y labor de los metales, es incontrovertible que en este país y otros semejantes hubiera sido incomparablemente más favorable la conservación de los indios que la entrada de los expresados negros: porque siendo aquéllos gente menos bárbara, como suponen nuestros historiadores, servirían con más inteligencia y habilidad en las labores de azúcares y tabacos y en las siembras y cosechas de los demás frutos que lleva la Isla y no piden tanta resistencia como la que necesita el trabajo de las minas.

A más de la razón expuesta concurren otras que persuaden que los intereses y conveniencias que por medio de la conservación y aumento de los naturales hubieran disfrutado los moradores de la Isla, serían sin disputa muy ventajosas a las que han conseguido mediante la introducción y comercio de los negros, de modo que comparadas unas con otras se hace el exceso notable y la diferencia manifiesta aun a los entendimientos menos reflexivos, porque los primeros trabajarían en las haciendas por la comida y un moderado jornal a riesgo y ventura suya, como sucede en la Nueva España y provincias donde los hay, y los segundos, a mas del preciso desembolso de su compra, sirven al coste y riesgo de sus dueños, quienes reportan los gastos de su alimento, vestuario y curación, y la paga de sus fugas, hurtos y entierros, perdiendo muchas veces su valor antes de utilizarse de su servicio: expuestos continuamente a ser enfadosos y nocivos a

50 Cartas edificantes, título 12, pág. 269.

los amos, por la rudeza y barbarie casi común en todos, y la mala condición y viciosas costumbres de muchos de ellos.

Tengo por cierto que aunque fuesen equiparables en lo expresado los unos y los otros, se debe formar más piadoso juicio a favor de los descendientes de nuestros isleños, pues nacidos y criados con otra disciplina en el país, saldrían más hábiles para cualesquiera ocupaciones, dándose entre unos y otros la diferencia que se toca en los mismos negros entre bozales y criollos, siendo consiguiente de todo lo dicho que aun entre buenos y buenos, habría entre los indios y los negros la distinción de ser los unos menos estúpidos que los otros, y entre malos y malos, aquéllos dejaban la libertad de despedirlos; pero en éstos hay la precisión de mantenerlos, o por mucha dicha enajenarlos con quebranto de sus principales.

Pero sobre todo lo que se ha tocado arriba, parece que nada hace ver mejor las ventajas y utilidades que hubieran redundado a la Isla de la conservación de sus naturales, que el considerar la suma casi infinita de caudal que han sacado de ella los extranjeros por medio de la navegación y asiento de los negros e introducción de otros géneros que a vuelta de los permitidos con ellos se han metido con detrimento del comercio de España, como exclama el autor que cito:[51] lo cual sin duda hubiera quedado a corta diferencia en aquel supuesto a beneficio de los cosecheros y vecinos de este país, o a lo menos a favor de los mercaderes españoles.

No es posible dar una exacta noticia de las gruesísimas porciones de pesos que se han sacado de la Isla con motivo de la entrada y venta de los negros que ha más de dos siglos sirven de operarios en todas las haciendas mayores y menores de ella; pero para que se forme alguna idea o juicio prudente sobre el asunto, me parece expresar que solamente los 4.986 negros entre grandes y chicos que se permitieron a la Real Compañía introducir en esta Isla, montaron 717.561 pesos 7 reales. De donde se podrá conjeturar o inferir las cantidades que habrán sacado los asientos establecidos con Génova, Portugal, Francia y la Gran Bretaña, especialmente después que aumentadas las haciendas y vecindarios, se fue necesitando de más copiosa provisión de negros anualmente para ellas y para el servicio de las familias, experimentándose en unas y en otras un considerable quebranto en los cau-

51 Don Bernardo Ulloa, Restab. de fábr., 2.ª pte., cap. 4, pág. 17.

dales por las frecuentes desgracias de sus muertes, y no menores atrasos en la quietud y gusto por sus repetidas fugas y demás desórdenes, de suerte que, soportándose en esto último el mismo gravamen que se padecería en caso de ser los naturales igualmente viciosos que los negros, se carece del alivio que por lo respectivo a lo primero no se experimentaría en el servicio de los indios; cuya falta, como he demostrado, ha hecho mucho menos feliz la Isla, y por consiguiente esta ciudad, de cuyo establecimiento no hablaré en el siguiente capítulo, por parecerme que corresponde tratar primero de las excelencias de su puerto, y referir después cuanto conduzca a aquel asunto y a los progresos que fue teniendo en su vecindad esta población. Considerando haber sido el referido puerto causa de sus aumentos y éstos el efecto que produjo su bondad con el comercio, como *Llave del Nuevo Mundo* y la garganta de todas las Indias occidentales.[52]

52 Juan Botero, Rel. del N. Mundo, pág. 181.

Capítulo VII. De las circunstancias del puerto de La Habana conocido antes por el de Carenas, y favorables resultas de su población

El puerto de La Habana, celebrado de propias y de extrañas plumas con varios epítetos y sublimes encomios, que le gradúan de singular en todo lo descubierto, y por eso famoso en ambos mundos, está en la costa del Norte, opuesto a los cayos y tierra firme de la Florida con intervalo de veinticinco leguas, por la cual sigue al Norte el canal de Bahamas que llaman nuevo; su boca mira al mismo Septentrión, y es tan estrecha que desde el castillo del Morro a la fortaleza de la Punta se comunican por la voz.[53] La profundidad de su canal es suficiente para sufrir los navíos de mayor porte. Corre su ensenada de Norte a Sur y de Este hace un recodo al Oeste que vuelve hacia el mismo Norte, dejando como un istmo de media legua entre la margen del Sur y costa septentrional, por donde se continúa la población con su continente.

El Padre Florencia hace su extensión a tres leguas de bojeo, resguardada de todos los vientos, pues aunque está abierta al Norte, en poniéndose los bajeles al socaire del Morro y serranía de la Cabaña, que la ciñe por la parte oriental, aunque sea recio el aire parece calma.[54] El autor del Atlas abreviado lo considera capaz de mil vasos, y de esta noticia no dudo ser abonador porque puede verificarse muy bien, según la diversidad de tamaños.[55] En su entrada es la bahía muy estrecha, como se ha dicho, pero abre mucho más en lo interior, porque desde los muelles de La Habana hasta los embarcaderos de la otra banda media como una legua.

Los dos lados de la bahía tienen unos aspectos muy agradables, de que goza la gente de los navíos con libertad, porque en el de Poniente miran la bella perspectiva de la ciudad y sus muros y fortalezas, templos, torres, edificios y miradores, y aun parte de las plazas y calles, y en el de Oriente, en pasando la empinada sierra de la Cabaña, se descubre en algunos terrenos llanos y otros doblados muy vistosas y alegres campiñas, hermoseadas no solo de palmas reales y otros distintos y bien copudos árboles, que produce

53 Antonio Herrera en su desc., pág. 11.
54 Historia de la Prov. de Nueva España, 1. 1, f. 22.
55 Dr. D. Fco. Acfrer., pág. 123.

la fertilidad del terreno, sino también de varias sementeras que fomenta el cultivo, sirviendo al recreo y admiración porque nunca les falta verdor ni lozanía a estos campos, verificándose en ellos lo mismo que del país de Canaán ponderaba Moisés a los hebreos, no faltándoles la lluvia del cielo a los tiempos que la tierra la necesita, y así gozan de una amenidad perpetua y de una copiosa fertilidad.

Regístranse en ellos asimismo diversas caserías, unas en las distancias y otras a la propia lengua del agua, más cómodas para la diversión del paseo, especialmente el devoto y deleitable santuario de Nuestra Señora de Regla, erigido en una breve punta que de la parte del Sur se introduce en la bahía inclinada al Norte; cuyo templo y casas de hospedería, ceñidas de un recinto de piedra y coronado de almenas, si excita la devoción para religiosas romerías, también convida al gusto para recreaciones honestas. Haré de él más extensa relación entre las iglesias de esta ciudad, con noticia de su fundación, aseo de su culto, multitud de votos y solemne juramento con que fue aclamada patrona de esta bahía.

Tiene ésta en la ribera opuesta a la ciudad cuatro embarcaderos, el de Cojímar, Mari-Malena, Regla y Guasabacoa, por donde en canoas y botes se conducen y comunican las gentes y frutos que de aquella banda quieren transportarse a ésta; siendo mucho este tráfico porque todo lo más ocurre a esta ciudad de los ingenios y estancias de aquella comarca y de la inmediata villa de la Asunción de Guanabacoa, y vienen a desembarcar a los dos muelles que hay de esta parte en la Real Contaduría y el que llaman de la Luz, siendo frecuentes y casi innumerables las embarcaciones pequeñas que diariamente cruzan a vela y remo la bahía, particularmente en tiempos que hay en ella escuadras; de modo que sin embargo de la moderación del estipendio establecido para el flete de cargazones y pasaje de las personas, rinde hoy cerca de 2.000 pesos de renta a los propios de la ciudad en cada año, sin hacer cuenta de los aprovechamientos y utilidades que le quedan al asentista que lo arrienda por un bienio, como comúnmente se hace con los demás arbitrios concejiles que goza como éste con real aprobación.

Por el paraje que llaman Guasabacoa, que está como ya dije a la otra banda de la bahía en la parte del Sur, penetra un estero como un cuarto de legua la tierra dentro, por el que desembocan en ella las aguas del río *Luyamó*, que es perenne aunque no caudaloso. En el tiempo de la seca y a la parte del Este del dicho estero, en el sitio nombrado el Jagüey, está situado el Almacén o casa de pólvora, que labró allí el teniente general don Juan Francisco de Güemes, gobernando esta plaza, a quien avisó el incendio del navío del rey titulado el *Invencible* los peligros a que estaba expuesta la ciudad en tener dentro de su recinto, como lo estaba, este material, por lo que eligió aquel lugar por ser el más remoto y retirado de la población y del tráfico, y donde solo habita la tropa que lo guarda.

En el recodo que desde la banda del Sur hace la bahía hacia el Occidente, y a la parte que cae al Norte y confina con la ciudad, se ha formado el Real Astillero o Arsenal para la fábrica de los bajeles de S. M. y de los particulares, que dando bajo de la artillería de los baluartes que guarnecen la plaza por la parte de tierra, de que hablaré después como corresponde.

Es casi toda la orilla o ribera de este puerto tan hondable que pueden dar fondo cerca de tierra navíos de primera línea o alto bordo, lo que hace menos costosas sus descargas y facilita sus armas, y se experimenta uno y otro así por las escuadras del rey como por los bajeles sueltos y mercantiles que andan en la carrera de Indias y demoran en este puerto, como tránsito casi indispensable de sus viajes a Europa y a otras partes, logrando, como especifica un grave autor, a más de los citados beneficios, refrescar las aguadas y bastimentos, curar y convalecer sus tripulaciones y pasajeros con mayor facilidad y felicidad que en otras partes de estos dominios; de suerte que si acaso faltase, como añade el mismo, este asilo, se haría muy difícil y trabajosa, cuando no imposible la navegación.[56]

Las expuestas comodidades, y las que en ocasiones les resulta de completar sus cargazones con la corambre y azúcar de que abunda el país, les hace apetecible y útil esta escala a los comerciantes, no siendo menos favorables los efectos que produce hacia el vecindario, pues logra la saca de sus frutos y otras conveniencias por este medio, que es recíprocamente ventajoso a los unos y a los otros.

56 Excelen. del arte mil., c. 42, pág. 110.

Capítulo VIII. Continúase la materia antecedente exornada de noticias y razones conducentes a ella

La admirable colocación de este celebérrimo puerto en los confines del Seno Mexicano y cercanías del Canal Nuevo no solo ha contribuido a la Corona y al comercio con los beneficios y utilidades que se han notado en el anterior capítulo, sí también con otros muy especiales que referiremos en éste, para que más bien se reconozca lo que ha servido en lo pasado y puede servir en lo adelante su conservación y el fomento de su trato para el más pronto socorro de los naufragios que experimentan en estas inmediaciones los navíos de la carrera de Indias, salvándose, por las providencias que se han dado de él, la gente y tesoros que se hubieran sin duda perdido a no estar tan a la mano este puerto surtido regularmente de barcos pequeños y grandes, que lo frecuentan y facilitan en breve cualquiera expedición de éstas o de guerra, como individuaré.

El año de 1622, habiendo naufragado en los cayos de Matacumbé la Almiranta y el galeón nombrado la *Margarita,* de la armada del Marqués de Cadereyta, de que eran capitanes don Pedro de Ursúa y Gaspar de Vargas,[57] se logró por la exquisita diligencia y continuado trabajo de Francisco Núñez Melián, vecino y regidor de esta ciudad, haber sacado toda la plata y oro que conducían en sus planes, en que fue muy interesado el Real Erario y muy atendido este servicio por S. M., como se infiere de lo que escribe de este suceso el doctísimo Solórzano.[58]

Poco tiempo después, porque acaeció antes del año de 1630, fracasaron también en la costa de la Florida dos galeones de los del cargo del Maestre de Campo Antonio de Otaiza, y según el contexto de un real despacho que he visto, habiéndosele socorrido de este puerto, se salvó hasta parte de su artillería.[59]

El año de 1691 se perdieron en los bajos de la Víbora, que están en la costa del Sur de esta Isla, cuatro navíos de los galeones que comandaba el Marqués de Bao, el Maestre, y por el oportuno y pronto socorro que se les dio de este puerto, y fue a cargo del capitán don Esteban de Berroa,

57 Real cédula, Madrid, 28 de junio de 1627.

58 Polít. ind., 1. 6, folio 965.

59 Cédula de 29 de mayo de 1531.

vecino de esta ciudad, práctico en el mar y de experimentada conducta, se consiguió salvar 156.000 pesos antes que la codicia de los ingleses pudiese ocurrir de Jamaica a coger fruto de esta desgracia, como lo intentaron después con poco o ningún provecho.

En los siguientes de 1698 peligró en la ensenada de Cibarimar, cinco leguas a barlovento de este puerto, la Almiranta de los galeones del Almirante general don Jerónimo de Lara, que iba a cargo de don Bartolomé de Soto Avilés, debiéndose a la celeridad con que se acudió a su socorro de esta ciudad, para salvar el tesoro que conducía, el que apenas se perdiese otra cosa que el vaso y algunos pertrechos.

A fines del año de 1712 se perdieron con un recio temporal en el paraje que llaman Jaimanita, cinco leguas a sotavento de este puerto, la Almiranta de barlovento, que mandaba don Diego de Alarcón y Ocaña, con otras cinco embarcaciones mercantes que del puerto de Veracruz venían a transitar por éste para los reinos de España, a cuyo socorro se acudió con la mayor puntualidad, y se salvaron un 1.700.000 pesos, pertenecientes a S. M. y al comercio, haciendo menor la fatalidad y quebranto padecido los auxilios con que fueron ayudados.

Habiendo experimentado igual desgracia en los placeres del canal de Bahamas la fragata nombrada *San Juan*, de la armada de barlovento, el de 1714 que iba a conducir la situación de las islas de Santo Domingo y Puerto Rico, avisó en una lancha a este puerto, de donde se ocurrió con tal presteza al socorro, que no solo se salvó la gente y caudales, sino que se recogieron los pertrechos y equipaje.

El sucesivo año de 1715 padeció en la costa de la Florida y proximidades del río Aiz entero naufragio la flota de Nueva España del cargo de don Juan Esteban de Ubilla, y los navíos del capitán de mar y guerra don Antonio de Echeverz, y pidiendo una pérdida tan numerosa socorro muy considerable de bajeles, buzos, víveres y gentes, todo se facilitó con increíble presteza, habilitándose las embarcaciones del tráfico, recogiéndose los bastimentos necesarios y lo demás conducente para el alivio de los fracasados, contribuyendo con caudal para el apresto el capitán Manuel de Meireles, vecino de esta ciudad, lograndose por este medio muy buenos efectos hacia los intereses de S. M. y del comercio.

Continuándose después el descubrimiento y buceo del tesoro que llevaban algunos navíos de particulares, ahuyentaron los piratas ingleses nuestros operarios, y fue preciso formar armamento para retirarlos de allí, como se ejecutó, hallando embarcaciones de buen porte y fuerza, y gente experta del país para tripularlas; con cuya providencia se logro al fin, debiéndose éstas y otras de igual importancia a la inmediación de este puerto y proporciones con que se hallaba por su comercio.

En el infortunio acaecido el día 16 de julio de 1733 a la flota del teniente general don Rodrigo de Torres, que naufragó toda, a excepción de un navío de los de su conserva, en los ya nominados cayos de Matacumbé, no fueron menos activos, completos y eficaces los expedientes que se dieron por este gobierno para socorrer la gente, sacar y conducir el tesoro y parte de los pertrechos a esta ciudad: común asilo en tan trágicos sucesos por lo bien proveído que ha estado este puerto de embarcaciones proporcionadas a tales fines y abundar de víveres y gentes prácticas; lo que costaría mucha dificultad, y no menos tardanza y gastos, si por la falta de comercio viene a otro estado y constitución que la imposibilite para el remedio de otros semejantes accidentes.

En los que se han experimentado en tiempo de guerra, no ha servido ni ayudado menos este puerto para el socorro y refuerzo de los circunvecinos, como tocaré en el lugar conveniente, siendo por sus singulares circunstancias más a propósito para adquirir y comunicar las noticias más importantes a los dos Reinos por medio de prontos repetidos avisos, como lo expresó don Francisco Dávila Orejón, trayendo por ejemplo lo que el año de 1669 se logró con la flota del general don Enrique Henríquez, debido a las anticipadas prevenciones de La Habana; pues, como dice el antedicho, todas las noticias que pueden causar daño a una y a otra armada aquí se alcanzan mejor que en otra parte para dirigirlas a Veracruz a las flotas, y a Cartagena a los galeones; cláusulas que autorizan el asunto, y con que finaliza el capítulo.[60]

60 Excelen. del arte mil. cap. 42, pág. 120.

Capítulo IX. De los principios de la fortificación de este puerto, y relación de las que se han ido aumentando

Error fue de Licurgo y otros antiguos, imitado después de la arrogancia de los numantinos y de los bárbaros etíopes de la Abassia, librar únicamente la defensa de las ciudades en el esfuerzo de sus habitadores, despreciando el abrigo de las murallas y el resguardo de las fortificaciones como desdoro de la animosidad de los ciudadanos, cuando aun la misma celestial Jerusalén que nos describe San Juan en su Apocalipsis se manifestó cercada de muros y guarnecida de almenas, siendo en todas edades y poblaciones tan precisos como practicados estos reparos, que solo en el capricho de los expresados pudo tener estimación tan soberbia idea, a la que parece fue en parte algo semejante la de aquellos ministros que a los principios del descubrimiento y población de este Nuevo Mundo componían el consejo de nuestros monarcas, pues adhirieron, según dice Herrera, al dictamen de que no convenía se fortificasen las recientes plantaciones de Indias, hasta que el año de 1526, prevaleciendo como más bien fundado el opuesto sentir, se mandaron resguardar con algunos castillos y fortalezas, principalmente las marítimas.

A este expediente tan favorable darían sin duda motivo las lastimosas y repetidas hostilidades que ejecutaban en ellas los piratas y corsarios extranjeros, los cuales avisaron con el estrago para que se proveyese, aunque tarde, de remedio que asegurase las nuevas poblaciones, disponiéndose desde luego, para precaver otros insultos, el preciso reparo de algunas defensas, lo que no tuvo efecto por lo respectivo a La Habana hasta algunos años después.

En el de 1538 experimentó la enunciada villa, siendo su gobernador Juan de Rojas, el mismo infortunio que los de más puertos y poblaciones litorales de indios, sin que se eximiera en ella lo sagrado del templo ni lo venerable de las imágenes de la codicia del saco ni de la voracidad del incendio que la redujo a cenizas;[61] llegó a Cuba lo infausto de esta noticia con la velocidad con que comúnmente vuela todo lo trágico, y como pocos meses antes había arribado a aquel puerto con el gobierno y capitanía general de la Isla

61 Inca, Historia de la Florida, cap. 17.

el Adelantado de la Florida Hernando de Soto, hallando en su magnánimo corazón no solo resistencia para el golpe, sino actividad y fuerzas para el socorro, dio pronta providencia para que el capitán Mateo Aceituno, natural de Talavera de la reina, pasara a reedificar la más que arruinada y extinguida población,[62] y a promover la construcción de alguna fortaleza para su defensa y seguridad, a la que parece dio principio desde su ingreso en La Habana, poniendo por obra en el paraje que ahora está, aunque no con tanta perfección ni amplitud, el Castillo de la Real Fuerza, que por ser la primera la distinguieron, después de hechas las obras que hoy tiene, con el título de la Fuerza Vieja, de quien quedó por alcaide el mismo Aceituno, y conjeturo estaba perfectamente acabada por los años de 1544 o siguiente, pues en el inmediato de 1546 se expidió a pedimento de su alcaide la real orden para que los navíos, así sueltos como de escuadra, que entrasen en este puerto, saludasen su fortaleza como la de Santo Domingo, según afirma Herrera, y hoy es disposición de una ley recopilada.[63]

Está plantificada la referida Fuerza en esta banda de la bahía que le cae al Poniente, frontera a la sierra de la Cabaña al mismo labio u orilla del mar y raíz de la población opuesta a la boca del puerto, que descubre enteramente. Es una fortificación regular, cuadrilátera, con cuatro baluartes, uno en cada ángulo; aunque es algo reducida, es muy fuerte, por ser sus murallas dobles y sus terraplenes de bóvedas: la altura de aquéllas será de 24 a 25 varas, y está circundada de un buen foso donde se ha labrado en estos tiempos una gran sala de armas; tiene en el ángulo saliente, que mira por un lado a la entrada del puerto, y por otro a la Plaza de Armas, un torreón con su campana con que se tocan las horas y la queda de noche, y se repiten las señas de velas que hace el Morro, poniéndose en él las banderillas correspondientes al número de las que se han avistado, con distinción de las que aparecen a barlovento o reconocen a sotavento.[64]

Desde el año de 1718, que pasó su habitación a ella el brigadier don Gregorio Guazo, gobernando esta plaza, de que ya había ejemplar en el tiempo del Maestre de Campo don Juan de Tejeda que vivió allí, sirve de palacio o morada a los sucesores de este empleo, quienes han ido amplifi-

62 Id., libro 2, pág. 35.

63 Déc. 7.ª, lib. 10, cap. 19, pág. 240.

64 P. Florencia, Historia de la Prov. de Nueva España, lib. 1, fol. 23.

cando sus fábricas a proporción de sus familias, especialmente el Mariscal de Campo don Francisco Cagigal, que la ha ilustrado con una pieza que ha construido sobre el caballero que cae al mar, para sala de recibo, adornada interiormente de medallas y escudos primorosos de yeso, y por lo exterior con un balcón hermoso que la circunda o rodea.

El nominado brigadier hizo y formó el rastrillo que hoy tiene esta fortaleza, y los cuarteles altos y bajos que a su continuación corren al lado del Sur, para el alojamiento de la tropa de infantería y caballerías de la montada.

La alcaldía o comandancia de esta fortaleza anduvo anexa algún tiempo al empleo de gobernador y capitán general de la Isla,[65] según se manifiesta de una real cédula fecha en el Pardo a 21 de noviembre de 1590, de que haré mención en otro capítulo; pero tengo evidencia de que a más del capitán Aceituno obtuvieron este cargo, antes que se encomendase a los gobernadores, el capitán Juan de Lovera, Diego Fernández de Quiñones y el Sargento Mayor Diego de Argüello, y que después lo ejercieron Francisco Díaz Pimienta, don Antonio Manuel de Águila y Rojas y su hijo el capitán don Juan, caballero del orden de Santiago, natural de esta ciudad, que fue el último alcaide de esta fortaleza.

Ésta fue sin duda el exordio o principio de la fortificación de La Habana, que experimentó desde luego los favorables efectos que le resultaban de esta defensa, pues en los años de 1543 o 1544,[66] gobernando esta villa el licenciado Juan de Ávila, arribaron sobre este puerto cuatro navíos de guerra y un patache francés de que era comandante Roberto Baal, echando gente en tierra por la parte en que ahora está el castillo de la Punta: fue rechazado y puesto en fuga, con considerable pérdida de los enemigos, por el fuego de la artillería de la Fuerza y ardor con que a su abrigo le acometió el vecindario, pagando en esta desgraciada empresa y no esperada resistencia algún tanto de lo que había obrado en Santa Marta y Cartagena, pues si de allí salieron victoriosos, de aquí se retiraron corridos y escarmentados.[67]

La experiencia de lo que había contribuido para atajar el antedicho insulto la expresada fortaleza, o, lo que es más de creer, el pleno y perfecto conoci-

---

65 Juan Díaz de la Calle, Memorial de I., cap. 38.

66 Piedrahita, Historia del N. Ro., cap. 1, 1. 1, pág. 187.

67 Herrera, Déc. 7, lib. 10, c. 19, pág. 240.

miento de la esencialidad de este puerto para el mayor seguro del comercio y navegación de los dos reinos, hizo que años después el rey nuestro señor don Felipe II,[68] por antonomasia el prudente, anteviendo con su gran política e incomparable penetración que lo que entonces era interés de unos corsarios particulares llegaría a ser en lo sucesivo objeto y empeño de las testas coronadas, mandó se construyese una insigne fortaleza,[69] digna de su real ánimo y propia para el designio de hacer inexpugnable este puerto, destinando para ello al famoso ingeniero Juan Bautista Antonelli, que con la dirección del ya enunciado Maestre de Campo Tejeda, gobernador y capitán general de la Isla, empezó a fabricarla el año de 1589, a cuyos principios fue el arribo de ambos a esta ciudad, no dándole lugar al segundo todo el tiempo que permaneció en este gobierno para que la dejase perfectamente acabada, porque consta de una representación de su sucesor, don Juan Maldonado Barnuevo, que aun el de 1589 no estaba cabalmente concluida la obra, y que necesitó de los auxilios del vecindario para proseguirla y finalizarla.

Además de un testimonio tan autorizado, persuade la misma grandeza de este castillo la robustez y extensión de sus muros y la profundidad de su foso, que, aunque hubiesen sido muy numerosas y efectivas las expensas y multiplicados los operarios destinados para su construcción, no pudo finalizarse en tan corto tiempo, como manifiesta la inscripción o letrero que existe grabado en una piedra, a la entrada del rastrillo de la prevenida fortaleza; porque siendo indisputable que así el expresado gobernador Tejeda como el ingeniero Antonelli llegaron a esta ciudad corriendo ya el año de 1589, en que se supone ya hecha, no es verosímil que una máquina tan corpulenta como la que admiramos se hubiese concluido en lo restante del mismo año; cuya reflexión me hace ser de sentir se puso inadvertidamente el año en que se le dio principio por el de su consumación; como se percibe del siguiente rótulo que se conserva en el lugar ya referido, aunque lastimados algunos caracteres de la injuria del tiempo que todo lo destruye.

68 Herrera, Desc. de Ind., pág. 11.
69 D. Lorenzo Vand., Suc. Ph., 2, pág. 185.

GOBERNANDO LA MAJESTAD DEL SEÑOR DON PHELIPE SEGUNDO HICIERON ESTE CASTILLO DEL MORRO EL MAESTRO DE CAMPO TEJEDA Y EL INGENIERO ANTONELLI, SIENDO ALCAIDE ALONSO SÁNCHEZ DE TORO. AÑO DE 1589.

Para individuar con la claridad correspondiente las circunstancias de este gran castillo, se necesita de más campo que el que me deja este capítulo, y así reservo su descripción para el subsecuente, a que solicitaré ceñirla, y dar lugar también al de la Punta.

Capítulo X. Refiérese la situación y grandeza del Castillo del Morro, los alcaides que ha tenido y se da noticia del de la Punta

Sobre un alto peñasco que combate embravecido el mar, por su elevación dominando el puerto, la ciudad y las playas circunvecinas de barlovento y sotavento, está situada la gran Fortaleza de los Tres reyes, célebre en ambos orbes, en una punta que de la parte del Oriente sale a la misma boca o entrada de la bahía y cae al Nornoroeste, levantándose 35 o 40 varas de la superficie del mar, que a veces furioso suele asaltar tanta altura.[70] Su fortificación es irregular, por no permitir otra el terreno o extensión del risco, y se compone de un medio baluarte formado en lo más angosto de la punta, el cual tiene en el ángulo saliente un sublime torreón de doce varas de alto, que llaman el Morrillo y sirve de atalaya para vigiar las embarcaciones que se avistan y hacer seña con la campana del número de velas que se descubren, las que se manifiestan por unas banderitas que se fijan sobre la cortina que cae encima de la puerta del castillo, y mira a la población, distinguiéndose por el lado en que las colocan el rumbo o banda por donde aparecen, como ya expresé en el capítulo antecedente.

A este medio baluarte se siguen hacia el mar cuatro pedazos o cortinas que forman algunos ángulos, según da lugar la figura del peñasco, y en ellos hay repartidos cañones gruesos que todos miran al mar: remátanse los expresados lienzos en un baluarte cuadrado que tiene cuatro piezas de bronce con la misma mira, y del medio sale una escala plana hacia otro baluarte, que compite en la altura al torreón del Morrillo, mirando una de sus caras al mar, y la otra a tierra, guarnecidas ambas y sus flancos de culebrinas de bronce de buen calibre.

Deste este baluarte continúa una cortina que remata en otro casi igual y mira a la campaña de barlovento, a la bahía y ciudad. En él hay un grande aljibe o alberca. Ciñe todo este lienzo de muralla intermedio y los dos baluartes colaterales un foso profundísimo abierto en la misma peña, con entrada encubierta y estacada a la campana, que es asperísima por ser toda de arrecifes muy agrios.

70 Cronología de S. Juan de Dios, 2a.pie., f. 431.

Corre desde este baluarte hacia el Poniente un lienzo de muralla de 40 a 45 varas de largo, que cae a la bahía y remata en una escala plana que baja hasta el Morrillo, y al lado izquierdo tiene otro baluarte cuadrado con cuatro cañones que apuntan dos a la boca del puerto y dos a su fondo. Hay en él otro aljibe nada inferior al que he referido, y ambos se reputan con provisión bastante de agua para mantener la guarnición en el más prolijo sitio que pueda ofrecerse.

Del pie del torreón del Morrillo sale y desciende una escala plana hasta la plaza de armas en donde está situada hacia el Norte, la iglesia, casa del comandante, otra para el capellán y oficiales, y tres cuarteles altos y bajos para el alojamiento de la tropa, divididos unos de otros con sus regulares calles. Hay otras oficinas, calabozos y bóvedas en lo interior de su ámbito, siendo la más principal la del cuerpo de guardia, que es a prueba de bomba. Tiene éste a su entrada un puente levadizo, por donde se pasa a la puerta del rastrillo desde la cual se baja al llano por una larga explanada, con su parapeto que la resguarda.

Habiéndose premeditado sería conveniente demoler, de la obra antigua que tenía esta fortaleza, un baluarte pequeño, formado casi al pie del Morrillo, titulado Los Doce Apóstoles por el número de los cañones que lo guarnecían y eran dedicados a estos santos, se construyó bajo del castillo a la parte del Sur una batería en figura de media Luna, a donde se trasladaron las citadas piezas, la cual tiene cuarteles y oficinas para la gente que se destacare a su defensa, y todos los fuegos miran a la boca del puerto: labrola en su tiempo don Juan Francisco de Güemes.

A distancia de 500 varas del castillo se formó después otra con igual número de cañones, nombrada La Pastora, que por estar más baja y oculta es más resguardada, y por consecuencia muy ofensiva a los bajeles que intentaron forzar la entrada: perfeccionó esta última don Francisco Cagigal de la Vega.

El primer alcaide de este castillo, como queda dicho, fue Alonso Sánchez de Toro, como consta de la inscripción que dejo trasuntada, a quien sucedieron en este empleo, según he podido investigar, las personas siguientes:

Año de 1600, Antonio de Guzmán, antes Castellano de la Punta.

Año de 1607, Juan de Villaverde, que fue primero gobernador de Cuba.[71]

Año de 1615, Jerónimo de Quero, que fue antes Sargento Mayor de esta plaza, y mandó las armas con título de gobernador y capitán general en virtud de real provisión de la Audiencia del distrito, expedida el año de 1619; ascendió al Gobierno y Capitanía General de la provincia de Santa Marta.

Año de 1624, capitán Juan de Esquivel Saavedra: gobernó las armas, y después obtuvo el empleo de Castellano de S. Juan de Ulúa y gobernador de Veracruz.

Año de 1625, capitán Cristóbal de Aranda: mandó lo militar.

Año de 1630, don Mateo Varaona, interino en virtud de real orden.

Año de 1633, Sargento Mayor Damián de Vega.

Año de 1638, Juan de Arizmendi, gobernador de las armas.

Año de 1644, Sargento Mayor don Lucas de Carvajal.

Año de 1654, capitán Pedro García Montañés: gobernó la guerra.

Año de 1655, don José de Aguirre: gobernó lo militar por muerte de don Juan Montaño.

Año de 1660, Gaspar Martínez de Andino, Castellano antes de la Punta: pasó después con el grado de Maestre de Campo al Gobierno y Capitanía General de la isla de Puerto Rico.

Año de 1663, capitán Pedro García Montañés, por deposición del antedicho.

Año de 1664, Gaspar Martínez, restituido.

Año de 1683, capitán de caballos don Andrés de Munive, caballero del orden de Santiago: gobernó la guerra.

Año de 1701, capitán de caballos don Luis Chacón, natural de esta ciudad: gobernó tres veces las armas, la última como gobernador y capitán general en virtud de real orden; tuvo el grado de teniente coronel.

Año de 1734, coronel don Manuel José de Jústiz, natural asimismo de esta ciudad; fue antes Sargento Mayor de esta plaza, y después gobernador y capitán general de las provincias de la Florida.

Año de 1750, teniente coronel don José Fernández Borbua, antes Sargento Mayor de esta plaza.

71 Morell, Historia de la Isla y catedral de Cuba.

Año de 1751, teniente coronel don Fulgencio García de Solís, Sargento Mayor de la plaza de Cuba y de La Habana: pasó en ínterin de gobernador y capitán general de la Florida, y después en propiedad de Comayagua en el Reino de Guatemala.

Año de 1754, capitán don Mateo de Sarabia, actual.

Fue este empleo en la antigüedad de la mayor confianza por tener y gozar, entre otras preeminencias que corren recopiladas entre las Leyes de Indias, la de suceder en el gobierno militar de toda la Isla por muerte del capitán general de ella, en cuya posesión permanecieron desde el año de 1615, que a pedimento de Jerónimo de Quero se les confirió este honor, hasta el de 1715, que se creó para esta plaza teniente de rey o Cabo subalterno, a ejemplo de los que había ya en estas partes en las ciudades de Cartagena y Santo Domingo, siendo el primero provisto el coronel reformado don Pedro de Olivier y Fullana, a quien antes de pasar a tomar posesión de este empleo se le dio ascenso al gobierno de la Florida, donde falleció.

Con poca diferencia de tiempo, porque fue en el del gobierno del mismo Maestre de Campo Tejeda, se empezó a labrar otra fortaleza al Poniente, casi frontera a la del Morro, que está a la otra banda, y aunque inferior en todo a la de los reyes, es muy a propósito, por estar situada en terreno bajo, para batir más a la superficie la campaña de este lado, y para coger entre dos fuegos a los bajeles enemigos que emprendiesen tomar el puerto, que aunque se hace tan difícil por la estrechez de su canal, quiso ponerlo con esta defensa más arduo el arte; aunque algunos inteligentes en el de la fortificación no la han considerado tan conveniente como la supongo, lo que entendido en la Corte ha motivado varias providencias para su demolición; pero siempre han quedado suspensas, lo que obliga a creer que, con mejores informes, se ha calificado por necesaria o a lo menos por útil.

La figura o forma de esta fortaleza, nombrada San Salvador de la Punta, es cuadrilátera, con sus baluartes en cada ángulo y sus flancos regulares; los lienzos o cortinas intermedias tendrán como 40 varas de largo, de donde se puede deducir según reglas el ámbito y tamaño de los expresados baluartes, de los cuales dos miran al mar y los otros a tierra, y están guarnecidos de buena artillería; tiene fábricas interiores para la habitación de su comandante, y alojamiento para la gente que la guarda. Su entrada la resguarda un parapeto de cantena con su estacada: desde ella hasta la puerta del recinto de la muralla que cae a aquella parte, se ha formado camino cubierto, que está casi a la orilla de la bahía, y hoy se le han aumentado otras obras de importancia hacia la campaña.

Consta por una piedra que permanece embebida en una de sus cortinas, que a la fábrica que en ella hizo el gobernador Tejeda, aumento alguna en su tiempo don Lorenzo de Cabrera, su sucesor. Los alcaides que ha tenido desde su principio parece que han sido los que expresaré a continuación, aunque puede faltar uno u otro de que no se ha podido hallar noticia.

Año de 1596, capitán don Antonio de Guzmán.

Año de 1600, don Mateo de Varaona.

Año de 1624, capitán Juan de Alemán.

Año de 1630, capitán N. Portierra.

Año de 1637, don Pedro Enríquez de Novoa.

Año de 1650, capitán Gaspar Martínez de Andino.

Año de 1660, capitán de caballos don Andrés de Munive.

Año de 1683, capitán de infantería Gaspar Mateo de Acosta, mi abuelo, que pasó con grado de Maestre de Campo a los Gobiernos y Capitanías Generales de Cumaná y Maracaibo.

Año de 1683, teniente de caballos don Francisco Gaytán de Vargas.

Año de 1687, don Pedro de Aranda y Avellaneda, antes Sargento Mayor del Presidio de la Florida.

Año de 1694, don Pedro Rodríguez Cubero, que pasó al Gobierno del Nuevo México.

Año de 1700, capitán de caballos don Luis Zañudo y Anaya, que pasó al de Cuba.

Año de 1710, Sargento Mayor don José de Santa Cruz, natural de esta ciudad.

Año de 1729, capitán de infantería don Juan de Florencia, natural de ella.

Año de 1737, don Juan de Figueroa, idem.

Año de 1758, don Fernando Arias, actual.

Capítulo XI. De los aumentos que fue teniendo la fortificación de esta plaza

Finalizada la fortaleza de la Punta, pausaron por algún tiempo los proyectos de aumentar otras nuevas, no porque se considerasen bastantes para hacer respetado este importantísimo puerto de la audacia y poder de los enemigos, émulos de la gloria y riqueza de España, ni porque la atención de nuestros monarcas y vigilancia de sus ministros no mirase desde muy cerca las conveniencias que producirían de perfeccionar su fortificación; pero las urgencias de la Corona u otros motivos graves que no alcanzo interrumpieron la prosecución de ella, hasta que con la ocasión que expresaré inmediatamente se volvió a suscitar la materia.

El año de 1633, habiendo encomendado S. M. al Marqués de Cadereyta, capitán general de la Real Armada de la Guardia de las Indias, y a su Almirante don Carlos de Ibarra, del Consejo de Guerra, el conocimiento e inspección de ciertos reparos que había informado el gobernador de esta plaza necesitaban sus tres fortalezas, algo deterioradas por el curso del tiempo y embates del mar, se premeditó por dichos cabos y otros, oficiales de graduación de la escuadra, que asistieron con los ministros de Real Hacienda e ingeniero de esta ciudad a la prevenida diligencia, convendría resguardar con dos torreones las bocas de la Chorrera y Cojímar, la una a sotavento y la otra a barlovento, regulando todo su costo en 20.000 ducados, lo que no tuvo efecto hasta el año de 1646, en el cual, debiendo de inquietar la tranquilidad de los vecinos y moradores de esta ciudad los recelos de algún oculto desembarque por ellas, como tan inmediatas, y por donde, aunque no se intentase sorprender la plaza, se podían insultar las haciendas comarcanas y aprisionar sus dueños y habitadores, se determinó fabricar los dos fortines proyectados, como se practicó a costa de los mismos vecinos, que interesándose en la quietud y seguridad, se constituyeron gustosos a la contribución de los gastos, de que S. M. les dio las gracias, ofreciendo en tiempo más oportuno la recompensa de este servicio.[72]

Después, gobernando Frey don Francisco Gelder, propuso a la Corte romper un canal o abrir un foso, que cortando la lengua de tierra por donde

72 Real cédula, Madrid, 1.º. de marzo de 1619.

se divide el mar y la bahía, pudiesen comunicarse las aguas, quedando aislada la población, y así más defendida y segura.[73] Idea que no mereció la regia aprobación, teniéndose por más aceptable la de su sucesor don Juan Montaño Blásquez, que se reducía a cercarla por tierra de muros, corriendo una cortina con diez baluartes y dos medios, según la planta remitida; para cuya obra había ofrecido el vecindario concurrir con 9.000 peones y arbitrado el Cabildo el impuesto de medio real de sisa sobre cada cuartillo de vino que se vendiese, lo que se admitió, ordenando el rey se asistiese de las Cajas Reales de México con 20.000 pesos para la fábrica; pero se suspendió por nuevo despacho a que debieron de obligar los accidentes de la guerra de aquellos tiempos.

Instaba más cada vez la ejecución de este último proyecto por el fatal suceso de la toma de Jamaica el año de 1655 y amenazas de que al siguiente emprendiesen victoriosos los ingleses alguna operación sobre esta plaza, que era la más envidiada y apetecida de los enemigos de estas partes. Considerábala el rey y sus ministros la llave importantísima de la Nueva España y el antemural de todas las Indias, cuya dominación peligraba en caso de apoderarse los extranjeros de La Habana. Conocía bien la gran política y militar expedición del que la mandaba entonces, que era el memorable don Francisco Dávila Orejón,[74] lo mucho que se perdía en esta presea, más digna de atención que Bruselas y Amberes, porque aquéllas aseguraban solamente la conservación de algunas provincias, más ésta toda la subsistencia del vasto imperio de las Indias, tan opulento por sus riquezas como difícil para el recobro, por sus dilatadas distancias, y hallando que sus fuerzas no podían igualarse con sus deseos, y que la muralla firme que se había comenzado el año de 1633 corría con lentitud, sin embargo de haberla acalorado la aplicación de su antecesor y la actividad de los Comisarios nombrados por la ciudad, que eran el Alférez Mayor don Nicolás Castellón y el Regidor don Hilario de Estrada, propuso continuarla de fajinas, lo que se emprendió y adelantó con el fin de estorbar alguna invasión por tierra, como la que experimentó Santiago de Cuba el día 16 de octubre del año antecedente de 1662, siendo su gobernador el Sargento Mayor don

73 Otra en Madrid, 21 de en. de 1656.

74 Excelencias del arte mil., cap. 43, pág. 112 y sigs.

Pedro de Morales, sin que pudiese impedirla el Castillo de la Roca, porque lo que era suficiente a defender el puerto no bastaba a asegurar la población ni vecindad.

Sucedió al gobernador Orejón don Francisco Rodríguez de Ledesma, y se volvió a continuar con empeño la muralla firme, cumpliendo el vecindario enteramente con su oferta de los 9.000 peones, de que se dio por entendida la real gratitud con estimables expresiones que estimularon a la prosecución del servicio en esta obra, ayudando mucho a los gastos el arbitrio de sisa que montó algunos años más de 2.300 pesos, y se aplicaron con las otras asistencias del rey a su destino.[75]

Adelantola cuanto fue posible dicho gobernador Ledesma, y prosiguiendo con igual conato y tesón sus sucesores hasta don Diego de Córdoba Laso de la Vega, quedó en el tiempo de éste rematado el recinto, no solo desde la puerta de la Punta hasta la Tenaza, que es cuanto mira a tierra, sino desde la misma Tenaza hasta el Hospital de San Francisco de Paula, que es cuanto de la banda del Sur sirve la bahía de foso a la población.

La muralla del expresado recinto, aunque no es muy gruesa, es de buena cantería, y tiene toda competente terraplén y regular foso; en los baluartes hay garitones para el abrigo de centinelas, y hay cabalgada correspondiente de artillería. En otro tiempo no tenía más que dos puertas, una al Norte, que es la de la Punta que sale a la Caleta, y otra al Oeste, llamada antes vulgarmente Puerta de la Muralla y ahora conocida propiamente por Puerta de Tierra; contigua a ésta se ha labrado últimamente otra para que se salga por la primera y se entre por la segunda. La antigua tiene su puente levadizo, y ambas su rastrillo interior y exterior, guardando mucha proporción y semejanza en la altura y disposición de sus frontispicios y alojamientos para los oficiales y tropa que las guarnece.

También se ha abierto otra puerta que sale al Arsenal para facilitar por ella la introducción de todo lo necesario a la construcción y carenas de los bajeles, la que está custodiada de tropa como las demás, aunque no en tanto número.

Teniendo el estado que referimos arriba la fortificación de esta plaza, no satisfecha la Corte ni el oficioso celo de sus gobernadores, porque eran

75 En un manuscrito se lee 23.000 ps. En otro 10.300 [1.ª edición]. (N. del E. original).

mucho menos de lo que se debía a su importancia, y más a vista de lo acaecido a Cartagena, que estaba muy distintamente fortificada cuando la expugno el francés, no olvidaron nunca el sistema de reforzarla. El Marqués de Casa Torres siendo gobernador construyó el baluarte de San Telmo en la orilla del mar, mediando la distancia que hay desde el Castillo de la Punta al de la Fuerza Vieja, que entonces se juzgó muy buena defensa y después se demolió por inútil, para seguir el recinto de la muralla que desde la Puerta de la Punta empezó a fabricar sobre la bahía, quitándole mucha parte de su margen antiguo, el Brigadier don Dionisio Martínez de la Vega; obra que prosiguió su inmediato sucesor don Juan Francisco de Güemes, quien habiendo desbaratado las cortinas que desde la Tenaza corrían hasta Paula, haciéndolas de mejor calidad, llevó tan a los fines el recinto que mira a la bahía, que a no haber sobrevenido la guerra contra los ingleses el año de 1740, la que pidió otras más precisas atenciones hacia la parte de tierra, que reforzó con otras obras exteriores, hubiera dejado muy poco que adelantar en esto a los venideros. Y aunque se creyó quedase enteramente concluido en el gobierno de don Francisco Cagigal, aún resta todavía que hacer para finalizarlo.

Todo este nuevo muro que cerca la población hacia el puerto es muy anchuroso y de buen material; compónese su cortina de algunos baluartes con sus lienzos intermedios, y tiene hasta ahora tres puertas, la del Muelle de la Luz, la de la Machina y otra, donde estaba el antiguo embarcadero de Carpinete, cerca de la Real Contaduría, y según su delineación se deberán hacer en ésta dos para la carga y descarga de los navíos, desembarque e introducción de las mercaderías que se conducen en ellos, y de los frutos del país que se acarrean de la otra banda, como ya toqué en otro lugar.

A representación, según considero, de don Francisco Cagigal, se ha dispuesto últimamente por el rey se construya una ciudadela sobre la serranía de la Cabaña, para la que se están preparando, los materiales y operarios precisos que requiere semejante obra, de que no puedo dar noticia.

Capítulo XII. De la tropa que antiguamente presidió esta plaza. Aumento y nuevas disposiciones que ha tenido

Por el mismo tiempo que el cuidado y perspicacia de nuestros Soberanos atendió con particular esmero a que se amplificasen las fortificaciones de esta plaza con los castillos y defensas que se han referido, iba también dotándola de cabos militares y de competente guarnición de gente arreglada que la guardase y defendiese en las invasiones a que estaba expuesta, porque sin esta providencia tan necesaria serían sus fortificaciones unos cuerpos sin alma o unos esqueletos sin vida.

Sobre los oficiales y tropa que a los principios tuvo y se reducían según noticias al Alcaide o capitán de la Fuerza Vieja, empleo anexo a los Gobernadores, el Sargento Mayor, un capitán y cien infantes que presidiaban, se sirvió el rey acrecentar, el año de 1590, hasta el número de trescientos soldados; y a más de los prevenidos oficiales, los dos alcaides del Morro y Punta proveídos poco antes, a quienes asignó los sueldos siguientes, según consta de una real cédula que existe en los libros de este Gobierno y trasunta Juan Díaz de la Calle en la obra y lugar que cito al margen.[76]

	Ducados
Al alcaide de la fortaleza, gobernador y capitán general	2.400
Al del castillo del Morro	600
Al de la Punta	400
Un capitán	720
Un alférez	288
Un sargento	168
Diez cabos de escuadra a 10 ducados	1.200
Un capellán con lo mismo	120
Cuatro tambores y dos pífanos ídem	840
El armero con 8 ducados	96
El barbero ídem	96
Un condestable de artillería con doce	144

76 Memorial de Ind., c. 38.

Doce artilleros ídem	1.728
Doscientos setenta y cinco infantes 8 ocho ducados	26.400
	$ 35.200

Que con lo señalado para ventajas, pólvora, plomo, medicinas y reparos de las fortificaciones, venían a montar cada año 36.912 ducados, con cuya cantidad se mandó asistiesen las Cajas de México anualmente a esta plaza.

Por los años de 1630 o siguientes parece se acrecentó la guarnición de este presidio hasta el número de 450 plazas con sus oficiales de primera plana y artilleros, creándose o estableciéndose entre otros empleos el de Alcaide de la Fuerza Vieja, que antes había corrido anexo al de gobernador, de suerte que llegó a sumar la anual situación 71.346 pesos.

En el referido pie parece no subsistió mucho tiempo la guarnición establecida, porque debieron de pedir otras amplitudes los motivos ocurrentes en aquella ocasión, mandándose el año de 1634 que en el Morro hubiese doscientas plazas de planta fija; y por este mismo o poco después se resolvió tuviese el de la Punta y el de la Fuerza cien soldados cada uno, y más adelante se aumentaron tres compañías sueltas, porque se hizo indispensable cubrir las puertas de la muralla y dar guarnición a los fuertes de la Chorrera y Cojímar, para los cuales se eligieron y nombraron cabos, gobernadores perpetuos, y aun en esta constitución no permaneció sin novedad dilatado tiempo.

El año de 1719 en que gobernaba esta plaza don Gregorio Guazo, se estableció en ella nuevo reglamento para su presidio, extinguiéndose en todo lo más la forma antigua que tenía su guarnición, la que se redujo al cuerpo de un batallón de infantería compuesto de siete compañías de a 100 hombres, inclusa una de granaderos que antes no había y dos separadas, una de artilleros y la otra de caballería ligera, todas con capitán, teniente, subteniente, alférez y dos sargentos, a excepción de la última que carecía de subteniente, la que pocos años después se formó de dragones montados, y a ésta se agregaron otras dos que el rey mandó levantar el año de 1736, con setenta hombres cada una.

Desde el año de 1727 existían también como presidiarias cinco compañías llamadas de blanquillos, que vinieron de refuerzo, las cuales eran de a cincuenta hombres con tres oficiales cada una, y de este total de gente, a excepción de la de dragones establecida para otros fines, se proveían las fortalezas y puestos más avanzados de dentro y de fuera de la ciudad, unos por guardias ordinarias y otros por destacamentos, ya de 15 días o ya de un mes, que excuso individuar por no ser prolijo.

En la expresada gente de guerra y otros muchos empleos a que da sueldo el rey, consumía anualmente su real erario 294.929 pesos, que se conducían de las Cajas del Reino de Nueva España.

El año de 1754 se dio nueva disposición sobre la tropa que ha de presidiar esta plaza y sueldos que han de gozar los oficiales y gente de su guarnición, cuyo reglamento ha hecho en virtud de real comisión del Conde de Revillagigedo, Virrey que era actualmente de México, de que daré una breve noticia.

De toda la gente de esta plaza y la de los presidiarios de Cuba y Florida, se formó un regimiento compuesto de cuatro batallones, y cada uno de éstos de seis compañías, las cinco de fusileros, de 94 hombres, y las otras de granaderos, de a 50, todas con cuatro oficiales y dos sargentos.

A más de esta tropa de infantería se formó una compañía de artilleros con capitán, dos tenientes, dos subtenientes, dos alféreces y cinco sargentos, que con cabos de bombarderos, herreros, armeros y minadores, debe tener 172 hombres.

Quedaron asimismo existentes cuatro compañías de caballos de a 60 hombres, con capitán, teniente, alférez y sargento: de toda esta suma de tropa se ha de proveer por destacamentos a Cuba y la Florida, a la una con cuatrocientos cuarenta hombres comprendiendo los sargentos, artilleros y tambores, con los respectivos capitanes y oficiales subalternos, y a la otra con 310 en la misma forma, pero con el aumento de una compañía entera de caballos y sus correspondientes oficiales, en cuyo pie se deberá conducir anualmente para la tropa y estado mayor de ésta y las prevenidas plazas la cantidad de 489.879 pesos, conforme al resumen general del mencionado reglamento, del que corren impresos muchos ejemplares en que se podrá ver lo que yo omito por no extenderme más.

Capítulo XIII. De las singulares, honoríficas recomendaciones que califican la importancia de esta plaza

Aunque lo contenido en el capítulo precedente manifiesta muy bien la especial atención que ha merecido a nuestros monarcas la importancia de esta plaza porque las variedades y ampliaciones que ha habido en la tropa de su presidio dimanan del desvelo con que se han escogitado nuevos medios y modos de resguardarla y defenderla, añadiré en éste, para mayor inteligencia y más clara prueba de esta verdad, las singulares recomendaciones y encargos con que la real consideración la ha particularizado entre las demás de estos dominios.

No ignoro que así como próvida la naturaleza reparte a todos los miembros del cuerpo los espíritus vitales de que necesitan para ejercer cada uno las funciones que le pertenecen, así lo debe practicar la atención y poder de los soberanos respecto de sus Estados,[77] proveyéndolos de los auxilios correspondientes a cada parte, cuya obligación han desempeñado exactamente nuestros reyes en la protección universal de su vasto imperio, sin que haya olvidado su vigilantísima perspicacia aun los pueblos más remotos y lugares de menos nombre; pero como es del mismo modo asentado que a las partes principales o más nobles del cuerpo se le comunican y franquean más generosas asistencias, proporcionadas a más altas operaciones, de aquí es la especialísima distinción con que, sin agravio de las otras plazas del Nuevo Mundo, se ha mirado y proveído continuamente ésta de La Habana, que como más codiciada ha debido ser más atendida, y como más expuesta a los designios de los enemigos ha pedido muy de justicia los socorros nacionales, pues asegurada ésta, se afianzan las demás, como expresamente lo declaró S. M. en un real despacho de la fecha que cito, dirigido al Mariscal de Campo don Vicente de Raja, de que trasladaré algunas cláusulas porque ellas solas, cuando no hubiese otras muchas, bastarían a persuadir el argumento.[78]

Deseando, dice el rey, por cuantos medios sean posibles atender a la más asegurada defensa de esa plaza y presidio como tan importante al res-

77 Mdza., Prin. perfecto, documento 10, pág. 47.
78 Real cédula, Madrid, 10 de junio de 1717.

guardo y conservación de mis dilatados dominios en la vasta jurisdicción de la América y principalísimo antemural de ella, de cuya manutención pende la de todas las Indias; siendo asimismo ese puerto la preciosa garganta de los reinos del Perú y Nueva España, y donde hacen su principal escala las flotas y galeones y de más navíos de aquellas provincias que conducen mis reales tesoros para repararse de las invencibles experimentadas fatigas de la navegación; siendo por estos motivos el puerto más apetecible de los extranjeros y el principal objeto de los designios de los enemigos de mi Corona, y considerando lo mucho que conviene aplicar aquellas providencias que puedan facilitar el más asegurado resguardo de plaza de tan suma importancia, he resuelto, etc. Hasta aquí es cuanto conduce al asunto, pues de lo expuesto se comprenden las graves razones de que tenga y haya tenido tanto lugar en la regia estimación la seguridad de este circunstanciado puerto.

Las referidas no tienen necesidad de encarecerse, ni tan sublimes expresiones pueden cabalmente ponderarse; pero la circunstancia del tiempo en que fue expedido el citado real despacho obliga a hacer una reflexión muy debida y conducente al asunto, y es que sí en aquella estación en que la próxima paz celebrada en Utrech tenía todo el sistema de la Monarquía en entera quietud, se miraba con tanto esmero y cuidado cuanto pudiese contribuir a la mayor y mejor defensa de esta plaza, ¡qué desvelos!, ¡qué observaciones!, ¡qué providencias no se habrían aplicado en tiempos más turbulentos y ocasiones más arriesgadas! Esto pedía campo más dilatado que el de un capítulo; porque habiendo sido tan emulada la dominación de este puerto, no solo de las potencias contrarias sino aun de los piratas extranjeros, se ha hecho forzoso repetir con empeño las prevenciones, frecuentar los avisos y disponer refuerzos extraordinarios, que será muy cansado explanar; pero tocaremos algunos por donde se infiera cuan desde atrás se ha tenido, por los motivos expuestos, una singular consideración de esta plaza y su conocida importancia.

Por los años de 1622 y 1633 los rebeldes de Holanda y Zelanda, fomentados del Conde Mauricio, armaron algunos bajeles de guerra con intención de sorprender el castillo del Morro o lograr otra operación intempestiva sobre este puerto, y habiéndose entendido secretamente por nuestra Corte este designio, no solo aprontó los avisos, pero aun los más principales, que eran los socorros de gente, artillería y municiones con que pudiese defenderse y escarmentar a los enemigos. Y porque al mismo tiempo se tuvo noticia que don Juan Vitrián de Viamonte, que la gobernaba, no poseía la salud y robustez de que necesitaba para atender a una defensa tan recomendada, se le proveyó de sucesor, y para quitar la extrañeza que podía ocasionar a su honor, lealtad y mérito esta novedad, se le previno en un real despacho por estas palabras: «En mi Consejo y Junta de guerra de las Indias se ha entendido que os halláis falto de salud, por cuya causa no podéis acudir a gobernar esa plaza con el cuidado y asistencia personal que se requiere, siendo la llave de todas las Indias y la más infestada y codiciada de enemigos, etc.»[79] Siendo lo más reparable en esta resolución el que fuese casi inmediatamente provisto el nominado gobernador para la presidencia de la isla Española, como que no fuesen tan necesarias para el gobierno y seguridad de ella las fuerzas, atención y desvelo que deseaba S. M. para la conservación de esta plaza tan singular en su aprecio.

Por una real cédula dada en Corrella a 6 de julio de 1711 se dio aviso a este Gobierno de las justas sospechas y noticias secretas con que se hallaba S. M., de que los enemigos tiraban a invadir esta plaza, y con este motivo se le encarga la vigilancia, con razones tan poderosas y eficaces, que califican la importancia de la materia. Y por otra de 20 de junio fecha en Aranjuez el de 1715 se le previene, en razón de las asistencias que dispensa para este presidio, encargaba estrechamente a los virreyes de Nueva España prefieran su socorro a cualquiera urgencia de la Corona, que es un incontrastable apoyo de su estimación singular.

Para vigorizar el ánimo y estimular también el honor de la gente que servía en este presidio a su mayor defensa y seguridad, se dignó S. M. declararlo por de guerra viva, ordenando se reputasen los ejecutados en esta plaza como si fuesen hechos en Chile o en otras partes igualmente expuestas a las frecuentes hostilidades y fatigas de la campaña: arbitrio muy propio de su real grandeza, obligar con el incentivo del honor y merecimiento a un fin de tanta importancia y estimación.[80]

---

79 Fecha en Madrid, a 24 de mayo de 1634.
80 Real cédula, Madrid, 2 de junio de 1678.

Capítulo XIV. Del número, circunstancias y servicios de las milicias de blancos, pardos y negros de esta ciudad

El nervio de fuerzas con que se debe considerar esta plaza para resistir y oponerse a cualquiera empresa que puedan intentar sobre ella los enemigos, no consiste únicamente en la tropa arreglada que paga el rey para su preciso resguardo, pues también se compone de los numerosos cuerpos de las milicias de blancos, pardos y morenos libres, tan aptos, prontos y aparejados para este fin como para otros diferentes del real servicio, como lo han ejecutado en cuantas ocasiones se han ofrecido, y no me puedo excusar de referir habiendo de tratar de ellas, porque, cediendo en su honor, debe ser de particular cuidado y obligación mía expresar su mérito, calificando mucho éste la honorífica relación o informe que hizo a S. M. don Diego de Córdova, gobernando esta plaza, pues afianzó la seguridad que tenía y le daba esta tropa urbana para oponerse a los designios de los enemigos, por la buena disposición que manifestaba y puntualidad con que acudía a la defensa de esta plaza en cualquiera rebato u otra señal de guerra.

Redúcese el cuerpo o batallón de las milicias de blancos, de que es actual comandante don Matías Poveda, a ocho compañías, sin las tres sueltas de mar, artilleros y gente de la ribera, y la plana mayor de la de forasteros, las cuales, según el estado general que se formó el año de 1737 en virtud de real orden, comprenden todas, a excepción de la prevenida de forasteros, 3.200 hombres. Las seis escuadras de a caballo de los partidos del campo más inmediatos, con exclusión de las milicias de la villa de Guanabacoa, a esta ciudad, componen conforme al citado extracto 1.564 hombres.

Nuevamente se ha formado de la gente de los tres barrios extramuros un batallón de cinco compañías, que tienen alistados más de 400 hombres.

El batallón de pardos, de que es comandante Antonio de lores, tiene siete compañías y una suelta, en que, según el mismo estado, había 882 hombres.

El de negros libres, de que es comandante Manuel Correa, se compone de otras siete compañías y una separada de artilleros, cuyo total era de 412 plazas, número que hoy se considera muy acrecentado por el conocido aumento que en todas clases de gente ha tenido el vecindario de dentro y fuera de esta ciudad, a cuya defensiva no solo ha cooperado siempre que con gruesos armamentos le han amenazado las potencias extranjeras, sino que también han acudido, unas veces voluntarias y otras mandadas, a cuantos socorros se han dado a los presidios de estas partes y campañas que se han intentado para asegurar sus costas y recuperar algunas poblaciones invadidas por los enemigos, lo que juzgo especificar por crédito suyo y honor de la patria.

En el prolijo sitio o bloqueo que puso al puerto Francisco Drake el año de 1588, cuando volviendo victorioso de Santo Domingo y Cartagena creyó lograr la misma suerte sobre esta plaza, no bien fortalecida ni presidiada entonces, es inconcuso que le marchitó la esperanza concebida de una ventajosa operación igual a las antedichas el desvelo y animosidad de nuestra gente, tanto como la buena disposición y esforzado ánimo del gobernador Gabriel de Luján, y Castellano de la Fuerza Diego Fernández de Quiñones, cabos de valor y experiencia militar.[81]

No corrió con mejor fortuna en el de 1638 el que le formó la escuadra holandesa, que se presentó a vista de este puerto, con apariencias de invadirlo, aunque en la realidad fuese la intención esperar en sus costas los galeones de Tierra Firme o flota de la Nueva España, porque bajo de cualquiera pretexto siempre era regular la precaución de ponerse en defensa y aguardar por instantes el lance, y más con las premisas de haberse maquinado algunos años antes una expedición directa contra esta plaza, como ya se ha tocado.

A los fines del siglo pasado, presumido o vanaglorioso de la toma de Cartagena Mr. de Pointis, tentó, con desaire de su arrogancia, si podía expugnar esta plaza; pero hallándola bien prevenida y su gente resuelta para cualquier trance, abandono la empresa y la dejó con esta gloria, añadiendo muchos quilates a la de nuestras milicias la prontitud y constancia con que sirvieron en esta ocasión, y la de haber en otras diversas salido a reforzar y socorrer los dominios de la Corona, y a desalojar los enemigos de los que han intentado ocupar en estas partes.

81 Vand., Sic. de Phil., 2, pág. 153.

Habiendo sitiado por mar a Puerto Rico los holandeses el año de 1624 y pedido auxilio a La Habana su gobernador Juan de Aro,[82] se lo franqueó puntualmente el de esta ciudad, entregando el dinero y municiones al contador Francisco Jajagrana, que vino destinado a buscar el socorro, y aunque llegó después de haberse retirado el armamento, sirvió, como expresa el historiador que cito, de mucho esfuerzo a aquel presidio, por haber sido el de más suma que tuvo en este lance.[83] La gente de que se componía el refuerzo fue alguna de la pagada, y dos compañías de milicianos, mandada la una por el capitán Ignacio de Losa, natural de esta ciudad, en donde hasta hoy se conserva memoria de esta salida.

En el de 1662, en que sorprendieron a Santiago de Cuba (como ya apunté) los ingleses, se ocurrió a socorrerla destacando a la villa del Bayamo la gente presidiaria y miliciana que se tuvo por conveniente o pareció necesaria.

En el de 1702, estando bloqueada por el mar la Florida de algunos manuales ingleses, se despacharon de este puerto cinco embarcaciones tripuladas de infantería pagada y milicianos, mandando esta expedición el capitán don Esteban de Berroa, vecino de esta ciudad, que hizo retirar al enemigo y socorrió el nominado presidio con mucho honor de nuestras armas, como lo significó S. M. en cédula dirigida a este gobierno el año de 1703.

En el de 1719, aprovechando el Brigadier don Gregorio Guazo las sólidas esperanzas que le daba el brío y marcial espíritu con que la gente de este país había escarmentado a los piratas que insultaban las costas de esta Isla y traficantes del Seno Mexicano, discurrió, de acuerdo con el gobernador de la Florida don Antonio de Benavides, como se relaciona en el Ensayo Cronológico, emprender alguna facción sobre el puerto o colonia de S. George,[84] y echando, voz de que intentaba desalojar los corsarios de la isla de la Providencia, dispuso un armamento de catorce embarcaciones ligeras, diez balandras y dos bergantines, armándolas y tripulándolas con 1.000 hombres voluntarios, cien soldados veteranos. y algunos vecinos principales a quienes dio el mando de algunas de ellas, nombrando por cabo

82 Real cédula, Barcelona, 25 de abril, de 1626.
83 Césp., Historia de Philip., f. 244.
84 Georgia, una de las trece colonias inglesas de la América del Norte.

de esta expedición a don Alfonso Carrascosa su pariente, y por segundo a don Esteban Severino de Berroa, natural de esta ciudad y capitán más antiguo de las milicias de blancos de ella.[85] Habiendo salido el expresado armamento naval para su verdadero destino el día 4 de julio del citado año, tomaron accidentalmente a la vista de este puerto dos fragatas francesas que habían rendido el castillo de Panzacola y conducían prisionero a su gobernador, oficiales de guerra y religiosos curas; cuyo acontecimiento lo hizo arribar a La Habana, y entendida por don Gregorio Guazo la novedad de la pérdida de Santa María de Galve, determinó ocurrir a la recuperación de aquel presidio con la mayor brevedad, consiguiéndose felizmente la rendición de la fortaleza, vencida la corta resistencia que hizo a nuestras embarcaciones.

Este suceso, que tuvo tan prósperos principios pero mucho menos favorable éxito, se malogró con la próxima llegada del jefe, Conde de Chamelin, que mandaba una escuadra de seis navíos de línea y de guerra, con los cuales, sin embargo de la superioridad de las fuerzas, combatieron los españoles gloriosamente, distinguiéndose tanto los de este país, que componían el mayor grueso de las tripulaciones, que como aseguraron los mismos contrarios, según el citado autor, fue lástima que hombres tan valientes y dignos de eterna fama muriesen sin poder quitarles la victoria, que fue sin duda debida más que al esfuerzo a la desigualdad de los bajeles, número de la gente y calidad de la artillería.

A fines del mismo año o principios del siguiente pasaron tres compañías de milicias de blancos, pardos y negros al puerto de la Veracruz, para reforzar el armamento que estaba preparándose para nueva expedición al propio presidio de Panzacola, y se había encargado al Jefe de Escuadra don Francisco Cornejo; y no tuvo otro efecto que la desgracia de dos navíos del rey nombrados S. *Juan* y S. *Luis*, que naufragaron viniendo para este puerto, pereciendo en el primero con la mayor parte de la gente de su compañía el capitán don Ubaldo de Coca y el teniente don José su hermano, naturales todos de esta ciudad, de donde salieron con motivo de la prevenida expedición.

85 Ensayo cron. a la Historia de la Florida. Déc. 21, año 1719, pág. 350.

Con la misma puntualidad y fineza, abandonando sus casas y comodidades, salieron, de los propios cuerpos milicianos, cerca de 2.000 hombres, el año de 1742, a exterminar las plantaciones de la Nueva Georgia, con los oficiales correspondientes de los tres batallones, siendo de los más distinguidos el teniente coronel don Juan Núñez del Castillo, y Capitanes don Santiago Pita, don Luis Pacheco, don Laureano Chacón y don Dionisio de Berroa, sin otros muchos subalternos, personas de calidad en cuya operación se malograron por falta de práctica o de conducta los buenos sucesos que afianzaban las exactas y premeditadas disposiciones de la empresa y la sobra de valor de los soldados; no siendo ésta, aunque tan moderna, la última ocasión en que han sacrificado sus personas en servicio del rey y honor a la nación, pues en el año de 1747 reforzó otra tanta porción de gente paisana la escuadra del teniente general don Andrés Reggio, peleando esforzadamente en el combate naval que tuvo sobre esta costa con la del Almirante Knowles el día 12 de octubre, particularizándose tanto en estas campañas, y otras me nos considerables que paso en silencio, así en los ejercicios de fatigas como en los acontecimientos de fuego, que en vez de salir con la reputación de bisoños, han adquirido crédito de muy expertos y veteranos, manifestando valor y disciplina.

Capítulo XV. Del sitio a que fue trasladada la villa de La Habana, grados en que está, y otras noticias de ella

Volviendo a continuar la narración, que interrumpí para evacuar primero cuanto pertenecía a la bondad de nuestro puerto, calidad de sus fortalezas y guarnición de su presidio, asuntos que, teniendo entre sí tanta conexión, no era justo tocarlos separados, comenzaré a referir cuanto mira al sitio o territorio que se escogió para establecer la villa de San Cristóbal, ya hoy ciudad de La Habana. Fue ésta a la parte occidental de la bahía o puerto de Carenas por ser la opuesta de algunas montañas o tierras dobladas, y el expresado de un espacioso, cómodo llano, como se ve, registrándose casi igual toda su planicie con un regular declivio a la marina a donde bajan las aguas en tiempo de lluvias, no muy precipitadas. El primitivo terreno que empezó a ocupar la población fue según entiendo el más cercano al en que se edificó, y ahora está, la Real Fuerza, la Aduana y la Iglesia matriz, que se ha mantenido sin novedad en aquel paraje y es muy creíble fuese el centro de la villa para que gozara la vecindad su inmediación, la de la bahía y la boca del puerto para reconocer los bajeles que entrasen y que se hiciese más fácilmente el desembarque de sus mercaderías a la orilla del mar y de la población.

Está fundada La Habana en veintitrés grados y diez minutos de altura, aunque Herrera pone uno menos; su temple es cálido y seco, como el de toda la Isla; su cielo claro y alegre, porque los vientos que generalmente reinan en su costa desembarazan de nubes gruesas los horizontes y despejan de celajes la esfera, haciendo más moderados los calores y menos lentas las tempestades de rayos que se experimentan regularmente desde junio a agosto, que es el tiempo en que, con las lluvias, suelen ser repetidos los temores de las centellas, pero no frecuentes los estragos, única pensión con que se gozan los demás beneficios del clima, porque no le asaltan los temblores que a Lima, las inundaciones que a México y Jamaica, los volcanes que a Quito y Guatemala, ni las víboras, ni otros insectos ponzoñosos que al Nuevo Reino;[86] pero ello es que no hay región tan benévola, ni puede

86 El Nuevo Reino de Granada.

haberla tan feliz que no deje de desear al gusto de sus habitadores, ni en que no tenga que tolerar el ánimo de sus oriundos.[87]

La experiencia de la benignidad de su temperamento, saludable aun para los forasteros, hizo desde luego apetecible su habitación a los europeos que transitaban por esta ciudad en flotas y galeones, de que era su puerto precisa escala, y así fueron estableciendo su vecindad y aumentando su población personas de ilustre y distinguido nacimiento, de modo que en muy corto tiempo se adelanto a las de toda la Isla en el número y calidad de los vecinos, adquiriéndole las conocidas ventajas de su comercio, y más crecida suma de empleados en el real servicio, mayor copia de individuos nobles a su vecindario, materia que pienso tocar en determinado capítulo, no solo por honor de esta ciudad y de toda la Isla, pero aun de todas las poblaciones de Indias, para desvanecer o combatir un error que trasciende de los vulgares a algunos políticos poco versados en las historias de ellas.

La planta de esta ciudad no es de aquella hermosa y perfecta delineación que según las reglas del arte y estilo moderno contribuye tanto al mejor aspecto y orden de los lugares y desahogo de sus habitantes, porque las calles no son muy anchas ni bien niveladas, principalmente las que corren de Norte a Sur, que es por donde tiene su longitud la población; pero como casi todas gozan de un mismo ancho, pues ninguna baja de ocho varas, y hay muy pocas cerradas, ni enteramente oblicuas o recodadas, cuando no pueda competir en belleza y regularidad a las modernas, hace conocido exceso a las antiguas en estas circunstancias.

Algunas de sus calles no tienen nombres, pero entre todas la más nombrada es la de Mercaderes, que sale de una de las esquinas de la Plaza Nueva para la parte de Norte y termina en la de la parroquial mayor, siendo su extensión de cuatro cuadras, y por una y otra acera están repartidas las tiendas de mercaderías en que se halla lo más precioso de los tejidos de lana, lino, seda, plata y oro y otras bujerías y cosas preciosas del común uso, las que atraen mucho concurso a este paraje, en que siendo lo que se vende por número, peso y medida, es lo que se gasta de pesos sin número ni medida, porque no hay cuenta ni regla en la delicadeza y esplendor del vestuario.

87 Excelen. del arte mil., c. 43, pág. 110. Herrera, Descripción de las Ind., cap. 6, pág.

Las cuadras, aunque no tienen un propio, tamaño, porque hay algunas más largas que otras, guardan con las fronterizas su debida proporción, y la diferencia de longitud y latitud que entre ellas hay se hace menos notable, porque no es muy excesiva. Las mayores serán como de ciento y veinte varas y las menores de noventa a ciento; contiene hasta ahora 341 cuadras en que se numeran hasta tres mil casas, todas las más de teja y cantería, aunque en el extremo de la población al Poniente no faltan todavía muchas de paja o guano, como acá decimos; lunares que si no afean la belleza de la ciudad, asustan tal vez, como más expuestas al fuego, la tranquilidad de los moradores. No carece de nobles edificios de competente altura, extendida capacidad y hermosa disposición, adornados de espaciosos corredores y ventanas labradas y torneadas de ácana que apuesta duraciones con el bronce.

El ámbito o espacio que ocupaba esta población por dentro del recinto antes que se ampliase algo más éste con la nueva muralla que se le formó por la parte del Sur y del Este, tenía de circunferencia 5.541 varas medidas exactamente por don Pedro Menéndez, natural de esta ciudad, insigne matemático, las cuales componen una legua completa, y como una novena parte de otra de las usuales en este país, que son conformes a las pequeñas de Castilla; porque si cada una de éstas, según el maestro Flores y otros varios, tiene 3 millas de a 1.000 pasos geométricos, que suman 15.000 pies castellanos, regulando cada uno por una tercia de nuestra vara es indubitable vienen a componer las 5.000 varas una legua de las dichas, de donde resulta claramente tener hoy de circuito la población 3 millas y un tercio de otra, incluyendo la extensión que después de esta medida se le ha dado por la referida causa.[88]

Hay en esta ciudad tres plazas mayores: la de Armas, en que está la Real Fuerza e Iglesia matriz, que es la más antigua y tiene la referida denominación porque en ella se han hecho siempre las revistas y ejercicios de la tropa. Hasta el año de 1753 se conservaba en ella robusta y frondosa la ceiba en que, según tradición, al tiempo de poblarse La Habana se celebró bajo de su sombra la primera misa y cabildo, noticia que pretendió perpe-

88 Esp. Sagr., clave geogr., t. 1.º, cap. 3, pág. 4, n.º 125. Salazar, Antig. gadit., t. 1.º, cap. 2, pág. 9.

tuar a la posteridad el Mariscal de Campo don Francisco Cagigal de la Vega, gobernador de esta plaza, que dispuso levantar en el mismo sitio un padrón de piedra que conserve esta memoria.

Por orden del rey, siendo gobernador el teniente general don Francisco Cagigal de la Vega, sembró el capitán Andrés de Acosta las tres ceibas que se hallan en la circunferencia de la pirámide, que ocupa el lugar de la ceiba antigua, las que condujo de María Ayala, legua y media de esta ciudad.

La segunda plaza es la de San Francisco, a quien sirven de adorno dos fuentes de agua y de igual caudal, pero de distinta fábrica, porque la una, como más nueva, es de más pulido artificio, recibiendo el agua la taza por cinco bocas que derraman cuatro leones y un águila.

En esta plaza, que es casi en el mejor sitio de la ciudad, tiene el Ayuntamiento sus Casas Capitulares, contiguas a la Cárcel pública, y ocupan ambos edificios casi toda la frente de una de las cuadras o isletas que la ciñen por el Poniente, quedando las fachadas de uno y otro descubiertas al Este, de modo que gozan con desembarazo la vista de la bahía y campaña de la otra banda. Compráronse para labrar dichas casas las que fueron de Juan Bautista de Rojas, el año de 1588, siendo gobernador Gabriel de Luján, y costaron 40.638 reales, como se evidencia de una real cédula en que S. M. aprobó la compra; pero no se acabaron de fabricar hasta el de 1633, que era gobernador don Juan Bitrián de Viamonte, como consta de una inscripción que permanece en su puerta interior, y desde aquel tiempo hasta el de 1718 sirvieron de habitación a sus sucesores, reservando siempre la sala principal para celebrar los cabildos ordinarios y extraordinarios, como se practica también ahora, porque asisten en ella los tenientes del rey en virtud de real orden con que se confirmó la gracia hecha por acuerdo de este Cabildo al coronel don Gaspar Porcel.

Su fábrica es de dos altos, y aunque no de la capacidad y buena arquitectura que corresponde a una ciudad tan ilustre y populosa, es cierto que, habiéndolas reparado el año de 1745 por la ruina que padecieron en el fatal estrago del navío de S.M, nombrado el *Invencible,* acaecido el día 30 de junio de 1741 por el accidente de una centella que cayó en él y, calando el incendio hasta la Santa Bárbara, hizo volar sus aparejos, arboladura y obras muertas, estremeciendo, al reventar el casco, toda esta población, ha quedado lucido y vistoso su frontispicio con los dos órdenes de arcos de piedra que se le formaron a todo su portal, y sirven de adorno y seguridad a las casas. Las que se compraron para Cárcel el año de 1661 eran del Convento de Predicadores, que hizo venta de ellas a los comisarios de la ciudad Alférez Mayor don Nicolás Castellón, y Tesorero de la Santa Cruzada don Antonio de Alarcón y Céspedes, regidor.

La tercera plaza es la que llaman Nueva, porque se formó y dispuso el año de 1559, después que las ya referidas.

Tiene en su centro otra fuente, que fue la primera que se labró en esta ciudad, siendo gobernador el Marqués de Casa Torres; es su figura cuadrilonga, porque tiene de largo ciento dieciocho varas, y noventa y una de ancho, está cercada toda la más de portales que sirven al abrigo y comodidad de las vendedoras que hacen en ella el mercado, hallándose desde el romper del día carne de cerdos, aves, legumbres, hortalizas, frutas, pan, casabe y otros muchos géneros de mantenimientos en este paraje, de donde se provee copiosamente el vecindario, sin que de enero a enero se reconozca en él alguna escasez, porque siempre está abastecida de comestibles, y solo puede envidiar a otros mercados el orden o quizás la variedad, pero no la abundancia.

Tiene, a más de las tres plazas prevenidas, once menores, que forman como atrios a diversos templos, y algunas de bastante capacidad, como son las de Belén y el Santo Cristo del Buen Viaje; en aquélla hay una mediana fuente que abastece de agua a toda su vecindad, que, como compuesta la más de gente pobre, no gozan en sus casas la providencia de aljibes, que es tan común en las de este país. A la citada plaza le da un primoroso ornato y alegre aspecto la frente del Hospital de Convalecencia, que está situado en aquel paraje hacia el Poniente.

Capítulo XVI. Del río de la Chorrera, abundancia de agua que comunica a esta ciudad, y de otros abastos públicos

El caudal de aguas de que se surten las cuatro fuentes que ya expresé, y puede enriquecer a otras que están proyectadas, no es debido a la pródiga generosidad de algún vecino río que tenga muy al contorno esta población, porque como en ella parece fue el objeto primario la inmediación del puerto, no se solicitó aquella recomendada comodidad que previenen como tan necesaria las leyes, tomándose el agua a los principios de su fundación, para la precisa provisión de los vecinos de la que trae un arroyo que desemboca por el estero del *Jagüey,* que está a la otra banda de la bahía a la parte del Sur, a cuya limpieza acudía en aquellos tiempos la atención del Cabildo, como se evidencia de los celebrados el año de 1556; pero, o porque no fuese tan abundante y perenne como se necesitaba para el abasto común o por otras razonables causas, se abandonó su uso, y discurrió que supliendo el arte tan grave falta, trajese a costa de una admirable invención, que así puede llamarse la insigne obra de la represa que detiene todo el ímpetu del río, desde más de dos leguas de distancia, el torrente preciso para la provisión del vecindario, aguada de los navíos y riego de las heredades de su comarca.

Entendiose por el Ayuntamiento la buena disposición de todo el común para concurrir a una obra tan útil como indispensable, y confiriendo en el Cabildo de 28 de diciembre de 1562 una materia tan favorable al público, entre otros medios propuestos para emprender tan considerable obra, acordó convocar a los vecinos de mayor posibilidad para que, hechos cargo de los crecidos gastos que había de tener semejante idea, se esforzasen a hacer una regular contribución, si no correspondiente al beneficio que les resultaba, proporcionada a las fuerzas que tenían. Providencia que produjo el premeditado efecto, pues a continuación del mismo Cabildo se hallan individuadas las personas que ofrecieron concurrir con diversos auxilios al prevenido fin.

Poco tiempo después se nombraron maestros inteligentes que pasasen a examinar el paraje por donde más fácilmente se pudiesen encaminar y conducir las aguas desde el río a la población, y que regulasen lo que podría tener de costo la referida obra, para dar de todo cuenta a S. M. y representarle también algunos arbitrios de que parecía forzoso valerse para la consecución de un proyecto tan conveniente, a causa de no poder subvenir la escasa renta de sus propios a las necesarias expensas que pedía la enunciada obra; sobre lo cual consta hubo resulta no menos pronta que favorable de la Corte, estableciéndose para su ejecución y subsistencia, con real permiso, el derecho de sisa en la carne y jabón; pero hasta el año de 1566 no se trató nada en este asunto, esperando quizás a que el producto del nuevo impuesto rindiese cantidad proporcionada para los primeros desembolsos, porque entonces sería muy limitado su ingreso, aunque ahora ha llegado a rematarse en 8.600 ps. anuales.

En el citado año se tomó el expediente de que conforme al parecer de Francisco Calona, maestro mayor de la fortaleza, y de otros dos albañiles aprobados, se comenzasen a abrir las zanjas, sacándose al pregón la obra por si hubiese alguna persona que la quisiese tomar por asiento; diligencia que no tuvo por entonces el logro que se deseaba y debe ser tan atendido en obras de esta naturaleza, lo que precisó a continuar rompiendo el canal o conducto con la dirección del nominado arquitecto, el año de 1569, y se prosiguió trabajando en él hasta que Hernán Manrique de Rojas, vecino de los más principales y acaudalados de aquel tiempo, la tomó a su cargo bajo de ciertas capitulaciones que no he podido comprender y fuera molesto referir.

Corriendo ya obligado el dicho Manrique a conducir el agua, llegó a esta villa el gobernador Juan de Tejeda, y entre otros encargos que había fiado el rey de su celo, manifestó desde luego ser éste uno de los más recomendados, y en su consecuencia, instruido de los términos en que corría la obra, pasó con el ingeniero Antonelli a examinarla, y mereciendo su aprobación lo hecho hasta allí, prometió todo su favor y ayuda para el más puntual logro de tan deseada providencia.

Tengo por cierto que tanto a los eficaces oficios del gobernador como al estudio y desvelo del expresado artífice le debió su última perfección o total complemento la prevenida obra, constándome por lo relativo al segundo que se le prometió y mandó dar cierta gratificación, en recompensa de su cuidado y asistencia a la fábrica del robusto muro de la represa, la cual, haciendo subir el agua en el cauce, derrama hacia la zanja la porción necesaria, vertiéndose al río la demás; y levantando la compuerta, toma su natural curso, dejando seco el conducto para acudir a su limpieza y otros urgentes reparos.

Desde el principio de la obra hasta el año de 1577 se habían gastado 12.000 ducados, y habiéndose proseguido trabajando en ella hasta el de 1589, en que infiero se consumó, no dudo montase el total de su costo, con la gratificación ofrecida al ingeniero, más de 30.000 pesos: suma cuantiosa, pero muy bien empleada, así porque habiéndose regulado su valor por sujetos peritos el año de 1592 consta llegó su tasación a 45.213 pesos y 7 rs., como porque desde entonces disfrutan los campos inmediatos a la población el beneficio y utilidad de semejante providencia, subsistiendo cerca de siglo y medio sin novedad ni atraso considerable, no obstante las diversas crecientes que por causa de las muchas lluvias ha solido tener algunos años, hasta que en el pasado de 1759 fue preciso desbaratar la mitad del muro principal y fortificar los de ambos costados, con que quedó más sólida la obra y represa de este caudaloso río llamado hoy de la Chorrera y conocido antiguamente entre los indios naturales por *Casiguaguas*, según testifican por tradición algunos ancianos.

Tiene el sobredicho río su escaso o pobre origen a la banda del Sur, no muy distante de esta ciudad, pero corriendo algo al Oeste se le induce un ojo de agua en la sabana que llaman de Almendares, tres leguas de esta población, el cual, aumentando considerablemente su caudal, le da tal crecimiento en sus raudales y tanto ímpetu en su corriente, que habiendo nacido casi arroyo pobre en el Sur, viene a sepultarse en el mar de la costa del Norte río soberbio y caudaloso, y sin embargo de los muchos cristales que se le quitan en plata corriente, para enriquecerse esta ciudad y sus inmediatos campos.

El ingeniero militar don Juan de Herrera, célebre matemático bien conocido en estas partes, propuso traer por el mismo conducto todo el río para que derramase en la bahía o fuera de ella, facilitando su ejecución y ponderando su utilidad, y después representó lo mismo don Pedro Beltrán de Santa Cruz, pero no fueron aceptables sus proposiciones por motivos de gran peso que tuvieron presentes el gobernador y Cabildo, siendo el principal el que no cegase el canal del puerto con las muchas horruras que arrastraría el impulso de su corriente.

El agua que conduce la zanja, aunque es algo gruesa, ya por la calidad de los terrenos por donde pasa, o ya porque suele mezclarse con la del arroyo nombrado de Apolo, que se ha tirado tantas veces a separar con bastante costo el derecho de sisa, pero con poco o ningún efecto, es constante que no se experimenta dañosa y que recogida y curada en vasijas de madera o de barro, se hace muy delgada y buena, como se toca en las aguadas que hacen los bajeles, porque aunque a los principios se halla como abombada o corrompida, después queda y se conserva delgada y clara.

A consecuencia de lo expresado arriba sobre el abasto y providencia de agua que goza esta ciudad, trataré de la establecida, por lo que toca a carne y oficinas en que se beneficia y reparte al público. Tiene esta población dentro de su recinto, al extremo meridional, un buen matadero con su corral cercado de paredes, donde se encierran las reses vacunas que se conducen para el consumo diario de su común, y una casa correspondiente en que se matan, cuelgan, descuartizan y desangran para pasarlas a las carnicerías en que se distribuyen y expenden, proveída de suficiente agua para purificarlas de las inmundicias, las que se vierten inmediatamente al mar por su desagüe.

Hay diputadas dos carnicerías, una para provisión de los conventos, hospitales y vecinos, que es la mayor y está situada en el centro de la ciudad, y la otra, que se labró el año de 1747 para la tropa de tierra, inmediata a la Fuerza Vieja. Ha llegado el consumo a 60 reses, las que se redujeron por algunas causas a 48 de buen peso, a excepción de los días de viernes y cuaresma que solamente se expenden 30, que vienen a componer al año 14.550, siendo muy poco menos las que se matan extramuros, para salar y hacer tasajos de que sustenta la gente del campo y de que también gasta y gusta la de la ciudad, en donde sin duda es mayor el consumo de ganado de cerda, cuya carne se vende en bateas en las plazas y calles, así por la necesidad de su grosura que es el aceite de la tierra, como por el sabor y gusto de ella, de modo que se considera excedan de 100 cabezas las que se reparten y gastan cotidianamente, con advertencia de que por lo regular son de puercos cebados que tienen más peso.

El orden que se observa para el abasto ordinario de carne de vaca, que es la que corre sujeta a distribuirse en las carnicerías y proveer al público, no se conforma al estilo que se practica en otras partes, rematandose en el postor u obligado que ofrece suministrarla a precio más cómodo y útil al Común, sino que por costumbre inmemorial, y según ordenanza del Municipio, se forma un repartimiento por rueda entre los hacendados, los cuales contribuyen, a proporción de las reses que tienen o número que se les designa, todo lo necesario para el consumo anual, siendo responsable a reportar la falta que hubiere en los días que a cada uno le toca, y a ponerles en el rastro al tiempo que se les ha señalado, corriendo la providencia de operarios que las benefician y de mulas que las conduzcan a cargo del alguacil mayor, por expresa condición y especial privilegio de su oficio en esta ciudad, pagándoles 3 reales por la matanza y acarreo de cada res, que es cuanto en la materia se ofrece decir.

También hay destinados cerca de la marina dos lugares públicos para repartir y expender los días de viernes y vigilia la carne de *tortuga* y el pescado fresco, pues aunque de este no es abundante nuestra costa, no falta por lo regular esta providencia casi ningún día y especialmente en el tiempo de arribazones; pero en cierta estación del año es preciso no usar de los *pargos* grandes por el peligro de las *ciguateras*, que son muy nocivas y se originan de haber comido una fruta llamada manzanillo, que tiene calidad tan venenosa que aun después de muerto, cocido y compuesto el pez, ocasiona ál que toca su carne vómitos, evacuaciones y otros accidentes muy temibles, los que ya no son tan frecuentes, porque con la observación de algunas señales se conoce en el pargo el daño y se precave el riesgo.

Capítulo XVII. De la bondad y excelencia de los campos de esta ciudad y salidas de que goza para la diversión y paseo

Siendo tan conducente a la celebridad de una ciudad insigne la hermosura, fertilidad y población de sus campos, que entre las circunstancias más famosas se les da lugar en sus descripciones, sirviendo para ejemplo de esta verdad en los Reinos de España las de Valencia, Granada y Murcia, a quienes hacen tan aplaudidas sus amenas huertas y deleitosa vega, bien debo creer no se me culpe que sobre lo que en común tengo dicho de la belleza y fecundidad de los de esta Isla, refiera y pondere en particular entre las no vulgares excelencias de este país una que es tan singularmente alabada de cuantas personas de buen juicio y gusto transitan por él, y más cuando algunos autores graves y desinteresados describen y celebran como del especial ornato y grandeza suya lo vistoso de las arboledas, la amenidad de los sitios, la feracidad de los frutos y otras buenas calidades de los territorios que la rodean, pudiendo deducirse de la autoridad de tales plumas que si en aquellos tiempos, en que era muy poco oficioso el cultivo o mucho menos curiosa la aplicación a las labranzas y plantíos, gozaban tan agradable aspecto sus campiñas, hoy lo tendrán incomparablemente mejorado, por el mayor esmero y disposición con que se han dedicado los labradores y hacendados a su cultura.

Persuádome que en esta materia pasarán por ficciones poéticas algunas de las noticias más verídicas, porque hay genios tan incrédulos, que negando el asenso a todo lo que no ven, solamente dan crédito a sus ojos; pero aunque arriesgue con ellos el de mi verdad, no puedo excusarme, ni aun a tal costo, de expresar algo de la belleza y fecundidad de nuestros campos.

Regístranse éstos, por lo general, repartidos o variados en unas llanuras alegres y unos collados hermosos, no muy eminentes pero de amenidad tan perpetua y verdor tan constante, que en ellos no se diferencia el verano del estío ni el otoño del invierno, porque los bochornos del uno no los marchita, ni las heladas del otro los esteriliza; antes por el contrario el invierno en vez de escarcha los cuaja de nevadas flores, y el estío los enriquece de mieses y frutas; siendo tanta la abundancia de éstas aun en los árboles silvestres y montañas más incultas, que como escribió sin encarecimiento el Padre Florencia, los perdidos o errantes en sus bosques no pueden perecer por falta de sustento; y pudo añadir con la misma verdad que ni por carencia de bebida, pues hay en ellos copia de aquellas parras que refiere Herrera, las cuales no solo dan agua para templar, sino aun para saciar la sed.[89]

Raras veces padecen o experimentan ésta nuestros territorios, porque aunque a excepción del río de la Chorrera, como ya dije, no tienen otro alguno caudaloso en las inmediaciones que los riegue y fertilice, suple la falta de ellos la abundancia y frecuencia de las lluvias con que el cielo los beneficia, comunicándoles la frescura y fecundidad de que gozan; conservándose regularmente, aun en tiempo de seca, en los arroyos y cañadas que se forman en las quiebras de los terrenos, muchas aguadas que le ministran jugo y humedad.

Sobre la natural gala, hermosura y pompa de que se visten, los adorna y agracia mucho tantas casas de campo, así de fábrica rústica como de arquitectura civil, que a proporcionadas distancias se descubren situadas, ya en los llanos, y ya en los ribazos, con una apariencia tan agradable, que hace a los pasajeros muy delicioso y divertido el camino.

Todos los del contorno, así de la banda del Este como de parte del Oeste y Sur, son hoy tan traficables que hasta en volantes y calesas se transita por ellos cómoda y fácilmente, para ir a las haciendas de la comarca, no encontrándose en cinco o seis leguas, por cada rumbo, casi una ceja de monte o bosque espeso, numerándose en los partidos más vecinos más de dos mil estancias de labor, y cerca de ochenta ingenios de azúcar, que rendirán anualmente más de 50.000 quintales de este género, de mucho mejor calidad que el que labran y purifican los extranjeros a costa de varios refinos. Hay otros muchos destinados a mieles, de que es considerable el gasto en esta ciudad, y no faltan algunos artificios de moler tabacos, tejares, caleras y hornos de carbón. En lo de más montuoso de la jurisdicción, hay distintas tenerías para curtir corambre, de que se beneficia gran porción. Hay 216 hatos de ganado mayor, que crían algunos más de 2.000 cabezas; y 245 corrales del menor, que hacen abundante de carne esta población, por ser muy fecunda de crías, y a no haber quebrantado estas últimas posesiones la

89 P. Florencia, en la ob. y lug. cit.

epidemia de la lombriz que ha sido tan general y nociva, fuera incomparable el aumento de semejantes fundos; pero aunque ha hecho padecer alguna escasez, no ha llegado, gracias a la bondad de Dios, a ser penuria.

En los tiempos inmediatos a la fundación de la villa padecieron los campos de su jurisdicción la dañosa plaga de las hormigas, que talaban los árboles y destruían las labranzas, aniquilando de suerte los frutos y mieses, que ocasionaba a sus habitadores grande inopia de mantenimientos; pero habiéndose valido su Cabildo de algunos cristianos y religiosos medios a fin de que cesase tan molesta como perjudicial plaga, no tuvieron favorable efecto hasta que el año de 1586 eligió con uniforme acuerdo, en Cabildo de 31 de enero, por especial patrono y protector, al glorioso obispo San Marcial, haciendo voto de celebrar todos los años su fiesta y guardar su día, cuya providencia autorizó tiempo después el Ilustrísimo don Fr. Juan de las Cabezas, perseverando hasta hoy sin novedad la fiesta y la experiencia del beneficio debido a la intercesión del Santo, lográndose por su patrocinio lo propio que en la isla Española mediante el de San Saturnino, en ocasión de padecer el mismo lastimoso accidente, porque en ambas partes se buscó un sagrado asilo contra la multitud y ferocidad de estos animalitos, que bastaron a exterminar en la Etiopía una provincia entera, y acá insultaron tantas poblaciones.[90]

Lo que comprueba más cuanto he dicho acerca de la feracidad de nuestros campos y cultivo que hoy tienen, es el crecido producto que rinden a la renta decimal los frutos de esquilmos de las haciendas de este distrito, el que según los remates hechos por los arrendatarios el antecedente cuatrienio, suma anualmente 63.698 ps. 2 rs. cuya gruesa cantidad se distribuye y aplica por partes o porciones señaladas a diversos destinos, de que daré noticia, porque no será desagradable a los que desean tenerla de todo.

A S. M. le tocan libres 7.077 ps. 4 6/9 rs.; al obispo 15.924 ps. 4 ½ rs.; a la Mesa Capitular otra tanta cantidad; a la Fábrica de la Iglesia 5.308 ps. 1 1/2 rs.; al Hospital de San Juan de Dios lo mismo que a la Fábrica; a los curas 14.155 ps. 1 rl. y 3/9, que compone el referido total de 63.698 ps. 2 rs., omitiendo expresar lo que produce cada partido por no ser más prolijo en la materia.

90 Déc. 2.ª, lib. 3, cap. 12, pág. 80. Sousa, Eva y ave, cap. 16, fol. 49, n.º 8.

Para dar fin a la de este capítulo, referiré ceñidamente las salidas que tiene esta ciudad proporcionadas para el recreo, y que sirven a sus moradores para espaciar el ánimo y divertir los cuidados, porque aunque no goza los célebres paseos de otras regiones y ciudades más opulentas y dedicadas al ornato y fomento de estos lugares públicos, en que se forman calles de árboles frondosos, hermoseados con fuentes y otros primores del arte, es cierto que en aquéllos hace la concurrencia del gentío y circunstancias expresadas todo el motivo para la diversión; pero acá la misma amenidad de los sitios ministra la parte más principal para el recreo, siendo innegable que aun sin incluir el paseo de la bahía, que no está en uso, y fuera de extremado placer si se practicase, porque en la ribera opuesta a la población brinda la apacibilidad de algunos parajes bastante incentivo para un honesto pasatiempo, como ya dejo referido en otro lugar; tenemos, sin numerar éste, otros por la parte de tierra que son los acostumbrados ya, tomando por la puerta de la Punta el camino de la Caleta, que es una alameda natural en que se disfruta, con el fresco sombrío de los uveros y limpia llanura de la senda más deleitable, la vista del mar por una banda, y por la otra la de las huertas que están asentadas por aquel paraje; ya saliendo por la Puerta de Tierra a la calzada, en que hoy se van plantando árboles copudos que le den sombrío, por donde encaminar el paseo a los Cocales, y a los dos barrios inmediatos de nuestra Señora de Guadalupe y Santísimo Cristo de la Salud, o ya últimamente eligiendo para el recreo el Arsenal, en donde sus máquinas y trafago pueden divertir y ocupar el tiempo y la atención con gusto ucho rato no solo los inclinados a la náutica, pero los que no lo son.

Creyéndome que así para la curiosidad de los unos como para la de los otros no sea molesta ni despreciable dar alguna noticia del principio u origen que tuvieron en este puerto las fábricas de navíos para S. M., y mucho menos las conducentes al establecimiento y situación de este astillero, y del número y porte de los bajeles que se han construido en él, lo ejecutaré en capítulo separado, pero sucesivo a éste, como corresponde.

Capítulo XVIII. Del origen que tuvo en este puerto la fábrica de navíos, noticias de la situación del arsenal, y de los bajeles que se han construido para el rey

No es dudable que muy desde luego que empezó a introducirse y frecuentarse el tráfico y comercio de este puerto debieron de comprenderse las grandes conveniencias y ventajas que ofrecían sus riberas, no solo para las carenas y habilitación de los navíos, sí también para las fábricas de ellos, así por lo exquisito y abundante de las maderas como por otras causas muy favorables; pero parece que el rey ni los particulares no quisieron o pudieron aprovecharse de las utilidades que hubiera producido esta aplicación, tanto al aumento de las reales escuadras y galeones mercantiles como al fomento de esta nueva población, hasta que por los años de 1626 o poco antes, según se percibe de una real cédula de 16 de abril de 1627, mandó el rey nuestro señor don Felipe III fabricar algunos bajeles para la Armada de Barlovento, que por entonces, y no por el año de 1640, como apuesta un moderno autor, parece se estableció para guardar las costas de estas islas; lo que también persuade o corrobora otro despacho de 10 de marzo de 1630, por el que consta estaba ya dada orden a la Real Audiencia de la Española para que formase un repartimiento que sirviese a la subsistencia de dicha armadilla; pero efectuada la prevenida construcción en aquel tiempo, no se continuó después para restablecerla ni aumentarla.[91]

No he podido alcanzar los motivos que ocurrieron para la suspensión de una idea tan benéfica, y únicamente he entendido por alguna noticia y monumentos antiguos que el capitán Juan Pérez de Oporto, vecino de esta ciudad, y otros comerciantes fabricaron en lo sucesivo diversos galeones y pataches para seguir con ellos la carrera de Indias, con conocidas utilidades, de donde parece provino la prohibición de S. M. para que no se cortasen maderas en las montañas vecinas, si no fuesen las necesarias para la edificación y reparo de las casas de los habitadores de esta ciudad.

Entrado este siglo, a principios del año de 1713, pasó a la Corte don Agustín de Arriola, asimismo vecino de esta ciudad, con el intento de representar y promover lo que importaría al mayor servicio del rey y beneficio

91 Álvarez de la Fuente, Sucesión pontif., t. 8, pág. 138.

de este país el establecimiento de semejantes fábricas, de donde me creo dimanó el proyecto que el propio año se formó por don Bernardo Tinagero, secretario del Consejo de las Indias, cuyas reglas y disposiciones fueron, como escribe don Jerónimo Ustariz, reconocidas y aprobadas por don Antonio de Castañeda, sujeto de la inteligencia y práctica que es tan notoria y calificada en toda Europa.[92]

Propúsose en él a S. M. lo conveniente que sería construir en este puerto diez navíos de 60 piezas para que se empleasen en escoltar las flotas y galeones y para componer el cuerpo de la pequeña escuadra o armada destinada al resguardo de las Islas de Barlovento: expusiéronse varias razones que hacían ver claramente la utilidad de esta idea en beneficio de la Corona, por ser considerable la ventaja que hacían los vasos construidos en esta parte a los que se fabricaban en las de Europa, no solo en la mayor duración que tenían los unos respecto de los otros, como también porque en los combates de guerra, por la diferencia de las maderas de que eran labrados, se experimentaba en los de estas regiones ser mucho menos el daño de los astillazos, que matan e inutilizan en ellos la gente de la tripulación.

A estas razones añadió, entre otras de mucho peso, eficacia y congruencia, la de que principalmente los que hubiesen de ocuparse en la carrera de este Nuevo Mundo debían ser fabricados en estos dominios, singularmente en La Habana (hablo con las voces del citado Ustariz), que ofrecía el astillero más seguro, cómodo y a mano para el intento: porque sus maderas, como producidas en estos climas, resisten mejor los excesivos calores de su temperamento, como se refiere con más extensión y energía por el mismo autor en el lugar que alego.[93]

Pero sin embargo de lo que influían tan buenas consideraciones para facilitar el deseado y conveniente efecto, no tuvo logro hasta el año de 1724 o 1725, que se dio principio, en consecuencia de real orden, a la fábrica de tres fragatas de guerra, la una para comandante de la Armada de Barlovento, y las restantes para el aumento de la del Océano.

Fenecidas éstas, se fueron plantificando otras quillas de mayor porte, que consumó con acierto y crédito el capitán de Maestranza don Juan de

92 Teórica y práct. de comercio y marina, cap. 72, pág. 221.

93 Teórica y práct. de comercio y marina, cap. 72, pág. 216.

Acosta, vecino de esta ciudad, aunque en distinto y muy distante paraje del en que hoy está el presente Arsenal, llamado vulgarmente Astillero; el que fue indispensable mudar, porque aunque el antiguo sitio, que estaba entre la Real Fuerza y Contaduría, tenía por la proximidad al cantil más cómoda disposición para caer los bajeles de la grada al mar, no gozaba ni podía gozar de la separación y extendido terreno que necesitaba para las faenas, oficinas y almacenes correspondientes a unas operaciones tan maquinosas y para materiales de tanto bulto, de que hechos cargo los ministros encomendados de esta intendencia, proyectaron la traslación al lugar en que hoy se halla, y de cuya situación hablaré aquí.

Cae ésta al Poniente en el extremo de la ciudad que mira al Sur, corriendo desde la cortina de la muralla su recinto, que tendrá de alto poco menos de dos estados de hombre, con sus almenas y estribos exteriores que lo hermosean y fortifican: su circuito será, según discurro, como de un cuarto de legua, para la precisa y cómoda distribución de las bodegas de pertrechos, oficinas de herrería, fábrica de bombas, motones y cuadernales, arrumazón de palos y maderas, y otros distintos obradores y habitaciones de que se necesita para la construcción de tan grandes buques como han salido de este Arsenal, y para la habilitación de sus carenas, que pide tanta multitud de instrumentos y materiales como número de operarios y proveedores, cuyos ejercicios y ocupaciones pueden entretener la vista y la imaginación mucho tiempo, principalmente después que se han plantificado los dos artificios, el uno de agua para el aserrío de las maderas, y el otro para soplar y encender las fraguas de la herrería, que ambos sirven de mucha diversión, y el primero ha sido de conocida y considerable utilidad a la Real Hacienda por el ahorro de los mayores gastos que se hacían en la antigua disposición, y la distinta prontitud con que ahora se proveen de tablas y otras piezas necesarias, cuya acertada invención ha añadido a este Astillero un requisito de grande estimación por lo mismo que es tan particular.

Habiendo dado ya noticia de este paraje, juzgo conveniente comunicarla a los curiosos y aplicados, del número y porte de los bajeles de línea y de guerra que se han construido para el rey en este puerto desde el año de 1724 o siguiente, como dejo dicho, y en cumplimiento de lo propuesto doy la relación ofrecida.

San Juan	54
El Incendio	54
El Retiro	54
El Constante	64
El Fuerte	60
El Conquistador	60
El Nuevo Constante	64
Europa	64
Glorioso	80
La reina	70
Nuevo Invencible	70
El Dragón	64
Otro Conquistador	64
Nueva África	70
El Vencedor	70
El Tigre	70
La Flota	
24	
El Fénix	22
El Rayo	80
América	64
El Infante	70
Galicia	70
La Castilla	64
La Habana	64
El Asia	64
África	64
Princesa	70
La Bizarra	54
La Esperanza	50
Guarda Costa	30
Chata	22
Invencible	80

La Astrea	30
El Triunfo	24
El Marte	16
El Júpiter	16
El Cazador	18
El Volante	22
El Tetis	22
El Astuto	60
Otra América	60
San Antonio	60
San Carlos	80

Todas estas embarcaciones y otras menores, que no cuento, se han fabricado en esta ciudad desde el tiempo señalado para el servicio del rey y refuerzo de su Real Armada, sin otras de particulares y de la Compañía de esta Isla para el fomento de su comercio y tráfico; mereciendo las más, por su perfecta y primorosa construcción, mucho crédito a los artífices que las han hecho, y dado tanto nombre a este Arsenal aun entre las naciones, que lo aplauden con estimación, aunque lo miran con secreta envidia porque perjudica a sus intereses y máximas de estado; pero por ninguna de tantas circunstancias como he referido lo considero más justamente acreedor a un nombre y fama inmortal, que por haberse dignado Nuestro Católico rey y señor don Carlos III elegir, para el transporte de su real persona y la de su augustísima esposa, un navío construido en este Astillero, entre los otros muchos bajeles que pasaron a conducirles, quedando, con éste tan singular honor, conocido por el Fénix de la Real Armada.

Capítulo XIX. Del aseo y porte de los vecinos, buena disposición y habilidad de los naturales del país y nobleza propagada en él y en la Isla

Entro a principiar este capítulo con una materia que, entre las varias que componen esta obra, me persuado será singularmente apetecida de la curiosidad de los lectores, porque para el genio de los más y no de los de menos categoría, son muy agradables las noticias del traje, adorno y lucimiento que gastan los moradores de las regiones que no han visto, y así para satisfacer su deseo y no omitir circunstancia alguna de cuantas los escritores de mejor nota juzgan concernientes a estos asuntos, daré la que corresponda al que he propuesto tocar aquí.

El traje usual de los hombres y de las mujeres en esta ciudad es el mismo, sin diferencia, que el que se estila y usa en los más celebrados de España, de donde se le introducen y comunican inmediatamente las nuevas modas con el frecuente tráfico de los castellanos en este puerto. De modo que apenas es visto el nuevo ropaje, cuando ya es imitado en la especialidad del corte, en el buen gusto del color y en la nobleza del género, no escaseándose para el vestuario los lienzos y encajes más finos, las guarniciones y galones más ricos, los tisúes y telas de más precio, ni los tejidos de seda de obra más primorosa y de tintes más delicados. Y no solo se toca este costoso esmero en el ornato exterior de las personas, sí también en la compostura interior de las casas, en donde proporcionalmente son las alhajas y muebles muy exquisitos, pudiendo decirse sin ponderación que en cuanto al porte y esplendor de los vecinos, no iguala a La Habana México ni Lima, sin embargo de la riqueza y profusión de ambas Cortes, pues en ellas, con el embozo permitido, se ahorra o se oscurece en parte la ostentación, pompa y gala; pero acá siempre es igual y permanente, aun en los individuos de menor clase y conveniencia, porque el aseo y atavío del caballero o rico excita o mueve al plebeyo y pobre oficial a la imitación y tal vez a la competencia.

Esta poca moderación en los primeros y exceso notable en los segundos es causa de atrasarse aquéllos en sus caudales y de que no se adelanten éstos en sus conveniencias, pues por lo general todo lo que sobra de los gastos precisos para la mantención o sustento corporal se consume en el fausto y delicadeza del vestuario y en lo brillante y primoroso de las calesas, de que es crecido el número y continuo el uso, y en otros destinos de ostentación y gusto, de suerte que no conformándose muchas veces el recibo con la data, o la entrada con la salida, resulta el que queden al cabo del año empeñados; lo que se hace constante por el poco o ningún dinero que, a excepción de muy señaladas casas, se suele encontrar en las de los vecinos más acomodados, al mismo tiempo que se hacen notorias sus deudas o créditos.

Supongo como tan cierto este punto, que aunque no concurriese la expresada razón, es asentado que no permiten las circunstancias del país la adquisición y conservación de mucha riqueza, porque siendo tan excesivamente mayor la porción de los géneros que se necesitan comprar que el producto de los frutos que se logran vender, es consiguiente el que siempre les quede muy poca o ninguna sustancia, porque no sufragan cumplidamente lo que dejan los tabacos, azúcares y corambre, que es lo principal de su comercio, al consumo de las ropas, harinas, caldos, esclavos, cobres y otros efectos precisos para la subsistencia de las personas y de las haciendas; pero no es dudable el que contribuye mucho para el atraso de éstas el desorden notado, así en el fausto y pompa del vestuario como en el primoroso adorno de las casas, de la delicadeza y abundancia de los manjares, licores y dulces en los convites, visitas y funciones públicas, en que se solicita con emulación lo más exquisito y costoso.

Al lucimiento y primor del vestuario corresponde el aseo y limpieza de las personas, siendo en el sexo mujeril casi extremoso este cuidado; pero todo contribuye, así en los varones como en las hembras, para hacerlos más decentes y bien parecidos, pues por lo general son los unos y las otras en rostros y cuerpos de buena proporción, gentileza y arte, prendas de que se suelen pagar algo, pero de que también saben aprovecharse airosamente en los actos y ocasiones que se les ofrecen, sin demasiada afectación, manifestándolas con gracia y compostura en los bailes, y con decencia y honestidad en los conciertos y representaciones.

No solamente gozan los nacidos en este país de los expresados dotes, sí también de ánimos generosos y de agudos ingenios, que los han hecho célebres así en los teatros de Belona como en las palestras de Minerva: verdad que testifican algunos autores, y con especialidad el Marqués de Altamira, de quien copiaré la sucinta prosa, omitiendo los elegantes versos.[94]

«Los criollos, dice hablando de los naturales de esta ciudad, logran gentileza en los cuerpos, belleza en las caras, afable trato, discreción y mucha urbanidad. Las damas son serias, honestas, pulidas y agraciadas; y aquéllos han sabido, entre los aseos de Adonis, esgrimir el arnés de Marte». Pero la prueba mejor de esta verdad sera el epítome de varones ilustres que en todas líneas ha producido en solos dos siglos esta ciudad, y tendrá su lugar en esta obra, porque el crédito y alabanza que han granjeado con su virtud y aplicación a la patria, será entre las que merece la más sublime, como dijo un discreto: *Summa laus Patriæ sola virtus est civium.*[95]

Lo expuesto arriba no se limita a solo los originarios de esta ciudad, hijos y descendientes legítimos de españoles, en quienes la diferencia de origen y educación puede influir o perfeccionar tan nobles cualidades, sino que se extiende con regular proporción a los pardos y negros nacidos en ella, pues a más de ser bien dispuestos en lo corporal, son muy aptos y suficientes para los oficios mecánicos a que comúnmente se aplican y en que salen ventajosos maestros, no digo de los más ínfimos como son los de zapateros, sastres, albañiles y carpinteros, pero aun de aquellos que necesitan y piden más habilidad, pulimento y genio, como son el de platería, escultura, pintura y talla, según lo manifiestan sus primorosas obras.

No siendo para mí dudable que si en los primeros obra tan hidalgos efectos la nobleza de sangre derivada de los ilustres españoles de quienes los más descienden, influya el ejemplo en los segundos tan estimables calidades: porque la eficacia de aquél en los principales mueve mucho a los inferiores, y así se ve, como escribe elegante un autor en las heroicas rimas de su célebre poema de San Rafael, que porque en los caballeros cordobeses, y aun en todos los andaluces, es casi natural propensión y honrado ejercicio hacer mal a los caballos, picar y dar rejón a los toros y esgrimir la espada, engendra este ejemplo en la gente vulgar iguales

94 Florencia, Historia de la prov. de Nueva España, lib. 1.º, f.22. D. Martín de Beyt., dedic. de la or. fund. de Rezin. Descr. de La Habana, pág. 11.

95 Petrarca, De prosp. fort., diálog. 15 de patr. glor.

inclinaciones.[96] Discurso que solo me persuado tendrá contra sí el disenso de los dictámenes de aquéllos que niegan a estas partes un carácter tan apreciable como el de la nobleza; asunto en que muy de intento debo amplificarme por honra de la patria y amor a una verdad, que teniendo tan firmes y evidentes apoyos en la historia y en otros monumentos de grave autoridad, la pretenden ofuscar y confundir la ignorancia o la malicia, queriendo, conspiradas contra aquélla, hacer pasen como invenciones fabulosas las noticias irrefragables de la nobleza establecida y propagada en Indias, cuyas conquistas y conveniencias no fueron solo incentivo de espíritus vulgares, sino de ánimos nobles y corazones generosos.

El cronista Herrera, hablando del apresto que hizo en Castilla Pedrarias Dávila para la jornada del Darién,[97] dice que la nobleza española prevenida para pasar a Italia con el Gran capitán Gonzalo Hernández de Córdoba, luego que penetró haber variado el rey Católico la idea de que no marchase este caudillo, buscando un nuevo rumbo a los aumentos de honor y utilidad, se ofreció toda a seguir el ejército destinado para estas partes bajo la conducta del citado Pedrarias, que llegado a Sevilla *halló 2.000 mancebos nobles, lucidos y bien aderezados*; pero que no siéndole posible traer tantos porque el número fijo eran 1.200 hombres, se vio obligado por ruegos y empeños a extenderse hasta el de 1.500 que embarcó consigo.

Toda esta bien nacida juventud pasó entonces a estas regiones, y es creíble que, ya dispuesta la restante para pasar a ella, se encaminase a otra distinta empresa que en aquella edad eran tan repetidas, llenando estos nuevos dominios de la Corona de habitadores de los más conocidos solares de los reinos de España, los cuales, no estancándose en una sola provincia, se derramaban por otras, y, según consta de la historia de Herrera y Bernal Díaz, muchos hidalgos del ejercito de Pedrarias se trasladaron con su licencia a esta isla de Cuba, llamados de la noticia que a la sazón corría de su conquista y población, siendo muy verosímil que tomasen algunos asiento y vecindad en ella.[98]

Haciendo referencia un moderno y docto escritor de los linajes nobles que ilustraron a la ciudad de Cádiz después de su restauración de la

96 Ferrin, canto 1.º.
97 Déc. 1.ª, lib. 10, pág. 273.
98 Déc. 2.ª, lib. 1, cap. 17, pág. 47. Historia de Nueva España, cap. 1, fol. 1.

morisma,[99] afirma que el tráfico general de este Nuevo Mundo la desheredó de la mayor parte de sus primeras familias, devastación que regularmente creemos experimentarían las demás poblaciones de España, con decoroso aumento de estos reinos, si bien un autor tan grave y un ministro tan instruido como don Jerónimo Ustariz no quiere se atribuya la despoblación que hoy padecen aquellos dominios al comercio y población de éstos, pues antes conviene en que el pasaje de los españoles a estas partes ha contribuido mucho al fomento de sus casas y parentelas, y a vincular en estas provincias la fe católica y la lealtad y sangre castellana; pero séase lo uno o lo otro, de cualquier modo se prueba y convence tienen aquel distinguido origen los que han nacido en estas partes.[100]

Y si, como persuade el mismo Padre Fr. Jerónimo de la Concepción, el pretexto de pasar a este Nuevo Mundo ha enriquecido al propio Cádiz con la vecindad de otros individuos de ilustre alcurnia, es consiguiente que por la misma causa y con mayor razón gocen las Indias, en otros semejantes, el esplendor y honra de linajes muy esclarecidos; lo que si respecto de muchas partes de ellas es inconcuso, también lo es respecto de nuestra Isla y ciudad de La Habana, como se colegirá de lo que diré en abreviatura para que los discretos infieran lo que omito, pues el león se conoce por la uña y el gigante se computa por el dedo.[101]

El citado Castillo en la misma Historia de Nueva España, dando noticia del arribo de Cortés al puerto de la Trinidad de esta Isla,[102] refiere que en dicha villa estaban poblados muy buenos hidalgos, y relaciona nominadamente los que de ella salieron para la jornada, y que de la de Sancti-Spíritu, en que había personas de mucha calidad, atrajo entre otros a Alonso Hernández Portocarrero, primo del Conde de Medellín, y añade también que de nuestra Habana le siguieron personas de calidad,[103] fuera de otros soldados de cuyos nombres no hacía memoria, dejándola solamente de los que se distinguían por su nobleza y califican la que muy desde los principios

99 Emporio del mundo, 1. 5, cap. 7, n. 31 y 37, f. 390.
100 Teórica y práct. del comercio y marina, c. 12, f. 23.
101 Emporio del mundo, cap. 6, n. 1, fol. 289.
102 Historia de Nueva España, cap. 21, fol. 14.
103 Ibid., c. 23, f. 15 vta.

tuvieron estas poblaciones, y en donde dejarían muchos de ellos conocida descendencia.

Escribe Garcilaso que Vasco Porcallo de Figueroa, vecino de la villa de la Trinidad, era pariente cercano de la casa de Feria, y siendo constante por un real despacho expedido en favor del capitán Esteban de Miranda en 15 de abril de 1635 el que dejó legitima sucesión en la del Puerto del Príncipe, ¿cómo se le podrá negar tan claro origen a los que merecieron tan ilustre progenitor, ni a los que han tenido otros semejantes?[104]

Del mismo cronista se percibe y entiende que vinieron a esta Isla, con el Adelantado de Florida Hernando de Soto, dos hermanos Osorios de la casa de Astorga, y habiendo casado el uno y tenido descendencia conocida en esta ciudad, dejó en las venas de su prole el finísimo esmalte de su sangre, que late hoy en las más esclarecidas de Castilla.

El genealogista Alonso López de Aro en el nobiliario que dio a luz y corre con la reserva y limitación que no ignoro,[105] ni obsta a mi propósito, tratando de la casa y descendencia de los señores de la villa de Requena y entronque con los de Habanilla, numera, entre otros hijos de don Tristán de Avellaneda y doña Beatriz Manrique de Rojas, a Jerónimo de Rojas y Avellaneda, Regidor de Toledo, y sin revolver mucho los archivos o desentrañar los protocolos de esta ciudad, se hallará que este mismo, o un hijo suyo del propio nombre, fue sobrino y heredero de Juan de Rojas, vecino poblador de La Habana, y que ocupó en ella el expresado Jerónimo el empleo de alcalde ordinario el año de 1572, y que avecindado, dejó sucesión legítima en ella aunque extinguida ya la varonía.[106]

Sobre todo lo dicho pondré un testimonio muy autorizado y no menos concerniente al asunto, el cual produce el Duque de Veraguas en una representación hecha a la Serenísima Señora reina Madre y a su Consejo con el motivo de la fatal pérdida de su isla de Jamaica, en que refiere que la villa principal, nombrada Santiago de la Vega, tenía 600 vecinos y entre ellos familias muy principales y nobles, descendientes de sus conquistadores, y que los empleos civiles los ocupaban siempre personas calificadas que reconocían el mismo origen: de donde se deducen dos cosas favorables

104 Inca, Historia de la Florida, cap. 12.
105 Nob. geneal., t. 12, f. 370.
106 Autos acord. del Consejo Real, 231, f. 49.

a nuestro intento, la una que respectivamente tuvieron las poblaciones de Cuba vecinos de igual honor, de quienes se conserva legítima descendencia; y la otra que, habiendo sido La Habana y Cuba el asilo de muchas o de las más familias jamaicanas después de la experimentada desgracia, se hallan con este aumento de vecinos distinguidos.[107]

Al mismo propósito pudiera añadir otros testimonios, autoridades y ejemplares que llenasen un grande volumen; pero no queriendo que esta demasiada prolijidad haga enfadosa la de este capítulo, me contentaré con producir por último un documento suficiente a desvanecer la preocupación de algunos individuos que hacen en este asunto gala de la obstinación, o que a lo menos quedan siempre escrupulosos de la verdad, hallándose bien comprobada la que he propuesto en una real cédula fecha en Madrid a 23 de noviembre de 1652, en la cual, para allanar S. M. la resistencia que algunos vecinos ilustres de esta ciudad hacían para no alistarse en la Compañía de Caballeros que había formado el gobernador don Diego de Villalva y Toledo, juzgando poco correspondiente a su nobleza servir en ella, se dignó, para vencer el reparo, declarar su real voluntad y concederles las preeminencias y privilegios que parecen de su contexto y convencen con evidencia cuán justificada y notoria sería la calidad de los expresados vecinos, pues en una materia tan del servicio del rey y satisfacción del gobernador, resistieron y disputaron lo que concebían no era conforme a ella. Baste decir, para mayor confirmación de nuestro asunto, que si en aquellos primeros tiempos se establecieron en estas nuevas poblaciones personas hidalgas y distinguidas que trajo a estas partes el motivo de sus conquistas, ahora por otras razones y circunstancias se radican muchas de iguales nacimientos, de quien resulta el lustre y esplendor de diversas familias, poseyendo algunas mayorazgos, vínculos y rentas de casas muy antiguas y calificadas de España, como no se ignora en aquellos reinos y es público en esta ciudad, de donde si acaso han salido por desgracia algunos centauros biformes (perdónese la impropiedad de la frase, pero no la malicia del concepto), como escribe la inconsideración del Marqués de S. Andrés en un romance que corre impreso con sus cartas, oscureciendo la candidez del papel con los salpiques de su sangre más que con los borrones de su tinta, debo advertirle que en todas

107 Memor. del Duq. de Veraguas, pág. 15.

partes corren las más finas púrpuras sujetas al deslustre de una mancha, las más perfectas bellezas al descuido de un lunar, y las más delicadas pieles a la casualidad de alguna pinta, porque, como en el rebaño de Labán, unas ovejas suelen salir de un mismo pelo y otras con alguna mezcla de colores.

No he podido en este asunto esquivar la respuesta, porque no cabe en la esfera del más prudente disimulo la tolerancia de semejantes injurias, pues fuera incurrir por esta necia insensibilidad en la horrible censura que fulmina contra los buenos patricios una erudita pluma carmelitana, graduando por culpable ingratitud el silencio, cuando heridos en la reputación el cuerpo o los miembros de la república, disimulan sus naturales la ofensa, debiendo, armados de la obligación y el respeto, solicitar el desagravio a cualquiera costa, omisión que sería en mí más reprensible, dejando correr contra el argumento de este capítulo una expresión tan indecorosa, sin la menor repulsa, pues en tales casos debe dispensársele a la modestia cualquier desahogo, y a la pluma menos ligera algún descompasado rasgo, pues el mismo Apóstol San Pablo dio voces para atajar la injuria que se hacía a su nobleza, no queriendo usar del silencio cuando era en contra de su honra el agravio.[108]

108 P. F. Ger. de S. Joseph, Gen. de la Historia, pte. 3, cap. 8, pág. 219.

Capítulo XX. Del Gobierno y Capitanía General de esta ciudad e Isla, noticias de su jurisdicción, preeminencias y facultades

Pasando de la descripción material de La Habana, y de las circunstancias de sus vecinos y naturales que como miembros componen el cuerpo civil de la república, trataré de los tribunales que la forman y autorizan y gozan de jurisdicción ordinaria y delegada para la administración de justicia, cobro de la Real Hacienda y régimen económico de ella, comenzando por el primero en lo secular; que es el de su gobernador y capitán general, que casi siempre o muy desde los principios ha residido aquí, pues aunque el año de 1607 fue cuando se declaró por S. M. que el gobernador de La Habana fuese el capitán general de toda la Isla, consta de la misma cédula que mucho tiempo antes tenían su asiento en ella, y lo verifican también muchos monumentos antiguos y es la razón de haberla reputado algunos autores capital de Cuba. Error muy disculpable en Mr. de Chevigni, así por no ser nacional, como porque atendiendo como se ha dicho a que tienen en ella su asiento los Gobernadores y su residencia los Obispos, la han juzgado probablemente la cabeza de la Isla, concurriendo a más de estos requisitos la circunstancia de que las leyes establecidas para el Gobierno Político, Económico y Eclesiástico,[109] han salido de esta ciudad, formándose en ella cuando era villa, en virtud de real facultad, por el doctor Alonso de Cáceres, las ordenanzas municipales que pertenecen al primero y segundo, y después las constituciones sinodales que corresponden al último, por el señor obispo don Juan García de Palacios el año de 1680, lo que sin duda acredita a La Habana para ser tenida por única cabeza de toda la Isla, pues hablando Isaías de la ciudad de Sión, y queriendo explicar sus mayorías sobre todas las de Judea como metrópoli de Israel, dijo así: *quia de Sion exibit lex,* frase con que manifestó el Profeta la preeminencia y superioridad que gozaba sobre todas las cosas.[110]

La jurisdicción de este Gobierno y Capitanía General se extiende en lo militar y materias de comiso a toda la Isla, y en lo político, además de esta

109 Snc. de corte, trad. Por Bap. Camp., 2.ª pte., pág. 206.
110 Isai., cap. 2, vers. 3.

ciudad, comprende las de Trinidad y Matanzas y las villas de Puerto del Príncipe, Sancti-Spíritu, Santa Clara, San Juan de los Remedios, Guanabacoa y el pueblo de Santiago de las Vegas, con otras diversas vecindades que son la mayor y mejor porción de las poblaciones de esta isla de Cuba, de las cuales determino dar en este capítulo una breve noticia, expresando las distancias en que se hallan de esta capital, y algunas de las otras circunstancias que pueden contribuir no solo para la inteligencia de los lectores, sino para otros fines de que puede aprovecharse el Estado para adelantar con su fomento el comercio de la nación en estos dominios. Valiéndome para el acierto en este particular de lo que dejó escrito en su proemio geógrafo-mercantil el doctor don Bernardo de Urrutia y Matos, tan bien instruido en esta materia como lo era en las de su profesión, y en otras muy peregrinas de que se hizo tan capaz su sobresaliente ingenio y feliz estudio.

Tiene esta ciudad casi a la vista la villa de la Asunción de Guanabacoa, porque desde sus riberas descubre la torre principal, y otros edificios y templos de ella. Fundose, como he dicho, el año de 1554, para establecer los indios naturales que vagaban sin vecindad fija por los montes y haciendas de la jurisdicción; se halla hoy poblada de españoles con más de 700 casas y un vecindario de 3.000 familias; sus alcaldes y regidores ejercen dentro de sus goteras y haciendas propias de sus vecinos; tiene un convento de San Francisco, iglesia y renta para otro de Santo Domingo, y un hospital nuevamente establecido.

El puerto y ciudad de San Carlos de Matanzas, abrigado de un castillo de fortificación moderna, se le demarca en distancia de 20 leguas de esta ciudad, frente del Canal Nuevo: su bahía es hermosa, y por tres ríos que recibe saca maderas y buen tabaco; tiene hasta hoy poca vecindad, porque aún se está fomentando.

Lo mismo son la ciudad de San Felipe y Santiago con título de Marquesado, y la de Santa María del Rosario con el de Condado, y el pueblo de Santiago de Compostela, fundado el año de 1748, a cuya imitación se podían civilizar otros muchos, especialmente sobre el río de los Güines, donde por las buenas cosechas de tabaco habitan más de 200 familias, asistidas por un párroco que les administra los sacramentos y demás auxilios espirituales.

Caminando de esta ciudad para el Oriente se encuentra vecina al término de su jurisdicción, a distancia de 80 leguas, la villa de Santa Clara, llamada Pueblo Nuevo, situada en el más fértil y rico territorio de la Isla, pues a más de llevar cuantos frutos se cogen en ella, produce también algún oro, y da con abundancia cosechas de trigo, higos, rosas y otras plantas que asemejan su país al de Andalucía; tiene más de 400 vecinos y saca algún ganado para esta ciudad.

A la banda del Norte, en igual distancia que la antecedente, está situada la villa de San Juan de los Remedios, nombrada Cayo Viejo, porque de su vecindad salió la población de Santa Clara; tiene 300 vecinos, abundancia de cerdos y tabaco; a poco más de una legua tiene un surgidero para embarcaciones pequeñas, y sirve regularmente de escala a las que trafican desde la Guanaja, en la costa de Puerto del Príncipe, a esta ciudad.

Noventa leguas de ella, a la parte del Sur, se halla situada la de la Trinidad, poblada de 500 a 600 vecinos, con un convento de San Francisco; su puerto más traficado es incómodo por servirse de un río; pero tiene a distancia de dos leguas la bahía de Casilda, y otros surgideros no muy distantes. Hace azúcar y coge buen tabaco, y aunque el terreno es alto y pedregoso, logra mejores cosechas que otros lugares por la aplicación y trabajo de sus vecinos: comercia con Cartagena y Portobelo que la proveen de dinero, y con Campeche de que saca venados y algunos ajuares.

Entre esta población y Cayo Viejo, 100 leguas de La Habana, está situada la villa de Sancti-Spíritu, de 3.000 vecinos, con convento de San Francisco y un hospicio de Santo Domingo. Tiene trapiches en que hace miel de que labra aguardiente para su gasto. Coge tabaco y abunda de ganado, trata con Portobelo y Chagres por dos surgideros, el uno en el río de Sasá, seis leguas distante, y el otro siete leguas al Sur, con aguada, playa y anclaje para todos los bajeles nombrado Tayabacoa.

Estas cuatro poblaciones comparten un territorio de 65 leguas a lo largo y más de 20 de ancho: la menor porción cabe a la Trinidad, y la mayor a Sancti-Spíritu, con hermosos ríos que pueden regar todo el país.

A 150 leguas de La Habana se halla la villa de Puerto del Príncipe, que sobresale en la arquitectura y caudales; tiene 50 leguas de jurisdicción a lo largo y como 22 a lo ancho, con un surgidero al Norte, nombrado la Guanaja, en distancia de 10 leguas, y dos al Sur para todas embarcaciones, sus nombres Santa María y Santa Cruz. Éstos, y lo opulento de sus haciendas, lo hacen mercantil en carne, cueros, sebo, azúcar, mulas y tejidos de palma que suplen y aun mejoran los de esparto. El padrón de sus dos parroquias principales cuenta 14.380 personas: tienen dos conventos de San Francisco, y la Merced calzada, y un hospital de San Juan de Dios, colegio de la Compañía de Jesús, y una iglesia y viviendas destinadas para recolección de menores observantes, para que espera licencia. Sus ingenios llegan a 60, y los criaderos de vacas, cerdos, cercados de mulas, estancias y vegas de labor, pasan de mil.

En todas estas poblaciones hay un Ayuntamiento que elige cada año dos alcaldes ordinarios y dos de la hermandad (a excepción de Guanabacoa a quien hoy se le ha concedido nombre solo uno de la última clase, y el pueblo de Santiago que no usa de la facultad por lo respectivo a esta misma) por quienes se les administra justicia, un síndico produrador del común, mayordomo y demás oficios de república, que todos llevan confirmación de la Capitanía General. Por lo que mira a lo eclesiástico tienen un comisario de Inquisición, un subdelegado particular de Cruzada y un vicario foráneo, uno o dos curas, sacristán mayor y proporcionado clero.

Presenta este Gobierno, por regalía del Vicepatronato, más de 28 beneficios curados y poco menos simples, provee en propiedad dos tenientes de gobernador, capitanes a guerra, el uno en la villa de Santa María del Puerto del Príncipe, y el otro de la ciudad de la Trinidad y tres villas anexas, que gozan de salario cada uno 1.000 pesos, situados en *descaminos*, en ínterin todos los empleos militares de su jurisdicción, que son muchos, así de la tropa arreglada como del Cuerpo de las milicias urbanas.

Tuvo largo tiempo teniente letrado, que a los principios sería con nombramiento suyo, hasta que el año de 1664 se ordenó que se proveyese por consulta del Supremo Consejo de las Indias. El sueldo que tuvieron los gobernadores de esta plaza antiguamente era de 3.308 pesos, pero ya de algunos años a esta parte se les ha señalado 10.000 pesos anuales, que con 2.000 que gozan como conservadores de la Real Compañía de esta Isla, que era lo mismo que tenían antes por la de negros, y otros debidos y gruesos emolumentos, hace que se hermanen en este empleo el honor y la conveniencia, siendo hoy dignamente estimado por uno de los de mayor confianza, lustre y autoridad de los de Indias, a excepción de los Virreinatos de los tres Reinos establecidos en ellas, en cuya atención se ha tenido por ascenso la promoción de otros gobiernos y presidencias para el de esta ciudad, de que hizo tan honroso aprecio don Francisco Dávila Orejón, que lo obtuvo ha cerca de un siglo, que no dudó decir y expresar que su manejo y posesión le había constituido feliz, como puede verlo el curioso en la obra que cito y corre impresa.

Últimamente se ha dignado S. M. conferir a este empleo la superintendencia del Real y Apostólico Tribunal de la Santa Cruzada, en las nuevas órdenes y disposiciones expedidas para el régimen y gobierno de él, y de esta facultad y ejercicio se hallan en posesión desde el año de 1753.

Las personas que han gobernado esta ciudad desde su fundación, así como tenientes del Adelantado de ella y de sus primitivos Gobernadores, y después con el carácter de Capitanes Generales, son las que expresaré sucesivamente en éste y el inmediato capítulo, valiéndome de las noticias que he podido adquirir en algunas historias de las de este Nuevo Mundo, cédulas reales y libros capitulares de esta ciudad, documentos de igual autoridad todos.

Años

1518 Pedro de Barba, teniente del gobernador Diego Velázquez, según la Historia de la Conquista de Nueva España.

1538 Juan de Rojas, según la de Florida.

1539 Hernando de Soto, Adelantado de dicha provincia, Caballero del orden de Santiago, gobernador y capitán general de esta Isla.

1539 El mismo Juan de Rojas con doña Isabel de Bobadilla, mujer del Adelantado, según la del Inca.

1545 Licenciado Juan de Ávila, conforme a la Historia del Nuevo Reino, escrita por don Lucas Fernández de Piedra Hita.

1547 Licenciado Antonio de Chávez, gobernador de esta ciudad e Isla, según real cédula del año de 1548.

1549 Doctor Gonzalo Pérez de Angulo, gobernador.

1550 Juan de Hinestrosa, como Lugarteniente del antedicho, por haber salido a visitar la comarca.

1554 Diego de Masariegos, cuyo título fue despachado en Valladolid a 21 de marzo de 1551, había militado en México contra los indios mingúes y chapotecas,[111] según los autores que van al margen.[112]

1556 Juan de Rojas, como teniente del antedicho, por haber pasado a visitar la ciudad de Santiago de Cuba.

1565 García Osorio, gobernador y capitán general.

1568 Pedro Meléndez de Avilés, Caballero del orden de Santiago, Adelantado de la Florida, gobernador y capitán general.

1568 Doctor Francisco de Zayas, como teniente por ausencia del dicho.

1569 Diego de la Rivera y Cepero, gobernador y Justicia Mayor de esta ciudad e Isla.

1570 Pedro Meléndez Márquez, sobrino del Adelantado, en virtud de nombramiento suyo por ausentarse de esta ciudad.

1571 Juan Alonso de Navia, por nombramiento del referido Adelantado con motivo de pasar el antedicho a socorrer la Florida.

1572 Pedro Meléndez Márquez.

1574 Sancho Pardo Osorio, por el mismo Adelantado. Persuádome con fundamento que este sujeto el año de 1600 obtuvo el empleo de general de galeones.[113]

1576 Don Gabriel de Montalvo, del orden de Santiago. Alguacil mayor de la Inquisición de Granada, gobernador y capitán general.

1577 Diego de Soto, su Lugarteniente.

1578 capitán Francisco Carreño, gobernador.

1580 Licenciado Gaspar de Torres, gobernador.

1584 Gabriel de Luján, gobernador y capitán general y Alcaide de la Fortaleza.

1585 Pedro Guerra de la Vega, proveído por la Real Audiencia de Santo Domingo por deposición del antecedente.

1586 Gabriel de Luján, restituido.

1589 Maestre de Campo Juan de Tejeda, del orden de Santiago, gobernador y capitán general y Superintendente de las Fortificaciones de las plazas marítimas de Indias, Alcaide del castillo de Baserta.

1596 Don Juan Maldonado Barrionuevo, del mismo orden, gobernador y capitán general.

---

111 Parece referirse a los mijes y zapotecas. (N. del E. original).

112 Déc. 3.ª, lib. 5, c. 14, fol. 174. D. Ignacio Salazar, Historia de Nueva España, c. 16, f. 361.

113 Emporio del mundo, libro 5.º, cap. 15, pág. 382.

1602 Don Pedro Valdés, Caballero y Alférez Mayor del dicho orden, Comendador de Oreja en ella, Gentilhombre de la casa del rey, gobernador y capitán general, en cuyo tiempo se declaro anexa a este Gobierno la Capitanía General de la Isla.

1608 Don Gaspar Ruiz de Pereda, del propio orden, gobernador y capitán general.

1616 Sancho de Alquízar, gobernador y capitán general, que antes lo había sido de la provincia de Venezuela y de la Guayana.[114]

1620 Sargento Mayor Jerónimo de Quero, Alcaide del Morro en virtud de real provisión de la Audiencia, gobernador y capitán general.

1620 General don Francisco Venegas. Discurro que el grado de general de que usaba era por haberlo sido de galeones el año de 1617.

1624 Don Damián Velázquez de Contreras, gobernador de lo político, y [de] la guerra Juan de Esquivel Saavedra como Alcaide del Morro, y después Cristóbal de Aranda que le sucedió.

1625 Don Juan Francisco Abad de Riva Martín, proveído gobernador y capitán general por la Real Audiencia del distrito.

1625 Doctor Damián Velázquez de Contreras, en virtud de real despacho que cito al margen.[115]

1626 Don Lorenzo de Cabrera y Corvera, del orden de Santiago, gobernador y capitán general; antes había sido corregidor y capitán a guerra de la ciudad de Cádiz y Castellano de la fortaleza de Santa Catalina.

114 Torrub., Cr. serap., t. 9, 1. 1, cap. 39.
115 Madrid. 10 de agosto de 1624. Emporio del mundo, 1. 8, c. 7, f. 325, núm. 17.

Capítulo XXI. Continúa la serie de los Gobernadores, hasta el tiempo presente

Años

1630 Don Juan Bitrián de Viamonte, del orden de Calatrava, gobernador y capitán general, pasó de presidente a la Isla Española.

1634 Don Francisco de Riaño y Gamboa, del orden de Santiago, ídem.

1639 Don Álvaro de Luna y Sarmiento, del orden de Alcántara, hijo de los condes de Salvatierra, ídem.

1647 Maestre de Campo don Diego de Villalva y Toledo, del orden de Santiago, ídem.

1650 Maestre de Campo don Francisco Gelder, del hábito de Alcántara, antes corregidor y capitán a guerra de la ciudad de Zamora y su frontera, ídem.

1654 Regidor Ambrosio de Soto, gobernador de lo político, y Pedro García Montañés, Alcaide interino del Morro, las armas. En cuya ocasión, por las controversias que se ofrecieron entre los oficiales de guerra sobre la opción al Gobierno militar, declaró S. M. que siendo interino el Alcaide de dicha fortaleza, no sucediese en él, como consta de real despacho en el Pardo a 19 de enero de 1655.

1656 Maestre de Campo Juan Montaño Blásquez, ídem. Por su muerte.

1656 Licenciado Diego Rangel, teniente de gobernador, lo político, y lo militar el Castellano don José de Aguirre.

1658 Maestre de Campo don Juan de Salamanca, del orden de Santiago, gobernador y capitán general.

1663 Maestre de Campo don Rodrigo de Flores y Aldana, del hábito de Alcántara y Comendador de las casas de Coria, ídem.

1664 Maestre de Campo don Francisco Dávila Orejón y Castón, ídem: fue gobernador de la plaza de Gibraltar año de 1658, y tuvo la Superintendencia del muelle de ella. Pasó de esta ciudad al Gobierno y Capitanía General de la provincia de Venezuela.

1670 Maestre de Campo don Francisco Rodríguez de Ledesma, del orden de Santiago, ídem.

1680 Maestre de Campo don José Fernández de Córdoba Ponce de León, del orden de Calatrava, del Consejo secreto de S. M. en Lombardía, ídem. Por su muerte,

1685 Licenciado don Manuel de Murguía y Mena, lo político, y el capitán de caballos don Andrés de Munive, las armas.

1687 General de la artillería don Diego Antonio de Viana Hinojosa, del orden de Santiago, veinticuatro de la ciudad de Córdoba, ídem.

1689 Maestre de Campo don Severino de Manzaneda Salinas y Rojas, del mismo hábito, gobernador y capitán general, pasó a la Presidencia de Santo Domingo en grado de teniente de Maestre de Campo general.

1695 General de la artillería don Diego de Córdoba Lazo de la Vega, gobernador y capitán general: fue electo presidente de Panamá el año de 1700, y el de 1703 pasó a Santa Fe; tuvo los honores del Consejo de Guerra.

1702 Maestre de Campo don Pedro Nicolás Benítez de Lugo, Gentilhombre de la Cámara de S.A. Electoral de Baviera, gobernador y capitán general. Por su muerte,

1703 Licenciado don Nicolás Chirino Vandelval, natural de esta ciudad, teniente de gobernador, lo político, y don Luís Chacón, natural asimismo de ella, las armas.

1706 Mariscal de Campo don Pedro Álvarez de Villarín, gobernador y capitán general. Por su muerte,

1706 Los mismos don Nicolás Chirino y don Luis Chacón.

1708 coronel de infantería don Laureano de Torres, Marqués de Casa-Torres, del orden de Santiago, antes gobernador y capitán general de las provincias de la Florida. Por su deposición,

1711 Doctor don Pablo Cavero, electo oidor de la Real Audiencia de Santo Domingo, teniente de gobernador, lo político, y don Luis Chacón, lo militar.

1711 Don Agustín de Arriola y don Pedro Horruitiner, Alcaldes ordinarios, lo político. Por muerte del sobredicho Cavero,

1712 Don Luis Chacón, en virtud de real orden, lo político y lo militar.

1713 Marqués de Casa-Torres, restituido.

1716 Mariscal de Campo don Vicente de Raja, gobernador y capitán general. Por su retirada a España,

1717 teniente coronel don Gómez de Mazaver Ponce de León. Cabo subalterno, gobernador político y militar: pasó a ser Sargento mayor de Cádiz con grado de coronel.

1718 Brigadier don Gregorio Guazo Calderón Fernández de la Vega, del orden de Santiago, antes corregidor de la ciudad de Mérida, gobernador y capitán general, volvió a ésta el año de 1727 con grado de Mariscal de Campo y el empleo de Comandante general de esta Isla y demás de Barlovento, que por su muerte recayó en el Brigadier don Juan José de Andia Urbina Vivero y Velasco, Marqués de Villahermosa, Vizconde de Santa Clara, señor de Busianos, Regidor perpetuo de la ciudad de Toro, que se mantuvo con dicho encargo hasta que se le destinó para el gobierno de Cartagena de Indias con grado de Mariscal de Campo y después pasó a la Presidencia de Panamá de donde se restituyó a España y fue declarado Conde de Valparaíso, Grande de segunda clase, de quien he debido hacer tan particular memoria por las honrosas expresiones que hizo su gratitud a esta nobilísima ciudad por los informes con que acreditó su conducta en la Corte.

1724 Brigadier don Dionisio Martínez de la Vega, gobernador y capitán general, pasó a la provincia de Panamá, en que obtuvo los empleos de Mariscal de Campo y teniente general y el de Gentilhombre de la Cámara de S. M.

1734 Mariscal de Campo don Juan Francisco de Güemes y Horcasitas, gobernador y capitán general: fue hecho teniente general el año de 1741 y al siguiente se le nombró Virrey de Santa Fe, a donde no pasó, y se le confirió el de 1746 el de Nueva España, en que S. M. le ha honrado con el título de Conde de Revillagigedo y Gentilhombre de su Cámara con entrada: es hoy capitán general de los Reales Ejércitos y decano del Consejo de Guerra.

1746 Mariscal de Campo don Juan Antonio Tineo y Fuertes, gobernador y capitán general, antes teniente de rey y Comandante interino de la plaza de Ceuta. Por su muerte,

1747 coronel don Diego de Peñalosa, teniente de rey, pasó con el carácter de Brigadier al Gobierno de Veracruz y después se le confirió el empleo de Mariscal de Campo.

1747 Mariscal de Campo don Francisco Antonio Cagigal de la Vega, del orden de Santiago, fue antes gobernador y capitán a guerra de la ciudad de Cuba, electo gobernador y capitán general de la provincia de Caracas y presidente de la de Guatemala.

1760 Don Pedro Alonso, coronel del Regimiento de Infantería de esta plaza y teniente de rey interino, gobernó lo político y militar por ausencia del antecedente, y pasó a servir el Virreinato de la Nueva España, vacante por muerte del Marqués de las Amarillas en México, de donde se restituyó a España con el empleo de teniente general de los ejércitos, y se dio al dicho don Pedro Alonso el grado de Brigadier.

1761 Mariscal de Campo don Juan de Prado Portocarrero y Luna, coronel del Regimiento de África, gobernador y capitán general.

A más de los sujetos que dejo nominados han sido electos para este Gobierno y Capitanía General otros que por varios accidentes no han entrado en posesión, entre los cuales solo tengo fundadas noticias de los siguientes:

1624 Don García Girón, gobernador y capitán general de Cartagena de Indias.

1678 Maestre de Campo don Alonso de Campos y Espinosa.

1707 Marqués de Casa-Pavón.

1715 Mariscal de Campo don Gabriel Cano, que pasó de presidente a Chile.

1742 Mariscal de Campo don Pedro Zorrilla S. Martín, Marqués de la Gándara Real, del orden de Santiago, Comendador del Palacio de Dos-Barrios, Gentilhombre de Cámara de S. M. Siciliana, presidente que era de la isla Española.

Pareciéndome correspondiente dar en este lugar noticia de los Tenientes de rey que se han nombrado para esta plaza desde el año de 1715 que se estableció en ella este empleo, para que sucediendo a los Gobernadores en el mando político y militar se evitasen los inconvenientes experimentados de correr separadas las dos jurisdicciones, pondré a continuación serie de las personas elegidas para este encargo, con que se finalizará este capítulo.

1715 coronel reformado don Pedro Oliver y Fullana.

1717 teniente coronel don Gómez de Mazaver Ponce de León.

1718 coronel don Gaspar Porcel y Bustamante.

1730 coronel don Cristóbal Pizarro y Mella, primer Comandante del batallón de esta plaza.[116]

1738 coronel don Diego de Peñalosa.

1749 coronel don Antonio Guazo de la Torre, Caballero del orden de Santiago, pasó de gobernador y capitán general a Puerto Rico.

1761 coronel don Dionisio Soler, electo antes teniente de rey de Panamá.

116 Real cédula de España, a 29 de abril de 1731.

Capítulo XXII. Del Tribunal de los Tenientes de gobernador, Auditores de Guerra y serie de los que ha habido en esta ciudad

Aunque algunos políticos consideran que el gobernador y su teniente forman y componen un mismo tribunal, esto se entiende, según otros, cuando la jurisdicción del último es delegada, pero no cuando es ordinaria y comunicada del manantial de todas que es el Príncipe, y como los tenientes letrados de esta ciudad, desde que son o fueron proveídos por el rey, tienen la expresada jurisdicción, y por si solos procesan, actúan y determinan en lo civil y criminal, con independencia del tribunal de los gobernadores, de ahí es que debe tenerse y reputarse como distinto, y tocarlo yo en esta inteligencia separadamente después del de Gobierno.

En la antigüedad, como ya apunté en otro lugar, servían por elección y nombramiento de los gobernadores, a quienes estaba concedida esta facultad, aunque algunas veces se interrumpía este orden viniendo a ejercer este cargo algunos provistos por el rey, el que resolvió después fuesen consultados por el Consejo de Indias y nominados por S. M., gozando la prerrogativa de suceder en el gobierno político por muerte o ausencia de los gobernadores, de la que quedaron excluidos con el establecimiento de tenientes de rey, que desde el año de 1715 se dispuso hubiese en esta plaza, para cortar los inconvenientes que se ofrecían o dimanaban en caso de faltar los gobernadores, como antes sucedía con no poco perjuicio de la causa pública.[117]

El tiempo o término prefinido para el servicio de la plaza de teniente era el de cinco anos y su salario 919 pesos 32 maravedises en cada uno, con prohibición de no llevar asesorías, en cuya forma permaneció hasta el año de 1745 que se sirvió S. M. suprimirlo por las controversias acaecidas entre el gobernador y su teniente; pero ya en el año de 1752 se ha vuelto a establecer confiriéndolo al doctor don Martín de Ulloa, con el sueldo de 2.000 pesos que trajo asignados, aunque con la declaración de ser sin ejemplar esta gracia, en cuya conformidad lo está gozando desde el citado año, siendo esta providencia dignamente estimada por los superiores y justos

117 J. Díaz de la Calle, Mem. de Ind., cap. 30.

motivos que influyen para mantener y autorizar este empleo, sobre cuyo asunto, ya separado de él, escribió una política disertación el licenciado don Antonio de Palacián, con razones muy copiosas y sólidas que le ministraron sus estudios y experiencia en dicho manejo, de la que hago memoria porque no quede enteramente sepultada en el olvido una obra capaz de perpetuar el crédito de su delicado ingenio y erudición. Solicitando también al mismo tiempo dejar noticia a la posteridad de los sujetos que han ejercido este oficio, los que nominaré abajo.

1556 Licenciado don Lorenzo Martínez Barba.

1568 Doctor Francisco de Zayas, juez de residencia del gobernador García Osorio.

1571 Licenciado Diego de Cabrera.

1577 Licenciado N. de Santi-Esteban.

1584 Licenciado Ronquillo.

1585 Licenciado N. Mina y Cevallos.

1589 Licenciado Juan Francisco de Guevara.

1605 Licenciado Juan Bernardo Argüello.

1606 Licenciado Melchor Suárez de Poago.

1608 Alonso Ruiz de Valdivieso.

1614 El nominado Argüello.

1617 Br. Rui Gómez de Prado, por nombramiento del gobernador Sancho de Alquízar, y separado por ser su pariente.

1617 Licenciado don Francisco Dávila y Muñoz.

1619 Licenciado Diego de Vallejo, que gobernó lo político en virtud de real cédula de 19 de octubre de 1619.

1620 Doctor Damián Velázquez de Contreras, Consultor del Santo Oficio y juez de confiscados.

1623 Licenciado Pedro de Eguía Ibáñez, interino por ausencia del propietario.

1624 El mismo doctor Velázquez.

1626 Doctor don Pedro Núñez Melián: pasó después de oidor a Guatemala y últimamente a México.

1627 Licenciado don Manuel Muñoz de Herrera.

1627 Doctor don Pedro de la Puente.

1630 Licenciado don Pedro de Pedroso, natural de esta ciudad, interino.

1631 Licenciado don Francisco Reje Gorbolán, confirmado por la Real Audiencia y Supremo Consejo de las Indias.

1634 Licenciado don Pedro de Valdés de Villaviciosa, juez de residencia del gobernador don Álvaro de Luna.

1641 Licenciado don Fernando de Aguilar.

1648 Licenciado don Francisco de Molina, juez de residencia y Visitador de las Reales Cajas.

1649 Licenciado don Pedro de Pedroso, interino.

1649 Licenciado Fernando Felipe de Tovar, ídem.

1649 Licenciado don Pablo Laza y Olivares: éstos fueron *el año de la peste* y por sus muertes hubo tan varios nombramientos.

1650 Licenciado don Cristóbal de Aragón y Alcedo.

1654 Licenciado don Antonio de Tapia Catategui, natural de esta ciudad, interino.

1654 Licenciado don Gonzalo Serrano.

1656 Licenciado don Diego Rangel, Consultor del Santo Oficio y Visitador de la Real Hacienda.

1659 Licenciado don Nicolás Muñoz Gadea, juez de residencia del gobernador don Rodrigo de Flores.

1664 Licenciado don Luis Coronado, desde cuyo tiempo se proveyeron sucesivamente por el rey.

1670 Licenciado don Antonio de Tapia, interino.

1672 Licenciado don Antonio Ortiz de Matienzo, Caballero del orden de Santiago.

1677 Licenciado don Juan Bautista de Santiago.

1684 Licenciado don Manuel de Murguía y Mena, pasó a ser oidor de la Casa de Contratación de Sevilla.

1687 Licenciado don Francisco Manuel de Roa.

1692 Licenciado don Pedro Diez de Florencia.

1697 Licenciado don Matías Páez Cabeza de Vaca.

1699 El citado Florencia, interino.

1701 Licenciado don Nicolás Chirino Vandelval, Colegial del insigne de San Ramón, Catedrático Regente de prima de filosofía en la Universidad de México, oidor de Santo Domingo, juez de residencia del coronel don José Canales, gobernador de Cuba, y después alcalde de Corte en México.

1708 Licenciado don José Fernández de Córdoba, depuesto por el Marqués de Casa Torres.

1711 Doctor don Pablo Cavero, electo oidor de la Audiencia de Santo Domingo, juez de pesquisa del expresado Marqués.

1713 Licenciado don Prudencio Antonio de Palacios, Visitador de los Ministros de Real Hacienda de esta ciudad, electo oidor de Santo Domingo: pasó el año de 1716 de Visitador al Reino de Nueva España, ya con plaza de Consejo de Hacienda; fue oidor de Guadalajara y Fiscal del rey en la de México, de donde pasó al Supremo Consejo de Indias con hábito de Calatrava.

1716 Licenciado don Pedro Nicolás de Morales, interino.

1717 Licenciado don José de Aguirre, antes teniente de gobernador de la provincia de Yucatán y después oidor de las Audiencias de Santo Domingo y México.

1721 Doctor don Juan Félix García Chicano, Consultor del Santo Oficio, teniente de gobernador de la misma provincia, oidor de Santo Domingo.

1730 Doctor don José Sotilloverde, que siendo teniente de gobernador de esta ciudad, pasó de orden de S. M. a tomar la residencia del presidente de Santo Domingo P. Francisco de la Rocha, y después fue oidor de aquella Audiencia.

1738 Licenciado don Antonio de Palacián y Gatica, natural de esta ciudad, Colegial del insigne de San Ramón de México y Catedrático fundador de una de Leyes en esta Universidad de La Habana.

1752 Doctor don Martín de Ulloa, del orden de Santiago y este año de 1761 oidor honorario de la Real Audiencia de Santo Domingo y electo Fiscal de ella.

Capítulo XXIII. Del Tribunal de los Alcaldes ordinarios, numero de Regidores y Oficiales de que se compone el Ayuntamiento de esta ciudad y otras noticias de él

A más de los expresados Tribunales tiene esta ciudad el de los Alcaldes ordinarios, que se eligen anualmente por su Cabildo el primer día de enero, los cuales gozan de igual jurisdicción que los precedentes, como se declaró por real provisión de la Audiencia del distrito en 17 de febrero de 1726, y se confirmó por ejecutoria del Supremo Consejo de Indias fecha en Badajoz a 16 de enero de 1729, libradas una y otra con motivo de la competencia que principio el Conde de Casa Bayona y continuó don Gabriel de Santa Cruz, alcaldes ordinarios, con los gobernadores don Gregorio Guazo y don Dionisio Martínez de la Vega, sobre la novedad introducida por el primero de admitir para ante su Tribunal recursos de apelación de las determinaciones de dichos alcaldes, y no darles el tratamiento de señores que les correspondía, cuyos puntos se decidieron a favor de la justicia ordinaria de esta ciudad, así por la posesión en que se hallaba conforme a las leyes de estos Reinos, como por haber ejercido siempre estos empleos los vecinos más calificados y de las familias más antiguas y distinguidas; atención con que (salvo uno u otro ejemplar que no hace regla) ha procedido comúnmente el ilustre Cabildo de esta muy noble y leal ciudad.

Compúsose éste a los principios de su fundación de tres regidores, cuyo número se aumentó hasta el de seis, que por la ordenanza municipal se consideró ser competente a la vecindad que entonces había, incluyéndose en el citado número,[118] a más de los oficiales reales (que por disposición circular se les concedió esta prerrogativa) el alguacil mayor y depositario general, siendo el primero que obtuvo este último empleo Antón Recio, que entró a servirlo en virtud de real cédula fecha en Madrid a 15 de diciembre de 1567,[119] en cuyo año se mandó pregonar de orden del rey el oficio de alférez mayor de esta villa, a que no hubo quien hiciese postura; y aunque por el de 1590 consta lo ejercía don Jorge de Baeza y Carvajal, me persuado fue por nombramiento del gobernador, que por aquellos tiempos usaban de

118 Ordna. Municipal 10.
119 Déc. 6, lib. 5, cap. 9, f. 122.

esta facultad, según se infiere de varios ejemplares, corroborando este juicio lo poco que parece permaneció en la prevenida ocupación y el no haberle sucedido en ella otra persona, hasta que se concedió muchos años después a la que en su lugar nominaré.

Después se acrecentó hasta el número de ocho, entrando como tal regidor el Tesorero de Cruzada, y siendo ya ciudad se propuso al rey por el Ayuntamiento mandase crear los que faltaban, hasta el de doce, para el mejor régimen de ella, sobre que inmediatamente se dio providencia aunque no tuvo cumplido efecto. Respecto de que, según los Libros Capitulares, habiéndose ordenado por motivos que se consideraron convenientes el que los ministros de Real Hacienda no asistiesen corno regidores,[120] y que solo conservasen en los actos públicos el asiento que como tales habían gozado, hubo estos oficios más que beneficiar;[121] y hasta mucho tiempo después no se establecieron los de fiel ejecutor, provincial de la Hermandad, ni el de alférez mayor, porque como consta en los citados libros y acuerdos, permaneció electivo el primero hasta el año de 1654, que lo entró a servir en calidad de regidor don Pedro Valdespino, el segundo se remató el de 1658 en don José Ruiz Guillén, y del último se hizo merced por juro de heredad a don Nicolás Castellón el de 1660, y aún hasta el de 1734 no se llenó el número fijo que según las leyes deben tener las ciudades principales de Indias, concediéndose el uno que faltaba con la misma gracia de hereditario a doña Juana María de Acosta mi madre, para uno de sus hijos, que es el que ejerzo como tal en virtud de su nombramiento y de real confirmación. Hasta el año de 1757 permaneció sin aumento el número de doce regidores en que se comprendía el alférez real, alguacil mayor, provincial de la Santa Hermandad, fiel ejecutor, receptor de penas de Cámara y depositario general, pues aunque en el de 1744 se creó y proveyó el oficio de padre de menores, fue sin prerrogativa de voz y voto, y solo con lugar y honores de regidor; pero habiéndose en el citado arriba mandado pregonar por cuenta del rey y rematádose en pesos el de correo de esta Isla con regimiento anexo, asiento fijo después del fiel ejecutor y facultad de nombrar teniente, hubo este oficio más, aunque todavía no tiene real confirmación, por estar

120 J. Díaz de la Calle, Mem. de Ind.

121 Real cédula, 8 de marzo de 1623.

pendiente en el Consejo de Indias el pleito que ha puesto y deducido el correo mayor de ellas sobre su establecimiento y beneficio. Entre los prevenidos regidores gozan de asiento preeminente los cuatro primeros y el nuevamente establecido, porque los otros lo adquieren por antigüedad, y de los trece son cinco por juro hereditario, y los demás renunciables que se pierden por falta de ella, de *sobrevivencia* y presentación.

El oficio de alférez mayor, fiel ejecutor, receptor de penas de Cámara y los seis que no tienen anexo otro alguno, han corrido avaluados en 2.000 ducados, cuya práctica se ha innovado ahora a favor de la Real Hacienda; pero los demás por razón de sus emolumentos tienen distinto aprecio, porque el de alguacil mayor vale de 28 a 30.000 pesos; el de provincial 3.500; el de depositario general 6.600 y 10.000 pesos de fianza, y el de padre de menores 2.000 ps. con la fianza de 6.000.

Los empleos concejiles, que como ya apunté elige anualmente el Cabildo, son: dos alcaldes ordinarios, dos de la Santa Hermandad, procurador del común, que antes se nombraba por los vecinos, y mayordomo de propios y rentas, con el estipendio de 100 ducados. Nombra también procurador de pobres y antiguamente elegía también, con real aprobación, abogado de la ciudad para sus negocios y defensas, y el primero a quien dio este encargo fue al Licenciado Montejo, natural de ella, y le asignó el salario de 100 ducados de que ocurrió a pedir confirmación a S. M., como parece de un real despacho dado en Valladolid a 21 de mayo de 1605; pero de algunos años a esta parte no ha querido usar de esta facultad, considerando no ser necesario ni correspondiente a los fondos de sus propios, cuyo total llegará cada año a 5.000 pesos, aunque en algunos suele exceder de esta cantidad.

Por medio de los regidores comisarios nomina y provee a principios de cada año los contrastes, alarifes y alcaldes de los oficios mecánicos de esta república; tiene escribano propietario con facultad de nombrar teniente y su salario llega a 325 ducados, y montan mucho más los derechos que percibe de las posturas y otras intendencias.

Las personas que actualmente ejercen los regimientos de esta ciudad son las que según las preeminencias de sus oficios y antigüedades de sus posesiones, pondré ahora, con expresión de los que tienen tenientes y son con calidad de hereditarios.

Don Gonzalo Recio de Oquendo, alférez mayor por juro de heredad; tiene teniente concedido a la persona para ausencia y enfermedades, con voz, voto y asiento como el propietario en tales casos, y hoy lo es el capitán don Dionisio de Berroa.

Doctor don Pedro José Calvo, alguacil mayor, con el privilegio de juro de heredad y de teniente anexo al oficio, que hoy ejerce don Miguel Calvo.

Don Jacinto Tomás Barreto, alcalde mayor provincial de la Santa Hermandad, tiene facultad de nombrar teniente que lo sirva en su ausencia, concedido a la persona.

Don Luis José de Aguiar, fiel ejecutor exjuro de heredad.

Don José Cipriano de la Luz, correo mayor con teniente, que lo es don Antonio Acosta.

Don José de Arrate, regidor por juro de heredad.

Don Sebastián de Peñalver, con la misma calidad; tiene teniente que sirve en su ausencia, concedido a la persona, y lo es don José Peñalver, su hermano.

Don Cristóbal de Zayas Bazán, regidor receptor de penas de Cámara y gastos de justicia.

Capitán don Félix de Acosta Riaza, regidor y depositario general.

Capitán don Laureano Chacón y Torres, regidor.

Don Pedro Beltrán de Santa Cruz, regidor.

Don Miguel de Sotolongo, ídem.

Don Mateo de Pedroso, exjuro hereditario.

Don Juan Miguel de Acosta, padre general de menores, nombra tenientes en la ciudad de Matanzas y villa de Guanabacoa, que gozan de sus honores.

Don Miguel de Ayala, escribano de Cabildo, que lo es juntamente de Gobierno y Guerra. Los nominados individuos, que todos son naturales ente el regimiento de ella.

Reconoce y tiene este Ilustre Cabildo por especial patrona y protectora suya a la Purísima Concepción de Nuestra Señora, como consta de diversos acuerdos antiguos y de una real cédula del año de 1666 que lo califica; y en consecuencia de la tiernísima devoción con que ha venerado la gloriosa inmunidad de la Señora, y atendiendo a ser patrona de su Cofradía, hizo el solemne voto de tener, guardar y defender su pureza y gracia original y de no admitir el uso y ejercicio de los empleos civiles a ninguna persona sin que precediese este piadoso y formal requisito, cuya función ejecutó con plausible y ejemplar gravedad el día 8 de septiembre del año de 1653, pasando en cuerpo de ciudad, con todos los jueces, ministros y capitulares que la componían, a la Iglesia del Seráfico Patriarca San Francisco, donde en presencia de un numeroso y distinguido concurso hizo el expresado voto en manos del licenciado don Nicolás Estévez Borges, cura más antiguo de las parroquiales de esta ciudad, natural de ella, provisor y vicario general en sede vacante (que después ocupó meritísimamente la de Deán de la Santa Iglesia de Cuba) con asistencia del prelado y comunidad del referido convento, cuya fórmula no traslado por ser muy difusa y bastar esta noticia para perpetuar la memoria de este religiosísimo y piadoso acto, en que protestó y manifestó esta ciudad no ser menos cordial su devoción a la Santísima Virgen y a este sagrado misterio, que la que han explicado otras de España en semejante voto y juramento.

Capítulo XXIV. Mercedes y honores con que nuestros reyes han favorecido a esta ciudad, y distintivos concedidos a este Cabildo por su reBrevísima presentación

Los honores y gracias que dispensa la generosidad de los Príncipes a sus vasallos las debe perpetuar la gratitud de éstos en los padrones más públicos e indelebles, tanto por que permanezca la memoria de la beneficencia de quien las hizo, cuanto porque se acredite el mérito que se supone en quien las recibió, y así fuera culpable en mí pasar en silencio las que la dignación de nuestros monarcas quiso desde los principios de su fundación ir concediendo y comunicando a La Habana para autorizarla y ennoblecerla, y más quiero pasar la censura de molesto en esta materia que incurrir en el crimen y nota de poco reconocido a tan soberanos favores. Numerando mi atención entre los primeros haberse servido Sus Majestades (como lo testifican muchas reales cédulas recibidas desde el año de 1553 en adelante), aun siendo pequeña villa, o moderna población, darle noticia de sus coronaciones y desposorios y de otros felices sucesos de la Monarquía, demostración solamente debida y practicada con ciudades muy principales y que en dictamen de algunos políticos hace equiparable la representación de un cabildo con la dignidad de un grande de Castilla.[122]

A este particular estimable distintivo añadió el de conferirle el honorífico título de ciudad, a los setenta y ocho años de su fundación, con los especiales motivos y decorosas circunstancias que se reconocerán del que transcribo a la letra.

«Don Felipe, por la gracia de Dios rey de Castilla, etc. Por cuanto teniendo consideración a lo que los vecinos y moradores de la villa de San Cristóbal de La Habana me han servido en su defensa y resistencia contra los enemigos,[123] y a que la dicha villa es de las principales de la Isla, y donde residen mi gobernador y Oficiales de mi Real Hacienda, deseo que se ennoblezca y aumente, por la presente quiero y es mi voluntad que ahora y de aquí adelante para siempre jamás la dicha villa sea y se intitule la ciudad de San Cristóbal de La Habana de la dicha Isla de Cuba, y asimismo quiero

122 Bobadilla, Polít., 1. 3, c. 8, pág. 122.
123 Tít. de ciud., lib. 1 de reales cédula, tít. 31 del Arch. de Gobierno.

que sus vecinos gocen de todos los privilegios, franquezas y gracias de que gozan los otros vecinos de semejantes ciudades y que ésta pueda poner el dicho título, y lo ponga en todas las escrituras, autos y lugares públicos, y así se lo llamen los reyes que después de mí vinieren, a los cuales encargo que amparen y favorezcan a esta nueva ciudad y le guarden y hagan guardar las dichas gracias y privilegios; y mando a todos mis súbditos y naturales de mis Reinos y de las dichas Indias, así eclesiásticos y seglares, de cualquiera dignidad, preeminencia o calidad que sean, le llamen e intitulen a la dicha villa la ciudad de S. Cristóbal de La Habana, y que ninguno vaya ni pase contra este mi privilegio, el que hagan guardar todas y cualesquiera Justicias de estos dichos mis Reinos, y de los de nuestras Indias, como si en particular fuera dirigido a cualquiera de ellos, a quien fuere mostrado y pedido su cumplimiento, de lo cual mandé dar la presente firmada de mi mano, y sellada con el sello. En Eras, a 20 de diciembre de 1592. Yo el rey. -Yo Juan Vázquez Secretario, la hice escribir por su mandado.»

No es prenda menos estimable de la real liberalidad, antes sí muy particularmente digna de una singular gratitud y aprecio, el privilegio concedido a este Ayuntamiento para que pueda conocer en segunda instancia por vía de apelación en causas de menor cuantía, en mayor cantidad o suma que las demás ciudades de Indias, como consta de la Ley recopilada, sin que pueda atribuirse esta gracia a la mayor distancia que hay de ésta al superior Tribunal de la Real Audiencia, pues hay otras igualmente remotas y aun más apartadas. Estuvo mucho tiempo en posesión de otro real privilegio que le ampliaba el conocimiento hasta 500 ducados, según se evidencia de despacho expedido en Buen Retiro a 2 de marzo de 1656, el cual se suspendió el año de 1719 por no tener cláusula derogatoria de la Ley.

Persuádome a que por el tiempo en que fue constituida ciudad se le debió también de hacer el honor de poder usar escudo de armas, por encontrarse en los Libros Capitulares algunas noticias de que lo tenía y mandaba poner para distintivo en sus bancas y hallarse cincelado en las mazas de plata que se labraron en tiempo de don Juan Bitrián de Viamonte, como después diré; pero por algún accidente se debió de perder el título de este favor, porque no es presumible lo usase sin real facultad a vista, ciencia y paciencia de tantos gobernadores prudentes y reflexivos; mas advertido este disimulable defecto o indispensable requisito, se ocurrió a S. M. y se dignó la de la Sra. reina Gobernadora conferirle el honorífico timbre de ellas, despachando la cédula que se sigue:

«La reina Gobernadora: por cuanto la ciudad de San Cristóbal de La Habana en carta de 22 de mayo de este año ha representado que con el transcurso del tiempo no se había podido hallar, aunque se había buscado, el origen de la merced que le está hecha de tener por armas tres castillos y una llave en campo azul, señal de su fortaleza y del valor con que sus naturales y vecinos la defendieron en las ocasiones que se ofrecieron; y para honor y lustre de la dicha ciudad en los siglos venideros suplicaba que en premio de su lealtad se le confirmase la dicha merced, pues el descuido que había habido en guardar los papeles de su origen no había de defraudarla de este honor, que había merecido.[124] Y habiéndose visto por los del Consejo de las Indias, teniendo consideración a los servicios de la ciudad de La Habana y a la fuerza con que los ha continuado, he tenido por bien hacerle merced, como por la presente se la hago, de que de aquí adelante use y pueda usar de las mismas armas que constare haber usado hasta aquí, en la misma forma que va referido, que yo lo tengo así por bien; y mando que ninguna persona le ponga impedimento a ello, que así procede de mi voluntad. Fecha en Madrid a 30 de noviembre de 1665. -Yo la reina. Por mando de S. M. don Pedro de Medrano.»

Compónese dicho, escudo de tres castillos de plata sobre campo azul, alusivos a las tres fortalezas que guardan la boca del puerto, y una llave de oro que manifiesta serlo de las Indias, como estaba declarado por SS. MM. Tiene por remate una corona, y por orla el collar del Toisón, blasón tan estimable como bien merecido del amor y fineza de esta ciudad, como lo expresó así en su Cabildo la discreta circunspección de su gobernador don Francisco Dávila Orejón, de quien en otras partes tengo hecha memoria.

Poco tiempo después de haberle confirmado el referido blasón, se le hizo merced a esta ciudad de ordenar el rey que al Ayuntamiento de ella, yendo en forma, se le tomasen las armas siempre que pasase por cuerpo

124 Merced de escudo.

de guardia, como se verifica de dos reales cédulas de 17 de septiembre de 1688 y de 10 de noviembre de 1699.[125]

No juzgo menos digno de la estimación de esta ciudad y del argumento de este capítulo el honor que a representación de este Cabildo, por medio del Regidor don Sebastián Arancivia, su procurador general en la Corte, hizo S. M. a los principales vecinos de ella, dispensando la prohibición general de la Ley para que los naturales no puedan tener plazas de soldados en sus patrias, permitiendo gozasen de ella hasta 40 paisanos hijos de las personas de calidad,[126] como se evidencia de la real cédula que cito, y en que se expresa, por causal para esta gracia, el celo y amor con que los naturales y vecinos de La Habana se han empleado en el real servicio en todas ocasiones y contribuido a su resguardo y defensa de este puerto, con donativos y asistencias considerables, lo que estimularía su real ánimo para confirmar la Hermandad de la Maestranza que, a ejemplar de la de Sevilla, formaron el año de 1709.[127] Cuyo distinguido privilegio y noble ejercicio, aunque no se conserva en uso porque desmayó con la falta de protección que tuvo en sus principios y no logró continuada en sus progresos, no he querido pasar en silencio, porque no se me culpe este olvido, como se censura justamente la omisión de no mantener en práctica una ocupación tan honrosa y un favor tan distinguido.

Reconócese también la atención de este Cabildo por una especial merced de la regia benignidad haber concedido a sus regidores la facultad de poder elegir y nombrar sin impedimento para los empleos de alcaldes ordinarios a los individuos que componen el Cuerpo Capitular en quien no concurriese circunstancia incompatible para ejercerlos, como se hace constante de una real cédula fecha en la Isla de León a 29 de febrero de 1729, cuyo particular privilegio goza hasta ahora sin novedad.

Con atención a ser una ciudad tan populosa y condecorada, se tuvo por correspondiente el que su Ayuntamiento, como de ciudad principal o cabeza de provincia, usase, en las funciones graves y públicas, de mazas de plata, las cuales se labraron el año de 1633, siendo su gobernador don Juan de Bitrián, y asimismo el distintivo de cubrir en las iglesias sus

125 Lib. 4 de Real cédula de este gob.

126 Ley 10, tít. 10, lib. 3, f. 44 de la Rec. de Ind., Bn. Retiro, 25 de jun. de 1690.

127 Madrid, 23 de agosto de 1713.

escaños y asientos, mereciendo también el que los primeros ministros del rey le hayan dado y den el tratamiento de Señoría en todas las cartas, que así de oficio como de urbanidad han dirigido a este Cabildo, hablándole y tratándole algunos otros de sus Consejos y personas de categoría con el título honorífico de Muy Ilustre Señor, que todo manifiesta el predicamento en que ha estado y le es tan debido por la calidad y carácter de sus antiguos y modernos capitulares y vecinos de distinción.

Capítulo XXV. De los servicios que esta ciudad y sus vecinos han hecho a sus Majestades y expresiones de sus finezas

Aunque los obsequios y servicios que el amor y reconocimiento de los vasallos tributa a la soberanía de sus reyes nacen de una obligación tan debida como natural, no les quita ni disminuye en su real aprecio el mérito para estimarlos como voluntarios, ni aun el mismo concepto de debérselos como de justicia; razón por que no será reprensible sino loable exponer, si no todos, algunos de los que ha ejecutado desde sus principios esta ciudad para prueba de su fineza y reconocimiento, pues cede en mucha gloria suya el que se entienda ha sabido cumplir con aquello a que está tan obligada.

Consta de monumentos auténticos muy antiguos que aun siendo esta población de corto vecindario y reducida toda su confianza a una pequeña fortaleza no bien guarnecida de gente y artillería, se atendió siempre con la vigilancia de su Cabildo a la seguridad y conservación de este importantísimo puerto, tomando aquellas providencias convenientes para resguardarlo de los enemigos que frecuentaban estas costas e insultaban repetidamente las poblaciones de la Isla, a cuyo fin establecieron vigías en los parajes que hoy están los castillos del Morro y de la Punta, acudiendo de noche los vecinos a hacer guardia en ellos y rondar a caballo aquellos contornos, extendiéndose también a formar en uno u otro sitio trincheras y plantar algunos tiros con que defender la entrada, todo a costa de sus caudales.

Hallándose amenazada la villa de la escuadra de Drake, cuya fuerza era superior a la que entonces tenía el puerto, vinieron socorros de gente así de la Nueva España como de los lugares de la tierra adentro; corriendo su alojamiento y manutención a cargo de la renta de propios y expensas de los vecinos, los cuales concurrieron también con considerable número de peones a la fábrica del Castillo de los Tres reyes, como parece del Cabildo de 17 de octubre de 1590, en que expresó el gobernador de esta plaza la necesidad que tenía de esta ayuda.

Tengo ya dicho en algunos pasajes de esta obra que la construcción de las dos torres o fortines de Cojímar y la Chorrera fue a solicitud y expensas de esta ciudad, y que para la fábrica de su muralla no solo contribuyó con peones y arbitró para su gasto la sisa del vino que produjo gruesas cantidades, sino que atendiendo esmeradamente a cuanto ha comprendido ser del real agrado, no ha perdido ocasión ninguna de interesarse en su servicio, cooperando a la seguridad y defensa de esta plaza en cuanto ha sido posible, y conforme a las fuerzas de su vecindad.

Ya fenecido el muro o recinto de la parte de tierra, aplico nuevo auxilio de operarios para los terraplenes de sus baluartes, y ayudó con 1.000 pesos para la fábrica de la cadena que se labró para cerrar la boca del puerto por el año de mil seiscientos ochenta y siete;[128] y después, para poner por obra el almacén de la pólvora que se hizo cerca de la Puerta de Tierra, contribuyeron efectivamente 800 jornales, y mas de 4.500 reales para aliviar el Real Erario de este gasto, el cual hacía preciso el poner semejante material en parte menos peligrosa y expuesta a mayor estrago.[129]

Con la sola noticia insinuada por el gobernador de esta plaza de que S. M. deseaba se construyese en ella un bergantín que sirviese de guarda-costas a las de este puerto, y que se arbitrase algún medio competente para su fábrica y subsistencia, se pusieron en ejecución ambas cosas, dando desde luego los vecinos 4.000 pesos para su hechura y habilitación, e imponiendo el Cabildo sobre el ganado mayor y menor el derecho que se llamo de *piragua,* con que tuvo cumplido efecto la real voluntad, como se manifiesta de un despacho de 25 de septiembre de 1690, en que encarga S. M. al gobernador practique por su parte la provisión de gente de guerra y municiones ofrecidas, supuesto que los vecinos desempeñaban por la suya la obligación en que se constituyeron y que hasta hoy continúan sus sucesores, sin embargo de que parece ha cesado la necesidad, pues no subsiste la providencia.

El año de 1657, deseoso el Cabildo de esta ciudad de que sus milicias no dejasen de concurrir por falta de armas a la recomendada defensa y seguridad de esta plaza, mandó traer y condujo a su costa, de los Reinos de Castilla, mil arcabuces con sus frascos, los cuales puso y colocó en la Sala de Armas que entonces ocupaba una pieza baja de las Casas Capitulares, y habiendo resuelto S. M. se aplicase a favor de los propios y rentas el importe de dos plazas de soldados anualmente, por vía o paga de alquileres de la

128 Real cédula de 9 de agosto de 1690.

129 Otra de 4 de feb. de 1698.

enunciada sala, como consta de una real cédula fecha en Madrid a 21 de octubre de 1688, que se halla testimoniada en el Cabildo de 2 de noviembre del año siguiente, hizo el Ayuntamiento dimisión o renuncia de ellas, por servir a S. M. y aliviar de este gasto su Real Hacienda, de cuya generosidad dio las gracias en nombre del rey el gobernador don Severino Manzaneda, y le informó de este servicio a que principalmente se atendió, no obstante el corto fondo de rentas con que entonces se hallaba y erogaciones precisas que lo consumían.

Con el mismo afectuoso motivo se hizo cargo este Cabildo de costear de sus propios, como lo ejecuta hasta ahora, la fiesta del Patrocinio de Nuestra Señora que desde el año de 1655 mandó la religiosa piedad del señor don Felipe IV se celebrase anualmente los domingos segundos del mes de noviembre,[130] siendo así que en otras partes de estos dominios, en que tiene menos ingreso su Real Patrimonio, corre de cuenta de su Hacienda este gasto, de que ha querido relevarla, haciendo este obsequio a la Virgen Santísima y a S. M. este servicio.

También es muy propio de este intento haber señalado al sargento mayor de esta plaza, para casa de aposento, 100 ducados anuales, que sirviesen de gratificación para que atendiese con singular desvelo a la mejor disciplina de sus milicias, para que, siendo más expertos en el manejo de las armas y movimientos precisos, fuesen más provechosas en el servicio, disposición que aprobó S. M. con real despacho y de 17 y que ha subsistido sin alteración, aun cuando las estrecheces de su peculio la han puesto en los más crecidos empeños.

Los servicios que ha ejecutado en tiempo de guerra han sido repetidos y considerables, ayudando con largos, pero iguales repartimientos entre sus vecinos, a todas las obras y fortificaciones de la plaza, demostrando su celosa aplicación en la actividad y fineza con que los ha promovido siempre que S. M. ha necesitado de tales auxilios, y ha dispuesto cooperar con ellos para poner en la mayor defensa esta ciudad; siendo lo más ponderable el que, aun no mediando ni interviniendo recomendación tan soberana, haya bastado cualquiera leve insinuación de los que han mandado para que así

130 Real cédula de 17 de nvre. de 1655.

el Cabildo como los vecinos concurriesen a cuanto se ha propuesto y conocido conveniente al real servicio.

Para confirmación de lo expresado, no omitiré traer a consecuencia un ejemplar del año 1683, a que pudiera añadir otros de iguales circunstancias, pero lo excuso por no hacer fastidiosa la relación, ni más prolijo el discurso.

Gobernando esta plaza e Isla don José Fernández de Córdoba, consideró importante insultar y destruir la población de la isla de Ziguatey, poseída de los franceses, y porque o no tuviese órdenes de la Corte para esta operación, o porque se le previniese en ellas intentarla sin coste de la Real Hacienda, se interesó con el capitán Tomás de Urabarro y Castellano Gaspar de Acosta, vecinos de esta ciudad, para que a expensas propias formasen un armamento competente al logro de la empresa, cuya proposición fue tan impulsiva que, sin atender a que no podría ser la utilidad correspondiente al gasto y riesgo del principal, hicieron el desembolso de más de 6.000 pesos para guarnecer de gente y proveer de víveres y municiones la galeota guardacostas de este puerto nombrada Nuestra Señora del Rosario y San José, la cual hizo la campaña y facilitó felizmente la idea, dejando a los armadores, en un corto despojo, muy poca conveniencia, aunque sí con el honor y mérito de haber hecho este servicio y calificado con tan airosa y pronta condescendencia lo propenso que son todos los naturales, vecinos y moradores de La Habana al amor y obediencia de los reyes sus señores y a observar y cumplir cuanto por sus ministros les es encargado, como lo confesó con satisfacción y ciencia experimental el ya citado Orejón,[131] quien hubiera tenido mayor asunto para escribir y para ponderar la fineza de esta ciudad en caso de haber sobrevivido hasta este siglo y principios de la última guerra, terminada el año de 1748, por los notorios y señalados esfuerzos con que acaloró y adelantó este vecindario las fortificaciones exteriores de la plaza, así el año de 1727, con motivo de haberse presentado sobre este puerto el Almirante Hossier, como en el de 1740, por las sospechas de que los mismos ingleses pretendían invadirlo, contribuyendo en esta ocasión más de 12.000 peones e igual número de bagajes para los terraplenes y fajinas que se necesitaron y acordó ser importantes don Juan Francisco de Güemes, que entonces gobernaba esta plaza.

131 Exc. del arte mil., c. 47, pág. 120.

No dificulto que esta ciega obediencia y rendimiento de los naturales y vecinos de ella sea carácter muy propio y casi universal de todos los de este Nuevo Mundo, pues sé que hablando de esta subordinación y respeto con que miran y veneran en Indias a los que representan en sombras a SS. MM., dijo Don Antonio de Mendoza, con la singular elegancia y alma que se aplaude y admira en sus coplas, las siguientes:

Quejose de mí al Virrey,
Que en las Indias tanto puede,
Que aun las imaginaciones
Se adoran y se obedecen.

Grandeza del rey de España,
Que en otro mundo respeten
Tantas tierras, tantos mares,
Una sombra de los reyes.

Pero sin reducir a disputa esta respetuosa sumisión que exagera como tan general en estas partes, creo que en ninguna sobresale tanto como en esta ciudad y en sus habitadores, a quienes franquea la frecuencia de los motivos más repetidos actos en que acreditar su rendimiento.

Y no debe dudarse que si fuera más pingüe el fondo de los propios de esta ciudad, y más ventajosos los caudales de sus vecinos, hubieran explicado más su voluntad con oportunos auxilios en las urgencias públicas de la Corona, bien que por lo que toca a los últimos fueron notorios y cuantiosos los suplementos que por los años de 1741 y 42 hicieron para pagar la tropa y para otros gastos precisos, ínterin venían los caudales de la Nueva España; pero por lo que mira a los propios, no ha permitido la cortedad de su renta otras demostraciones que las referidas, siéndole forzoso ocurrir con ellas a costear las fiestas de comunidad, salarios de ministros y otras erogaciones ordinarias que suelen ofrecerse y piden, si no una ostentosa profusión, una regular decencia y pompa. Sé muy bien que la escasez de sus propios se califica por inconsideración de los antiguos capitulares, y aunque no me toca de este cargo nada, venero mucho la conducta de los pasados, y he observado con bastante reflexión la de aquellos primitivos regidores, y no puedo desentenderme de la satisfacción que creo los indemniza en mucha parte por el honor que se debe a su memoria y atención a la justicia.

Los principales cargos que les hacen son: que en las mercedes de tantas tierras como concedieron a los vecinos y tanta agua como les dispensaron para sus casas y posesiones, no dejaron impuestos censos suficientes para sus propios; pero tanto el primero como el segundo tienen una solución genuina y convincente, pues la misma franqueza con que se hicieron facilitó el logro y multiplicidad de las poblaciones, lo que siendo quizá al contrario, no hubiera surtido tan favorable efecto como el que hoy se toca en el grande aumento que ha conseguido en ellas y en su vecindad, pues no pudiendo atraer con encomiendas, porque se habían extinguido ya los naturales, los estimuló con este beneficio que era el único incentivo de utilidad de que podía valerse para el fin de fomentar su población; pues nada le aprovecharía la extensión de tierras baldías, si no las hacía fructíferas la copia de labradores, como se ve con lástima en otras partes del continente de este Nuevo Mundo, en donde están tan desiertas las ciudades como yermos los campos, lo que no sucede en La Habana ni en los términos de su jurisdicción.

A esto no será superfluo añadir otra razón evidente que los exonera de los referidos cargos. Es constante que muy desde los principios de la fundación de esta ciudad se empezaron a pensionar los productos de las haciendas de uno y otro ganado, que entonces tenían poco valor, con el derecho de sisa, para la conducción del agua de la Chorrera, y con el de *piragua,* para mantener el guarda-costas, asignando sobre cada cabeza la pensión de pagar y contribuir 3 reales el vacuno y 2 el de cerdos. En cuyo supuesto no tuvieron por congruente (ni juzgo serlo) pensionarlos con dos gravámenes, el uno sobre la hacienda y el otro sobre sus esquilmos, como ni tampoco venderles el agua que a su costa se había traído, y con su propio caudal se está manteniendo el preciso gasto de la limpieza de sus conductos y nuevas fabricas de fuentes para comunicarla con más abundancia, pureza y asco, motivos que discurro hicieron razonable la liberalidad que se supone inconsiderada.

Para el expediente de los negocios que ocurren a los expresados tribunales, había en esta ciudad, hasta el año próximo pasado de 1752, seis escribanos numerarios, que gozaban de protocolos públicos; pero ya hoy se han aumentado tres oficios más, el uno concedido al escribano del Cabildo, que no había usado de esta facultad hasta el presente, y los otros dos que mandó crear y beneficiar S. M. para que se aplicase su valor a la fábrica de la hospitalidad de San Lázaro, y llegó cada 1 a 8.000 pesos, por donde se puede inferir el precio de los demás. Hay dos contadores de particiones, un anotador de hipotecas y diez procuradores de causas, que todos son oficios vendibles.

Capítulo XXVI. Del Tribunal de Cuentas y Real Hacienda, su antigüedad y preeminencias, ministros y oficiales que los componen

Después de la Justicia y Regimiento, tiene el primer lugar el Tribunal de Cuentas de esta Isla y demás de Barlovento, y el de la Real Hacienda que reside en esta ciudad, pues aunque como del cuerpo de la Real Audiencia lo gozan preeminente al Cabildo, separados de ella no se deben preferir a la ciudad, de quien es cabeza el gobernador que la preside como tal, y por esta razón tomaron los Contadores y Oficiales Reales asientos después de las Justicias Ordinarias en los bancos capitulares.

Antiguamente estuvo cometida a los Gobernadores de esta Isla, por diversas cédulas, la recepción o toma de cuentas a los ministros de la Real Hacienda establecidos en ella, con prevención expresa de que para revistarlas se remitiesen después al Tribunal de los Contadores de la Corte de México;[132] pero parece que por los embarazos de los primeros, y por la distancia en que residen los segundos, no se pedían ni tomaban a los tiempos prefinidos por las Leyes, originándose de este descuido algunas veces la queja de los ministros de dicha Hacienda, y otras el atraso y descubierto de los intereses del rey, porque pasándose muchos años sin practicar esta diligencia ni poner el debido reparo para verificar y exigir los alcances, como se entiende de un real despacho expedido en septiembre de 1616 sobre las resultas sacadas al Tesorero Lupercio de Céspedes y Contador Juan de Eguiluz, se hacía difícil el cobro o recaudación de aquéllas, viniendo, así los principales como los fiadores, a estado de no poder pagar los débitos con riesgo y aun quebranto del Erario Real.

La precisa atención a reparar éstos y hacer menos costosos a los empleados la data y remisión de sus cuentas a un tribunal tan apartado, motivó sin duda la erección de éste de La Habana en 1637, el que se estableció en un solo contador para que visitase las Reales Cajas de esta Isla, las de Santo Domingo, Puerto Rico y el Presidio de la Florida. Después, en el año de 1660, se proveyó otro contador a fin de que alternativamente,

132 Madrid, 10 de junio de 1576, el libro 1.º.

quedando uno de asiento en esta ciudad, circulase el compañero a la toma de cuentas de las otras Cajas.

Su sueldo, con la ayuda de costa que se les da para casas de habitación y otros emolumentos, llegaba, a 1.000 pesos; pero ya hoy tienen de aumento 400 pesos más que les ha asignado en el nuevo Reglamento el Excmo. señor Virrey de la Nueva España. Los estrados de este Tribunal están en una sala de la Real Contaduría, y gozan como los demás de estas partes el tratamiento de Señoría. Su intendencia y comisión no solo se extiende a tomar las cuentas de las referidas Cajas, sí también las de propios de todos los Cabildos de esta Isla, facultad que se vino a poner en práctica, por lo respectivo a esta ciudad, casi al siglo de su establecimiento en ella, por algunas disputas que se movieron sobre este particular. Tiene este Tribunal un oficial mayor y otro segundo. Los contadores que hasta ahora ha tenido desde su erección son los siguientes:

Don Pedro Beltrán de Santa Cruz,

« Juan Ortiz de Gatica,

« Bartolomé de Arriola Valdespino,

« Agustín de Valdés,

« Pedro de Arango,

« Diego de Torres y Ayala,

« Manuel García de Palacios,

« Juan Francisco de Zequeyra, ministro honorario de la Contaduría Mayor del Consejo de Hacienda.

Don José Antonio de Gelabert, del Consejo de S. M., su secretario y juez subdelegado para la venta y composición de tierras.

Don Manuel Aparicio del Manzano, natural de esta ciudad.

Los ministros de que se componía en los tiempos primitivos el Tribunal de la Real Hacienda, eran solo contador y tesorero, oficial mayor, guarda mayor, tenedor de bastimento y escribano de minas y registros, tres oficiales de pluma y tres guardas, porque aunque el año de 1560 se encuentra haber habido factor, éste parece fue único ejemplar hasta que en el año de 1675 o 76 se nombró para este oficio a don Juan Menéndez Márquez, que lo sirvió poco más de tres años, y en el de 1682 se hizo merced de él a don Francisco Lucas de Vargas Machuca, con opción a las plazas de contador y tesorero, por cuya muerte antes de pasar a Indias se proveyó en don Santiago de Arrate, mi padre, a quien sucedieron otros hasta el año de 1728, que se suprimió en virtud de real orden; pero en el de 1742 se volvió a proveer y entró a servir don Antonio Pérez de Riveros el de 1749, con solo el goce de emolumentos, hasta que vaque alguna de las dos plazas numerarias con que hoy existen todos los expresados ministros, variando solamente en la denominación el tenedor de bastimentos, que ahora se intitula y distingue por guarda-almacenes.[133]

El sueldo de los oficiales reales era antes 200.000 maravedises, y hoy es de 2.000 pesos anuales, y casa de aposento: los dos primeros en la Aduana. El guarda mayor tiene 500 pesos; el oficial mayor 600; los oficiales de pluma 18 pesos mensuales, y los tres guardas a 8 pesos al mes. Nombran dichos ministros de Real Hacienda tenientes en todas las ciudades y villas de la jurisdicción, y antiguamente se extendía esta facultad a toda la Isla, comprendiendo hasta la ciudad de Cuba. Las personas que desde muy a los principios de la fundación de La Habana ejercieron estos empleos, unas veces por nombramiento del gobernador y Cabildo (como se percibe de los celebrados desde el año de 1551 en adelante) y otras en virtud de real provisión, son las que nominaré en este lugar.

1551 Alonso de Aguilar, Juan de Lobera y Antonio de la Torre.

1551 Pedro Blásquez, por muerte de Aguilar.

1552 Diego de Soto, Juan de Cabrera y Pedro Blásquez.

1560 Contador Juan de Rojas, Tesorero Juan de Hinestrosa, y Factor Alonso Álvarez de Toledo.

1569 Teniente de contador Juan Pérez de Arteaga.

1572 Juan Bautista de Rojas, y Contador Diego de López Durán, en virtud de real cédula.

1596 Tesorero Manuel Díaz.

1596 Tesorero Pedro Álvarez de Ruesga.

1596 Contador Pedro de Arana, Pedro de Ochoa y Diego de Cabrera, Tesoreros.

1597 Contador Agustín de Mora.

1600 Tesorero Marcos de Valera Arceo.

133 Real cédula, Madrid, 22 de jun. de 1683ú

1602 Tesorero Cristóbal Ruiz de Castro, y Contador Francisco de Angulo.

1607 Contador Juan de Eguiluz.

1614 Tesorero Lupercio de Céspedes.

1624 Contador Diego Díaz Pimienta.

1626 Contador don Pedro de Armenteros y Guzmán, Tesorero Francisco Martínez de Castañeda, en virtud de real título.

1627 Contador Lázaro Fañes de Minaya.

1637 Contador Juan López de Tapia.

1653 Contador Diego Arias Maldonado, y Tesorero don Juan de Aréchaga.

1655 Contador Juan Benítez.

1660 Sargento Mayor don Pedro Remier de Legaza, Caballero del orden de Santiago, Contador.

1676 Don Juan Menéndez Márquez, natural de esta ciudad, Factor veedor.

1680 capitán don Diego de Arana Isla, del orden de Santiago, Contador.

1681 capitán don Diego de Peñalver y Angulo, Tesorero Contador.

1683 Don Santiago de Arrate, Factor y Tesorero, pasó su oficio con real facultad a don Martín de Veytia.

1690 Don Bernabé de Miranda, Factor.

1699 Don Martín de Veytia, Tesorero y Contador, y después del puerto y ciudad de Veracruz.

1700 Don Gabriel de Peñalver, por renuncia de su padre, Tesorero y Contador.

1706 Don Mateo Luis de Florencia, Factor y Tesorero, tuvo facultad para renunciar su oficio y no usó de ella.

1709 Don Juan de la Barrera Sotomayor, natural de esta ciudad, Tesorero y Contador por renuncia que en él hizo don Martín de Veytia.

1711 Don Guillermo Tomás de Roo, vino con plaza supernumeraria y optó en la de Factor, que renunció para pasar al Gobierno de Maracaibo a que fue provisto.

1716 Don José Recio de Oquendo, natural de esta ciudad, Factor por renuncia del antecedente.

1717 Don Bernardo de Zenea, interino como Oficial Mayor.

1722 Don Juan Tomás de la Barrera, natural de esta ciudad, por nombramiento de su padre, en virtud de real facultad, Tesorero y Contador.

1725 Don Diego de Peñalver, natural de esta ciudad, actual Tesorero y Ministro honorario de la Contaduría Mayor.

1742 Don Lorenzo de Montalvo, comisario de Marina, interino en virtud de real orden por deposición de los dos ministros antecedentes, que fueron restituídos a sus plazas.

1749 Don Antonio Pérez de Riveros, actual Factor.

El año pasado de 1751 se sirvió S. M. crear la plaza de abogado fiscal de su Real Hacienda con el salario de 400 pesos anuales, y nombró en ella al doctor don Francisco López de Gamarra, natural de esta ciudad, abogado de la Real Audiencia de Santo Domingo, que la ejerce hasta de presente. Asimismo el empleo de juez de bienes de difuntos por nombramiento del gobernador y oficiales reales.[134]

Los caudales que por pertenecientes a la Real Hacienda entran y se depositan en las Cajas de esta ciudad, y se reciben y administran por los mismos oficiales, suben a considerables sumas, porque a más del de la situación anual de este presidio, de que hablé en otro capítulo, se ponen también en ella los de Cuba, Florida, Santo Domingo, Puerto Rico y Cumaná, y los que corresponden a la construcción de bajeles de S. M., compra de tabacos, subsistencia de la escuadra, guarda-costas, fortificación de Apalache, y pontón destinado a la limpia del puerto; y otros diversos y cuantiosos ramos que hacen muy grueso su fondo, como diré sucintamente, para que no carezca la curiosidad del lector de esta noticia y la tengan los menos instruídos de las pensiones que contribuye el país, porque no hay género alguno de los que se introducen, ni fruto de los que se cogen y sacan de él, que no pague derechos a S. M., pues aunque por lo respectivo a los primeros se exigen de los mercaderes que los conducen, éstos los paga la vecindad, comprando a mayor precio todos los efectos que necesita para su gasto.

Los otros ramos que entran en dichas Reales Cajas se reducen a los siguientes: el producto de bulas y otros caudales de la Santa Cruzada y bienes de difuntos; los novenos de la renta decimal, mesadas eclesiásticas vacantes y espolios de los Sres. Obispos; mitades y tercios de los oficios vendibles; medias anatas de éstos y de los electivos; embarcaciones, comisos, papel sellado; estanco de gallos y naipes; y los arbitrios de sisa de zanja, muralla y piragua, como también lo que produce la introducción de

134 Cédula de B. Retiro, 2 de en. de 1751.

negros, harinas, caldos y demás géneros y mercaderías que se conducen de las islas de Canarias, Nueva España, Campeche, Honduras y Caracas, y otros distintos puertos de este Nuevo Mundo.

Los efectos que vienen de fuera pagan un cinco por ciento al almojarifazgo, a excepción del vino, aguardiente y vinagre de Islas, que contribuye un quince por ciento según el avalúo que se forma al tiempo de su entrada, a que se añade otros dos y medio por ciento del derecho de armada, el cual se cobra de todos los efectos que salen de este puerto para todos los demás de su comercio, y asimismo de los que vienen a él de los lugares de tierra adentro y haciendas de la jurisdicción, contribuyendo a proporción los cueros, sebo, carne salada, tortuga, pescado, sal y palo de ébano, el que tiene asignado, a que se ha añadido hoy el cinco por ciento de los azúcares y mieles.

El Apostólico y Regio Tribunal de la Santa Cruzada que hay en esta ciudad se formaba antiguamente de un comisario subdelegado con 600 pesos de salario, un tesorero general de toda la Isla con 800 y con facultad de nombrar tenientes en todos los lugares de ella y provincia de la Florida, cuyo oficio tiene la calidad de hereditario: el del contador, alguacil mayor y notario eran renunciables, y la fiscalía se proveía por el comisario, gozando todos los empleados solo emolumentos o gajes, pero no sueldo fijo. Ahora se le ha dado nueva forma y disposición, aunque permanece el mismo número de ministros que antes, pero con la diferencia de que el fiscal lo es de Real Hacienda, y con el aditamento de superintendente, que lo es el gobernador de esta ciudad. Lo que producía al Real Fisco cada predicación de limosna de bulas, y otras cosas, montaba a corta diferencia en lo pasado 22.000 pesos, que hoy se considera con mucho más aumento.

Capítulo XXVII. De la Real y Pontificia Universidad de San Jerónimo, fundada en esta ciudad

La insigne Universidad del Máximo Doctor y Cardenal de Belén, erigida en el Convento de Predicadores de esta ciudad, nuevo liceo americano con que la esclarecida religión dominica ha añadido al imperio de las ciencias esta nueva colonia literaria y al antiguo crédito de sus escuelas un reciente, no menos que admirable esplendor, costó en algunos años de pretensión largos siglos de deseos a esta sacratísima familia, como a esta nobilísima ciudad, pues desde el año de 1670 que el Maestre Fray Diego Romero, Provincial de la provincia de Santa Cruz, hallándose en La Habana, promovió esta lustrosa y útil idea, empeñando a su Ilustre Ayuntamiento para que pidiese al rey que a imitación de la fundada en la Isla Española se estableciese otra en esta ciudad, no tuvo efecto ésta hasta después de muchos años. Había experimentado el Cabildo las costosas y dilatadas peregrinaciones a que se veían obligados los floridos ingenios de este país para conseguir en las célebres academias de Salamanca, Alcalá y México las ínfulas y grados correspondientes a su habilidad y aplicación, y deseoso de que sin mudar de región tuviesen una esfera en que lograr el lauro de sus desvelos y lucir el aprovechamiento de sus estudios, cooperó gustoso con sus informes, el año de 1688, coadyuvando con los oficios de los religiosos, a cuyo infatigable tesón se debió el que la Santidad de Inocencio XIII, por su bula expedida el 12 de septiembre de 1721, les confiriese autoridad de erigir Universidad en su Convento y dar grados en todas las facultades que en él se leían y enseñaban, conforme a los privilegios de la que goza la misma orden en la isla y ciudad de Santo Domingo, lo que se puso en práctica mediante el pase del Real Supremo Consejo de Indias en 5 de enero de 1728, con universal aplauso y gusto de todo este vecindario.

En 3 de septiembre del referido año de 1728 se sirvió S. M. aprobarla y mandar se encomendase la regencia de sus cátedras a maestros consumadamente doctos, y que se arreglasen sus derechos a los establecidos en la de la Española, por cuyos estatutos se debía gobernar uniformemente; pero no habiéndose hallado ejemplar de ellos, ordenó S. M., por cédula de 14 de marzo de 1732, se formasen por los doctores y maestros de su Claustro los que fuesen convenientes para su mejor régimen; lo cual se ejecutó con aprobación del gobernador y capitán general de esta ciudad en 22 de diciembre del citado año.

Remitidos puntualmente al Consejo, fueron confirmados por real despacho de 27 de junio de 1734, en el que se le concedieron las mismas prerrogativas y gracias que a la de Alcalá y demás de los reinos de Castilla, merced que se solemnizó con festivo aparato y pomposas demostraciones de júbilo y reconocimiento, de que se formó un curioso y erudito libro por el doctor don José Manuel Mayorga, cuyo título es: *La Habana exaltada, y la Sabiduría aplaudida*, obra que solo ha tenido la falta de Mecenas, y por eso la desgracia de no haber salido a la luz para crédito de su autor y lustre de la patria.

Dignose también S. M. de señalarle blasón de armas para que lo usase en sus sellos e insignias, y pusiese en los demás lugares que se acostumbra. Compónese de un escudo ovalado, partido en tres cuarteles: en los dos superiores, el de la derecha tiene en campo rojo la figura del Agnus Dei, puesta sobre un libro, alusiva a la iglesia de San Juan de Letrán, que es el título de la de Predicadores de esta ciudad: en el de la izquierda, en campo azul, está la figura de un can o mastín con una hacha encendida en la boca, y en la llama un mundo y sobre éste una estrella de oro, que simboliza al Convento Dominicano en que está erigida; en el último e inferior, entre lejos de nubes y peñas, está una imagen penitente de su sagrado patrono con el león a los pies: sobre el escudo tiene corona real, y por orla esta letra: *Acad. S. Hier. Conv. S. Joan. Later. Ord. Prædie. Haban.*

El rector, Vice-rector, Consiliarios y Secretario son por Estatuto anexos siempre y electivos en religiosos del mismo orden, graduados en la Universidad todos, a excepción del ultimo que lo puede ser cualquier presbítero. El oficio de rector se elige anualmente por pluralidad de votos el día 7 de septiembre, y el 9 del mismo mes los de Vice-rector, Consiliarios, Tesorero, Comisarios, Fiscal, Maestro de Ceremonias y Secretario, siendo los cinco antepenúltimos del común de los doctores.

El número de las Cátedras que al presente se leen en esta Universidad son, una de Filosofía y tres de Teología que regentean religiosos de la Orden; la del Texto de Aristóteles, la del Maestro de las Sentencias; tres de Leyes, de Prima, Vísperas e Instituta; dos de Cánones, de Prima y de Vísperas; cuatro de Medicina, Prima, Vísperas, Anatomía y la del Método *medendi*, y dos de Matemáticas. Aunque no tienen hasta ahora dotación ni congrua ninguna, se leen y asisten con esmero y aplicación, siendo muy frecuentes las conferencias, actos y quodlibetos en que manifiestan los catedráticos su literatura y los discípulos su aprovechamiento, admirándose en los tempranos despuntes de unos y de otros aquellas sublimes y anticipadas luces de entendimiento que celebró la elegancia del Conde de la Granja en los ingenios peruanos y de que gozan los de este país, adelantándose en ellos la razón a la edad, pues aun en lo más florido de los años son muy provectos en las ciencias: ejemplo que bastaría, cuando faltasen otros en las Indias, para desmentir el concepto o desvanecer el error del Deán de Alicante que, dormitando como Homero, estampó en una de sus epístolas latinas.[135] Pues no solo nos hizo el poco favor de persuadirse que en estas partes no había maestros para enseñar, pero añadió la injuria de decir que no había tampoco quien desease saber: hipérbole con que quiso encantarnos con los brutos, y degenerarnos de hombres, cuando según axioma filosófico: *Omnis homo naturaliter scire appetit*. Lastimosa ceguedad de un varón tan autorizado como instruido, el no haber encontrado, en tantos escritos como corren, noticia de las muchas escuelas que hay en estas regiones y sujetos insignes con que han ilustrado la república de las letras, para no haber ofendido la verdad, agraviando su estimación y el crédito de los indianos.

Pero por más que se pretenda deslucir la habilidad de éstos o hacer creer la ninguna aplicación a las letras que hay en estas partes, bastan a acreditar lo contrario las famosas universidades, insignes colegios y célebres ingenios que gozan estas regiones e ilustran estos países,[136] sobrándonos los testimonios que podíamos alegar, cuando solo en el nuestro, que es de los más ceñidos, hay personas que enseñen e individuos que aprendan, como se verifica en la copia de oyentes y multitud de cursantes que ocurren de toda la Isla a las aulas de esta Universidad, sin otro objeto que el de saber por solo saber.[137]

135 Poema de la vida de Santa Rosa de Santa María, Canto 1.°, octavas 31 y 32.
136 Baldecebro en su libro orador. Catálogo cit. en las mem. erud., c. 3, pág. 18.
137 Teatro crítico univ., t. 4, discurso 6, pág. 110.

No es tan único en este sentir el citado Martí, que le falten aún muchos secuaces y partidarios, y aunque pudiera servirle de consuelo a los ingenios de estas provincias el que padezcan no muy desigual concepto los españoles en la aprensión de otras naciones europeas, que decantan su poco adelantamiento en las artes y ciencias, atribuyéndose cada una a sí la entera posesión de las bellas letras y las conocidas ventajas en la cultura de todas sus facultades, no son ni los juzgo tan vulgares o tan necios que les temple el dolor de su propia injuria el ver lo que experimentan sin justicia aquellos que la motivan, y más tocándoles tan de lleno la común ofensa de la nación castellana de quien no le distingue otra cosa que el clima, siendo el nuestro tan benigno y admirable para la producción de útiles y nobles ingenios, capaces de aplicarse a los estudios y de cultivar las ciencias, como lo celebró muy delicadamente un poeta italiano que, observando en el oro y plata de sus minerales la abundante riqueza de sus montes, grabó en elogio de sus naturales este agudísimo epígrafe:

Si hoc in montibus,
Quid in mentibus?

¡Tanto debemos a este extranjero!
¡Tanto a algunos de nuestros españoles!

Sin embargo de esto, y de hallarse en las primeras fajas o arrullos de su reciente cuna, se ve condecorada con la gloria y honor que le han merecido los dignos ascensos de algunos de sus alumnos, los que teniendo tanto lugar en sus anales y ocupándolo ya copiados en su Sala, no puedo omitir darles el que merecen en esta obra, colocándoles por su antigüedad y no por la preeminencia o categoría de sus dignidades.

Doctor don José Manuel Sotilloverde, teniente de gobernador y Auditor de Guerra de esta plaza, oidor de la Real Audiencia de Santo Domingo.

Doctor don Sebastián Calvo de la Puerta, natural de esta ciudad, Catedrático propietario de Instituta en esta Universidad, oidor de la Audiencia de Guadalajara, alcalde del Crimen actual en la de México.

Doctor don Pedro Ponce Carrasco, Cura beneficiado de las parroquiales de esta ciudad, Provisor y vicario general en ella, obispo titular de Aramite y auxiliar del de Cuba: Murió obispo de Quito, a donde fue promovido.

Doctor don José Nicolás de Fleytas, Catedrático de Teología moral en la Parroquial mayor de esta ciudad, Canónigo magistral de la Santa Iglesia de Cuba, y comisario subdelegado de la Santa Cruzada en ella, y asimismo su Provisor y vicario general.

Doctor don Bernardo de Urrutia y Matos, natural de esta ciudad, Catedrático de Prima de Leyes en esta Universidad, oidor honorario y después electo con ejercicio y del número de la Real Audiencia de Santo Domingo, juez de bienes de difuntos en esta ciudad.

Ilmo. señor don Pedro Agustín Morell de Santa Cruz, digníssimo obispo de esta Isla, del Consejo de S. M., recibió en esta Universidad el grado de Doctor en virtud de la real cédula en que S. M. le aprobó esta determinación, para que sirviese su ejemplo de estímulo a otros. Después de escrito esto hay otros muchos doctores promovidos a dignidades eclesiásticas y seculares.

Fórmase hoy el Claustro de esta Universidad de más de 60 DD. y MM. en todas las Facultades, sin otros que de su Cuerpo están repartidos y ocupados en la Isla en varios ejercicios eclesiásticos y políticos. Los grados se confieren con grande ostentación y pompa, por lo general usando el Claustro en las funciones públicas de mazas de plata y de bancos cubiertos, su rector usa de silla y sitial con almohada en los actos de escuela, y se le da el tratamiento de Señoría Reverendísima por escrito y de palabra; de suerte que en la seriedad y aparato no tiene que emular a ninguna de las más autorizadas y antiguas de estos Reinos, aun siendo la más pobre por la falta de dotaciones, de que carece hasta el presente; pero la liberalidad de sus doctores, con la cesión voluntaria de propinas, ocurre muchas veces a los gastos ordinarios y extraordinarios de su precisa decencia, y para la extensión y manutención de sus privilegios, entre los cuales goza algunos particulares que le ha dispensado la real benignidad.

Capítulo XXVIII. Del Real Tribunal del Protomedicato, su antigüedad, jurisdicción y gobierno

Sirve también de gran lucimiento y de mucho beneficio a la salud pública de esta ciudad el Tribunal del Protomedicato, establecido en ella desde el año de 1711 por las representaciones de su Cabildo, quien atendiendo a evitar el desorden y perniciosas consecuencias de introducirse a curar como médicos y cirujanos algunos individuos que transitaban por este puerto, sin la debida suficiencia ni legítimos títulos, bastándoles para venderse por verdaderos y aprobados profesores de ambas facultades cualesquiera cortos principios de meros pasantes, propuso a S. M. este remedio para que más exacta y rigurosamente se celase el daño y corrigiese el abuso, que era tan perjudicial a la vida humana como injurioso a la Real Facultad Médica, a que condescendió la real clemencia mandando establecerlo con la misma jurisdicción y prerrogativas que los de Lima y México, como parece del título que se libró al doctor don Francisco Teneza en despacho de 9 de julio de 1709, que existe en testimonio colocado en el Libro Capitular del año de 1711.

Al expresado doctor Teneza fue a quien debió su incremento y continuación este Tribunal, pues aunque en el siglo antecedente, por los años de 1634, hubo Protomédico en esta ciudad, que lo fue don Francisco Muñoz de Rojas, graduado en Sevilla, y lo ejerció con las amplitudes y facultades concedidas al enunciado Teneza, cesó con la muerte de aquél dicho Ministerio, sin que se solicitase ni promoviese por otro ningún profesor subrogar en el oficio vacante, cuando pedía más atención y reparo por la mayor frecuencia del comercio los inconvenientes tocados al principio, hasta que se movió por el expresado doctor y le dejó con regular formalidad.

Algunos años permaneció único alcalde examinador de todos los médicos, cirujanos, boticarios y barberos de esta Isla, actuando con un escribano de los numerarios, hasta que por los años de 1727 o 28, a instancia del gobernador don Dionisio Martínez de la Vega, nombró S. M. por acompañado del principal al doctor don Luis Fontayne, de nación francés, a quien sustituyó en la misma calidad de socio o segundo Protomédico el doctor don Ambrosio Medrano, Presbítero, natural de esta ciudad.

Después de muerto el referido Teneza y de haber entrado como primero el mencionado Medrano, se ha proveído, a más del segundo, otro para las ausencias o enfermedades de cualquiera que los dos, gozando solo el principal del salario de 600 pesos anuales que tiene consignados y de los derechos que en la tarifa se les arregló por el gobernador y Cabildo de esta ciudad de orden del rey, concurriendo los dos primeros a los exámenes y visitas.

Es de la obligación y encargo de dichos Protomédicos la asistencia o visita diaria de los enfermos del Hospital Real de S. Felipe y Santiago, recomendada estrechamente para su más puntual cumplimiento. Tiene este Tribunal para las funciones y causas que son de su privativo conocimiento un fiscal que es profesor de la Facultad, y un alguacil para las convocatorias y aprehensiones que se ofrezcan hacer.

Después de muchos años de posesión pacífica se les inquietó en el goce de la jurisdicción y distintivos con que habían ejercido sus empleos, privándoles (bajo el falso supuesto de ser un Tribunal dependiente o sub-delegado del de México) del tratamiento de Señoría, uso de dosel e insignias de puño de oro, y otras autoridades y preeminencias apreciables, cuya novedad les obligó a ocurrir al Supremo Consejo de las Indias con honroso informe de este Cabildo, y vistos en juicio contradictorio los ningunos fundamentos de la pretextada subordinación, y los que favorecían el derecho antiguo y legítima posesión de este Protomedicato, le declararon y confirmaron por sentencia de vista y revista la jurisdicción, facultades y honores de que habían gozado, despachándosele real ejecutoria fecha en Buen Retiro a 16 de julio de 1755, la cual presentaron y fue obedecida puntualmente por todos los tribunales de esta ciudad y con particular gusto de su Ayuntamiento, interesado en que se conservase con las mismas prerrogativas con que a representaciones suyas se había establecido.

Aunque en la opinión de los declaradamente adversos a los médicos se juzgue y aun condene por muy poco saludable a esta ciudad la erección y subsistencia de este Tribunal, en la mía goza diversa estimación, porque a más de la práctica de otras ciudades y aun cortes, en donde se han establecido y permanecen con aprobación y séquito, no puede negarse cuánto la insultaban en el tiempo pasado incógnitos y casi bárbaros curanderos, y que después de esta providencia no solo hay conocida reforma en tal abuso, pero mucho mejor régimen en las boticas y en la administración de los medicamentos, sin que uno u otro error de algún facultativo pueda desacreditar los experimentados aciertos de los demás, ni ser equivalente perjuicio a las repetidas monstruosidades que antes se tocaban.

Los sujetos que han ocupado y ejercen hoy el oficio de Protomédico principal, y el de segundo y tercero, son los que nominaré a continuación.

Doctor don Francisco Teneza y Rubira, Consultor del Sto. Oficio, Doctor en el derecho civil, primer Protomédico.

Doctor don Luis Fontayne, segundo.

Doctor don Ambrosio Medrano, Catedrático de Prima de Medicina en esta Universidad, primero.

Doctor don José de Arango y Barrios, Catedrático jubilado de Medicina por S. M., primero.

Doctor don Juan José Álvarez Franco, segundo.

Doctor don José de Aparicio, tercero, ambos naturales de esta ciudad y catedráticos en la Real Universidad de ella.

Capítulo XXIX. Del origen y establecimiento de la Real Compañía de esta ciudad e Isla, y de sus obligaciones y privilegios

Sobre tan multiplicados y claros testimonios como dejo recopilados en los capítulos antecedentes de la real piedad y atención con que nuestros clementísimos Soberanos han querido manifestar a esta ciudad los deseos de fomentarla por todas líneas, no debo pasar en silencio un argumento muy poderoso de su augusta beneficencia y singular propensión con que mira a los alivios de este vecindario y demás de la Isla, porque es muy particularmente digno de esta memoria y estimación el haber condescendido gustoso a las proposiciones que se le hicieron sobre la formación de una Compañía destinada para la compra y remesa de los tabacos necesarios al abasto y consumo de los Reinos de Castilla, saca, beneficio y conducción de los azúcares y corambres de la Isla para aquellos dominios, la que no solamente tuvo por bien aprobar, pero se sirvió distinguir con el apreciable honor de tomarla bajo de su real patrocinio, a ejemplar de la de Caracas, interesándose también en ella con porción considerable de caudal suyo el año de 1740 en que tuvo su origen con el motivo y fines que expresaré.

Desde el año de 1727 había establecido S. M. en La Habana una factoría general de tabacos, primero a cargo de don Martín de Loynaz y después al de don Vicente Caballero, del orden de Santiago, con los ministros y dependientes necesarios para entender en la compra y remisión de las cantidades de este género que así en rama como en polvo fuesen precisas para la provisión y surtimiento de sus Reinos, cuya providencia permaneció hasta el de 1738 que hubo de variar por la nueva disposición de un asiento celebrado bajo de ciertas condiciones con don José de Tallapiedra, vecino y del comercio de Cádiz, que arribó a esta ciudad el citado año.

Dentro de poco tiempo de haber comenzado a correr la enunciada contrata, se tuvo noticia de haberla transferido S. M. al Marqués de Casa Madrid, por la rebaja que hizo del cuarto, novedad que impulsó a algunos vecinos acaudalados de esta ciudad a que se pidiese al rey por el tanto el citado asiento, respecto del mejor derecho que tenían y proporciones con que se hallaban para cumplirlo y disfrutar los intereses que podía producir esta negociación, o a lo menos para hacer no se experimentasen algunos gravámenes, que podían resultar y debían temerse del manejo de individuos extraños.[138]

Esta idea, a la verdad tan útil a los moradores de esta ciudad y a los demás de la Isla, se propuso al Ayuntamiento el prevenido año de 1738 por medio del Procurador del Común, a fin de que la autorizase con sus representaciones en la Corte, y aunque hubo discordancia en los pareceres por la precisa o casi natural variedad de los dictámenes, tuvo a su favor el mayor número de los que lo componían, y se informó a S. M. los notorios beneficios que de su establecimiento se inferirían a todos los gremios de esta república y respectivamente a las otras poblaciones de la Isla. Disputose para la solicitud a don Martín de Aróztegui, vecino y alguacil mayor de la Inquisición de esta ciudad, hombre rico, práctico y eficaz, a quien se confirieron los poderes e instrucciones, y pasó a Madrid en donde plantificó inmediatamente la pretensión de que fue encargado.

Para facilitar más bien su deseado logro y conseguir otras excepciones y privilegios, que consideró convenientes a todos los interesados, se constituyó no solo en la obligación de proveer anualmente los Reinos de Castilla con las porciones de tabaco en rama y polvo de las clases y calidades estipuladas por los asentistas precedentes, pero también a conducir en los bajeles del tráfico de la Compañía los pertrechos y municiones que hubiesen de transportarse de aquellos dominios a este puerto, encargándose asimismo del abasto de víveres y conducción de familias de las Canarias para el presidio de la Florida, fábrica de los avíos que S. M. tuviese a bien construir en este Arsenal, y últimamente la de asistir con lo necesario para la manutención y apresto de las embarcaciones de la Armada de Barlovento, capitulaciones con que siendo más vasta la negociación fuese más ventajosa a los intereses del rey y aprovechamiento de los accionistas.

Atendiendo, pues, S. M. a las instancias de dicho diputado y conveniencias que se le propusieron resultarían a este vecindario y al de toda la Isla, se sirvió aprobar el proyecto el 18 de diciembre de 1740 y conceder varias franquezas especialmente a los azúcares que por su cuenta embarcase dicha Compañía (indulto que después se amplió a todos los cosecheros

138 Lib. 4 de Real cédula de este gobierno.

de este fruto) y asimismo a los cueros y curtidos que sacase para aquellos Reinos, con otros alivios y facultades tan útiles como estimables.

Para el mejor régimen y aumentos de la expresada Real Compañía constituyó por su protectora a la Santísima Virgen del Rosario, por juez conservador al gobernador y capitán general de esta plaza, por presidente al nominado don Martín, y por directores al Marqués de Villalta, don Ambrosio de Menéndez, don José de Arango, don Bartolomé de Ambulodi y don Antonio Parladorio; por Tesorero, Contador y Veedor a don Félix Francisco Ruiz, don Manuel de Arámburu y don Alonso Valdespino, vecinos todos de esta ciudad, dejando al arbitrio y elección de la junta el nombramiento de los demás ofíciales y dependientes de que debía componerse un manejo tan extendido y laborioso.

Señalose por fondo principal de la Compañía 1.000.000 de pesos (aunque no llego más que a la suma de 900.000), que cada acción fuese de 500 pesos y que los interesados que no tuviesen hasta ocho no pudiesen tener voto en las juntas generales; con otras prevenciones que corren individuadas menudamente en el real despacho expedido sobre este asunto.

Los cinco directores primitivos se redujeron después a solo dos, que eran los destinados para el recibo y venta de las ropas y para la compra y entrega de los tabacos, y se nombró para el cuidado del Astillero un comisario que ya no subsiste, por haber cesado la construcción de los bajeles por cuenta suya.

En los sueldos del juez conservador, presidente y directores, y otro crecido número de manipulantes que tenían y eran precisos para el expediente de tan diversas negociaciones como eran a su cargo, gastaba anualmente más de 46.000 pesos, lo que no se considera excesivo en inteligencia de la gran copia de empleados y dependientes que ha necesitado para el reconocimiento, empaque y remesa de los tabacos; para el tiro, labor y conducción de las maderas y construcción de bajeles, para la administración y entrega de los víveres, manejo y dispendio de las ropas, y de los negros que ha introducido con real permiso, y otras varias intendencias en que se incluyó; de suerte que en los dos primeros quinquenios y parte de otro han excedido de 14.000.000 de pesos los caudales que ha tenido en giro, de donde se inferirá la multitud de individuos que se habrán ocupado en llevar cuenta y razón formal de ellos y de la distribución a sus señalados destinos.

Esto es cuanto parece basta para que se tenga en lo venidero alguna luz o noticia de los motivos y fines que influyeron para el establecimiento de esta Real Compañía, los privilegios y exenciones que se le concedieron y los manejos e intervenciones que tuvo y se le confiaron; y como ha sido el encargo más recomendable y por consiguiente mas atendido el de la siembra, compra y remisión de los tabacos, no creo muy culpable y ajeno del asunto el añadir la curiosidad de las muchas utilidades que este género deja al Real Erario, por resultar en conocida gloria de esta ciudad y de toda la Isla, el que su producto sea tan ventajoso para S. M. y que se entienda (como escribe y afirma don Jerónimo Ustáriz) que la buena dirección de las compras, conducción y beneficio de los excelentes tabacos de La Habana y demás poblaciones de Cuba, es una de las superiores importancias de la monarquía y que merece especial atención por incluir la más florida, útil y segura renta del real patrimonio.[139]

Relacionando el citado autor lo que produce anualmente cada ramo de los que componen las rentas de la Corona de España,[140] hace ver con claridad que a excepción de las provinciales, ninguna es más pingüe que la del tabaco, especificando que en 1722 rendía o importaba cada año 2.427.803 escudos de vellón, suma a que no llegaba entonces la de las salinas, ni de otras de las más gruesas de aquellos Reinos.

Ni por lo respectivo a éstos de las Indias, siendo tan ricos de oro y plata, y tan abundantes de frutos y géneros preciosos, como son grana, añil y otros efectos, se considera según el mismo escritor que produzca a beneficio de S. M. igual cantidad a la que interesa de los tabacos, añadiendo que si para el mejor régimen, administración y venta de ellos se estableciesen las reglas y providencias convenientes, subiría a cinco o seis millones de escudos. Juicio que se ha verificado por lo respectivo al tiempo que tuvo este manejo la enunciada Compañía, pues según noticias dignas de todo crédito se entiende haber montado anualmente hasta la cantidad de 5.484.556 pesos de plata, a que han contribuido mucho la particular atención y vigilancia con

139 Teórica y práct. del comercio y marina, c. 103, pág. 369.
140 Cap. 19, pág. 44.

que en los últimos años se ha solicitado y conseguido esforzar las siembras y recoger de todos los parajes de la Isla las ramas de mejor calidad para proveer las fábricas de Sevilla, y de que su bondad haya resultado la mayor estimación del género y ventajas de la Real Hacienda, como se ha reconocido por la Dirección general y se ha significado con el aprecio que merece este servicio, de que debe tener esta ciudad y toda la Isla una honrada vanidad y entera complacencia.

Capítulo XXX. Del Tribunal de los Señores Obispos y de su vicario general, y noticias de la erección de la Iglesia Catedral de Baracoa y Cuba

Por lo que toca al gobierno eclesiástico, hay en esta ciudad principalmente el de sus Ilmos. Obispos, que se extiende a toda la Isla y provincias de la Florida, el de su vicario o Provisor que se compone de un Promotor fiscal, seis Notarios y Alguacil ejecutor, por quienes se manejan las dependencias de este juzgado. El de los primeros ha más de un siglo que está radicado en La Habana por tener en ella su residencia los prelados diocesanos, siendo los fundamentos de estar separados de su Catedral dignos de venerarse y no necesarios de escribirse, pues basta, para persuadir ser muy sólidos y eficaces, la continuada inalterable secuela de tan doctos y virtuosos pastores, no variada ni interrumpida en fuerza de repetidas y estrechas órdenes de nuestros monarcas, a fin de que tengan precisamente su asiento en Cuba, como se verifica de las muchas que se han dirigido a este Gobierno desde el año de 1582 sobre el propuesto asunto, pero sin efecto por haber ocurrido motivos grandes para sobreseer en su ejecución y cumplimiento, no siendo el menor la pública renuencia con que el mismo Cabildo de aquella Santa Iglesia se ha mantenido en dicha ciudad y vístose obligado a solicitar diferentes veces la traslación a ésta de La Habana.

Lo expuesto se hace constante por una carta que el año de 1665 escribió el Venerable Deán y Cabildo al secular de esta ciudad, encargándole promoviese por su parte en la Corte de Madrid esta diligencia, y algún tiempo después destinó para esta misma pretensión a uno de sus capitulares, que lo fue el Doctor don Alonso Menéndez Márquez, canónigo mercenario que pasó a Madrid, como escribe el Ilmo. Morell,[141] el de 1677 y representó a S. M. las notorias y urgentes causas que había para la prevenida mutación, y no refiero, porque a más de ser manifiestas se tocan menudamente en el citado autor, pero ni aun siendo tan claras y poderosas y haberse puesto muy antes en la real atención por el Contador Juan de Eguiluz, Procurador general de La Habana, que pulsó esta materia desde el año de 1599, no hicieron la impresión que se deseaba, porque influían otras razones de con-

141 Historia de la Isla y Catedral de Cuba, c. 13, a. 1677.

gruencia para su conservación en la ciudad de Santiago de Cuba, porque no experimente la decadencia que la de Baracoa (si es cierto que estuvo allí erigida la Catedral como algunos creen), luego que le faltó la misma Iglesia, de cuya erección, primero mandada hacer en la una y después establecida o efectuada en la otra, daré aquí noticia y a su continuación pondré la serie de los Rmos. Prelados que ha tenido esta Diócesis, conforme al orden que ha observado, no obstante la mayor especificación y claridad con que se logrará en la obra de que dejo hecha mención, por pedirla en ésta muy de justicia la memoria de unos pastores tan excelentes como los que han apacentado esta grey, ilustrando con particular esmero a La Habana, que siendo el imán de sus cariños y el objeto de sus primeras atenciones, la han autorizado con su personal asistencia, edificándola con sus ejemplos y doctrinas y enriqueciéndola con sus cuidados y limosnas, beneficios que excitan en un noble reconocimiento la gratitud, si en un villano pecho el olvido.

Gobernando la Iglesia Católica el Papa León X, de feliz recordación, se dio facultad para instituir en Baracoa, en virtud de letras suyas, la Iglesia Catedral de esta Isla con el título de la Asunción de Nuestra Señora, el año de 1518, como asienta el Padre Labbe en sus tablas cronológicas,[142] la cual, si se llegó a erigir (de que no puedo dar noticia fija), debió de mantenerse poco espacio de tiempo en la mencionada ciudad, pues presidiendo en la sublime cátedra de San Pedro el Sumo Pontífice Adriano VI, en el primer año de su pontificado o exaltación a la tiara, mandó extinguirla y ocultarla en 28 del mes de abril de 1522,[143] y se otorgó en Valladolid a 8 de marzo del año siguiente la erección de dicha Iglesia Catedral de la ciudad de Santiago de Cuba,[144] con la misma advocación, por el Ilmo. obispo don Fr. Juan de Ubite, a quien se dirigió como diocesano entonces la referida bula, que corre traducida e inserta a consecuencia del auto de erección hecha por el enunciado obispo, como se reconoce de un traslado que parece se sacó de otro firmado por el Ilmo. señor doctor don Juan del Castillo, prelado de la misma Iglesia de Cuba y refrendado de Francisco del Pozo Espinosa, su secretario, el cual refiere lo copió del original escrito y sellado en pergamino por ante

142 Tabl. cron., pág. 166.
143 P.e Claudio Clem.
144 Frasso, de Patrim. Reg. Ind., c. 19, pág. 133, núm. 31.

Jerónimo López, notario público; cuyo instrumento está colocado en uno de los libros de este Superior Gobierno y Capitanía General.[145]

Del contexto de dicho auto y bula se convence el error o equivocación del Maestro Gil González, que la hace instituida por el señor obispo don Fr. Bernardo de Meza, dominicano, a quien supone el primero de esta Isla, el año de 1536,[146] en lo que se implica con evidencia, pues escribe en la propia obra que su erección fue el año de 1522, catorce años antes que fuese nombrado obispo, anteponiendo en este prelado el obrar al ser, siendo así que según un vulgar proverbio filosófico es primero el ser que el obrar, y que no podía haberla erigido el año de 1522 el que no fue obispo de Cuba hasta el de 1536, a cuya ciudad llegó el de 1538, verdad en que uniformemente contestan otros historiadores de estos Reinos.

Persuádome a creer que así dicho Maestro Gil González, como Antonio de Herrera, padecieron engaño o equivocación en lo que escriben de este prelado,[147] a quien llama el uno Fr. Bernardo y el otro Fr. Bernardino de Meza: el primero, en afirmar fue el erector de la Catedral, y el segundo, en suponer fue proveído o presentado obispo el año de 1516 y que nunca pasó a la Isla, pues el Inca refiere expresamente su arribo a la ciudad de Santiago con tales menudencias en su desembarque y celebridad, que hace esta noticia indisputable. Aunque pretenda decirse que este Fr. Hernando de Meza de quien habla Garcilaso es diferente a aquel Fr. Bernardo o Fr. Bernardino que especifica Herrera, se hace increíble o a lo menos dudoso en dos distintos sujetos la concurrencia de tan iguales circunstancias, como son la analogía en los nombres, la identidad en el apellido, en el instituto y en la dignidad, lo que me inclina a creer que no hubo más que uno, y que éste fue electo el año de 1536 y que llego a Santiago de Cuba el de 1538; pero de cualquier modo que se conciba, ya siendo un solo sujeto o ya dos distintos, se concluye no pudo ser ni el uno ni el otro erector de la Catedral; pues si se asienta fue el Fr. Bernardino que escribe Herrera, electo el año de 1516, éste ya no lo era el de 1518, en que fue nombrado el Maestro Fr. Juan Garcés, según el mismo autor. Si es el Fr. Bernardo que nomina el Maestro Gil González, éste no fue proveído hasta el año de 1536, y así no

145 Lib. 1.º de r. cédulas.

146 Teatro eco. de Indias, c. 17.

147 Déc. 2.ª, lib. 2, cap. 7, pág. 33, año de 1516.

pudo haber instituido la Iglesia Catedral, que lo estaba mucho antes, como se ha referido.

Lo que no tiene duda ni padece equivocación es que el Ilmo. Ubite ejecutó la translación de Baracoa a Cuba, porque consta de un monumento tan solemne como el ya citado, y que su primacía en el gobierno de este Obispado es irrefragable, porque aunque estuvo electo antes el nominado Maestro Garcés, religioso dominicano, el prevenido año de 1518, fue promovido muy luego a la nueva Iglesia de Cozumel, como afirma Herrera,[148] en cuya inteligencia, siguiendo el orden con que están copiadas en esta ciudad y sirven de adorno al palacio o casa episcopal, pondré su serie en los siguientes capítulos, prefiriendo este monumento por más verídico a otros de la historia en que la variedad de las materias suele hacer más confusas o menos fundadas las noticias, incurriendo muchas veces inculpablemente en algunos errores, como se toca en la que voy a tratar; porque en los citados Herrera y Gil González se nota gran discrepancia en los nombres y sucesión de nuestros Obispos, y para haberlos de concordar o establecer lo más cierto, era necesario formar una disertación que tengo por excusada, y por no concerniente a mi asunto.

148 Déc. 2.ª, lib. 3, cap. 11, f. 38.

Capítulo XXXI. Serie de los Ilustrísimos Obispos de esta Isla, noticias de las Promociones de algunos y otras correspondientes

Don Fr. Juan de Ubite, que hizo la erección de su Iglesia Catedral el año de 1523, estaba retratado con hábito de religioso observante franciscano, pero con el motivo de la noticia producida por un moderno y grave escritor, que asienta ser del orden de predicadores, se le ha puesto vestido de pontifical; duda que no me atrevo a controvertir, porque en los historiadores antiguos de Indias, solo por inferencias se rastrea tener lo primero alguna verosimilitud, pero no toda la necesaria para desvanecer lo último. Este prelado, según el cronista Herrea, renunció la mitra el año de 1527, murió el de 1540 en la ciudad de Brujas, del condado de Flandes, y fue sepultado honoríficamente en el Convento de Santo Domingo de ella, cuyo epitafio trasladaré para que los aficionados a estas antigüedades tengan una noticia que, aunque corre en información bien pública y auténtica, no podrán lograrla muchos fácilmente.

DEO. OPT. MAX.
REVERENDO PATRI, don DNO. JOANNI DE UBITE, PRIMO AD CUBAM ORDINATO EPISCOPO, AC SERENISS. REGINÆ FRANCIÆ LEONORÆ ARCHIELEEMOSINARIO, EJUSQUE CONFESSIONIS AUDITORI, CUI POSTERITATI IN EXEMPLUM PUBLICAS IN HAC URBE PRÆLECTIONES STUDIOSORUM GRATIA LIBERALITER INSTITUIT PIETATIS ET RELIGIONIS. ERGO HOC MONUMENTUM POSIT. EST. OBIIT 18 KAL. SEP. ANNO DNI. MDXL.

2. Maestro don Fr. Bernardo de Meza, natural de Toledo, del orden de Santo Domingo, electo y consagrado año de 1536, llegó a Cuba el de 1538, fue el primero que tuvo anexas a su Obispado las Provincias de la Florida, para las cuales, según escribe el citado Herrera, se nombró por obispo el año de 1527 a Fr. Juan Suárez, religioso franciscano, que no se estableció en ellas por la desgracia con que corrió su conquista hasta el tiempo del Adelantado Menéndez.

3. Mtro. don Fr. Juan Flandes, del mismo instituto, electo año de 1538, segundo del nombre: muchos discurren que este obispo es Fr. Juan Garcés, y aunque no tengo fundamento para apoyarlo ni contradecirlo, me hace fuerza que Juan Díaz de la Calle, Oficial de la Secretaría del Consejo de Indias, lo coloque después del señor Meza, y diga era obispo de Cuba el año de 1538, cuando había ya veinte años o poco menos que el nominado Mtro. Garcés estaba promovido al de Cozumel y algún tiempo después al de Tlaxcala, lo que me hace suspender el juicio y ascenso a la especie tocada.[149]

4. Don Fr. Miguel Ramírez de Salamanca, del orden dominicano, año de 1539, aunque Herrera lo hace electo el de 1527 por la renuncia del Rmo. Ubite.[150]

5. Don Fr. Diego Sarmiento, cartujo, año de 1540 consagrado: fue Inquisidor apostólico ordinario, como refiere Gil González, quien dice murió el año de 1547.[151]

6. Doctor don Fernando de Urango, natural de Aspeitia, año de 1556, consagrado.[152]

7. Doctor don Bernardino de Villalpando y Talavera, año de 1559, consagrado; pasó a la iglesia de Guatemala el de 1564.

8. Doctor don Juan del Castillo, tercero del nombre; natural de Orden, Diócesis de Burgos, año de 1568 consagrado: dio a los padres misioneros de la Florida cantidad de granos para que atrajesen a los indios. Estuvo dispuesto a pasar a la visita de Jamaica el año de 1570, en conformidad de lo ordenado por el Santo Concilio de Trento, cuya determinación participó al Cabildo de La Habana; pero no habiendo conseguido que los ministros de la Real Hacienda residentes en ella le librasen la ayuda de costas, de que necesitaba para su transporte, creo no practicó esta diligencia tan deseada de su celo como conducente al consuelo y bien espiritual de los moradores de aquella Isla, que era de las partes de su Obispado, el que renunció después del año de 1571.

149 Not. sacr. y rs., pág. 11.

150 Déc. 4.ª, lib. 2, c. 5, pág. 28, año 1577.

151 Teatro eco. de Ind., pág. 277.

152 Ens. Cron., déc. 8, pág. 31.

9. Don Fr. Antonio Díaz Salcedo; franciscano, colegial mayor en Bolonia, electo año de 1581, consagrado; pasó al Obispado de Nicaragua, y estando en éste visitó las provincias de la Florida como parte de su Diócesis.[153]

10. Don Fr. Bartolomé de la Plaza, del mismo orden, año de 1597, consagrado.

11. Mtro. don Fr. Juan de las Cabezas, dominicano, cuarto del nombre; fue Provincial de la Provincia de Santa Cruz, electo el año de 1602, consagrado; enseñó a los indios cestas el uso del fuego que no lo conocían; pasó a Guatemala.[154]

12. Don Fr. Alonso Enríquez de Armendáriz, y según otros Enríquez de Toledo, del orden de Nuestra Señora de la Merced, fue electo año de 1610, consagrado; pasó a Mechoacán el de 1625 y fundó en la Corte de México el Colegio de los Comendadores de San Ramón, dotándolo de renta para la manutención de ocho estudiantes que cursasen las facultades de Canones y Leyes en aquella Universidad: las tres becas para naturales de este Obispado, y las restantes para los del de Mechoacán, dejando su gobierno y dirección a religiosos de su orden de la Provincia de Nueva España. Ha sido este insigne Colegio el taller o turquesa de muchos célebres sujetos que han ilustrado las iglesias y chancillerías del Reino, con grande honor de esta ciudad y de toda la Diócesis de Cuba.

0. Mtro. don Fr. Gregorio de Alarcón, agustino, año de 1624, consagrado, murió en la navegación ya en las costas de la isla Española.

13. Doctor don Leonel de Cervantes, natural de México, obispo de Santa Marta y después de Cuba año de 1625; este prelado solicitó y obtuvo letras de la Santidad del señor Urbano VIII dirigidas al Arzobispo de México, para que admitiese este Obispado por sufragáneo suyo, pero no consta tuviese el efecto que deseó, por haber permanecido sin novedad subordinado al de Santo Domingo.[155]

Las cenizas de este Venerable Pastor hago memoria haber leído estar colocadas en la capilla y entierro que su nobilísima familia tiene en el con-

153 Ens. Cron., pág. 168.

154 Ens. Cron., pág. 175.

155 Lib. 1.º de la Real cédula de este gobierno, al fol. 25.

vento de Nuestro P. S. Francisco de su patria, de que infiero haber muerto en la Nueva España, o haber mandado trasladar su cuerpo a ella.[156]

14. Mtro. don Fr. Jerónimo de Lara, mercenario, fue electo en 6 de septiembre de 1629 y falleció en esta ciudad en 22 de junio del de 1644: diósele sepultura en la Parroquial mayor de ella, en donde hoy no se descubren señales del sitio en que depositaron su cadáver, pereciendo en poco más de un siglo esta noticia que debía haberse perpetuado en los mármoles, ya que no en la memoria de los hombres.

15. Doctor don Martín de Zelaya Ocárriz, Inquisidor de Córdoba, Maestre de escuela de la Santa Iglesia de Salamanca, electo año de 1645.

16. Doctor don Nicolás de la Torre, Catedrático jubilado de Prima de Teología en la Universidad de México, año de 1652, consagrado: murió en esta ciudad y se mandó sepultar en la Iglesia de Nuestra Sra. de Candelaria del pueblo, ya hoy villa de Guanabacoa, en cuyo templo al tiempo de su renovación no se encontraron vestigios de su sepulcro.

17. Doctor don Juan de Montiel, quinto del nombre, año de 1656, consagrado.

18. Doctor don Pedro de reina Maldonado, natural de los reyes de Lima, canónigo más antiguo de la Santa Iglesia de Trujillo, comisario general subdelegado de la Santa Cruzada de aquella provincia, gobernador y vicario general de su Obispado, fue electo en el año de 1658. Había escrito y dado a la estampa una erudita obra en dos tomos de a folio, intitulada «El prelado perfecto»; murió sin consagrarse en esta ciudad y se dice estar sepultado en su Parroquial mayor, pero no hay noticia cierta del lugar de su entierro, porque se omitió distinguirlo con alguna lápida o inscripción correspondiente, incuria notable de aquella edad, que será en todas reprensible.

19. Doctor don Juan de Santo Matías Sáenz de Mañosca y Murillo, año de 1663, consagrado; fue promovido a Guatemala.

20. Mtro. don Fr. Francisco Bernardo Alonso de los Ríos, segundo del nombre, trinitario calzado, año de 1670; ascendió al Obispado de Ciudad Rodrigo, y el de 1680 al Arzobispado de Granada.

21. Doctor don Gabriel Díaz Vara Calderón, canónigo de la Santa Iglesia de Ávila, Capellán de honor de S. M., juez Apostólico ordinario de su casa

156 Historia de la Prov. del S. Ev. De México.

y Corte, y de los seis de la Nunciatura de España, Administrador del Real Hospital de Madrid, obispo de Cuba año de 1674, consagrado, imprimió un tomo de las grandezas y maravillas de la santa ciudad de Roma; murió en ésta el día 15 de marzo de 1676, y aunque consta se sepultó en la Iglesia mayor, se ignora el sitio de su entierro, no logrando sus cenizas ningún honroso distintivo, padeciendo el mismo descuido que las de sus antecesores.

22. Doctor don Juan García de Palacios, Tesorero dignidad de la Santa Iglesia de la Puebla de los Ángeles, Provisor y vicario general de su Obispado y comisario de la Santa Inquisición y Cruzada, año de 1680. Celebró el primer Sínodo Diocesano en esta ciudad y murió en la de Cuba.

23. Mtro. don Fr. Baltazar de Figueroa y Guiena, año de 1683, fue monje del Real Monasterio de San Basilio de Valparaíso, del orden de San Bernardo, Maestro general en ella y sujeto señalado en letras y virtud; consagrose en Madrid y murió en Cádiz estando próximo a pasar a su Obispado.[157]

157 Lust. 1.° del Pulp., f. 351, autor de Fray Ber. Álvarez.

Capítulo XXXII. Prosigue la serie de los señores Obispos, y se da noticia de los auxiliares que han tenido hasta ahora

24. Doctor don Diego Evelino de Compostela, de donde fue natural, electo año de 1685, y murió en 29 de agosto de 1704; mandose sepultar en el Monasterio de Carmelitas descalzas de esta ciudad, en el muro del lado del Evangelio, en cuyo lugar se conservan colocadas y distinguidas sus cenizas con la inscripción que traslado a la letra:

DON O. M.
DIDACUS EVELINO DE COMPOSTELA
ADHUC VIVENS
MORTIS HORAM, DIEM NOVISSIMUM ET ÆTERNOS ANNOS
IN MENTEM HABUIT.
IN TEMPLO ISTO MONIALIUM SANCTÆ THERESLÆ
A SE CONSTRUCTO
INTER IPSA CARMELI LILIA, ET VIRGINEOS CHOROS,
HOC SIBI PARAVIT HONORABILE SEPULCHRUM.
RECESSIT E VIVIS ÆTAT. LXIX, EPISCOPAT. XVIII.
DIE 29 AUG. AN. 1704.

En los cuatro ángulos de la tabla del epitafio tiene estas cuatro letras mayúsculas dentro de unos círculos, O. Q. V. F., colocada una de ellas en cada ángulo, sin que hasta ahora se haya descifrado su verdadero sentido, aunque han sido muchas las versiones o interpretaciones que los curiosos y eruditos les han dado, no pasando algunas de la línea de voluntarias y otras que exceden los términos a que las ceñiría la modestia y discreción de su autor, que fue según opinión común el mismo humilde y venerable prelado.

De este Ilmo. Pastor se conservan manuscritas algunas apreciables noticias, que no debo omitir en honor suyo y por mi propia satisfacción. Fue no menos acreditado por su doctrina que respetable por su ejemplo; a los quince años de su edad mantuvo conclusiones públicas de toda la filosofía y se graduó en esta Facultad en la Universidad de Compostela el año de 1658 y concluyó sus estudios a los diecinueve. Fue rector y maestro de letras humanas en el Colegio de los Infantes de Toledo. Regenteó en la ciudad de Valladolid la Cátedra de Prima de Teología y obtuvo en ella en propiedad la de Metafísica, y después la de Sagrada Escritura; en el año de 1663 se graduó de Doctor en Teología, y al año siguiente recibió el mismo grado en Cánones; obtuvo por oposición cinco beneficios en el Arzobispado de Toledo. Siendo ya electo y consagrado obispo, el año de 1685, fue visitador de las señoras descalzas reales de la Corte, por bula especial de la Santidad de Inocencio XI, y predicó el sermón con que finalizó su visita en presencia de nuestro católico rey Carlos II, teniendo por oyentes tres personas reales, tres cardenales, un patriarca, tres arzobispos, catorce grandes y veintidós predicadores de S. M. Antes de pasar a estas partes consagró seis obispos, y confirmó 140 personas. Fue un varón desasido de las riquezas, amante de los pobres, ejemplar de humildes, celoso de la gloria de Dios y promovedor de su divino culto. Los templos que edificó en esta ciudad y obras pías que hizo en ella se expresarán cuando se trate de cada una en particular.

25. -Mtro. don Fr. Jerónimo de Valdés, monje basilio, fue electo primero obispo de Puerto Rico, y después de esta Isla, año de 1706, la que gobernó hasta 27 de marzo del de 1729. Mandose sepultar en la capilla mayor que había labrado en la Parroquial del Espíritu Santo, en donde yace su cadáver en una urna que se formó en el muro del lado del Evangelio y queda levantada del pavimento del presbiterio como un estado regular de hombre y en su frente se puso esta inscripción:

QUI ORIGINEM AB IGNE DUXIT, SUB CINERE JACET
UT EX CINERE REDIVINUS EMERGAT.
TUMULARI NESCIUS TUMULUM CINERIS SCIVIT,
QUANDOQUIDEM NE PEREAT IGNIS SUB CINERE
TUMULAVIT.
VALDE-EST
TUMULUM UT EXPIRET E CINERIBUS VITAM RESPIRET.
PARENS, PROLESQUE SUI NOVUS IN ORBE PHOENIX.
ILLMUS. AC RMUS. DON M. DON HIERONYMUS DE VALDES,
QUI DE SOLARIBUS BASILIJ CUNIS ORIRI NATUS
PRIMIGENIAS INDE LUCES, UNDE VIVERET, EXORDITUR,

UT EXPLENDOR PATRISQUE DECOR TUM CULMEN HONORIS

CUBANÆQUE DECUS MAGNUM PER SÆCULA VIVAT.

EXCESSIT E VIVIS, ÆTERNITATI VICTURUS, PRIMO PORTORRIQUENSIS DESTINATUS ANTISTES,

MOX CUBANÆ DIŒCESIS PER VIGINTI CIRCITER TRES ANNOS

PASTOR VIGILATISSIMUS

ÆTATIS OCTOGESIMO PRIMO.

VIVAT FELICITER, ÆTERNUMQUE SOSPITETUR.

26. Doctor don Francisco de Izarregui, Deán de la Santa Iglesia de Segovia, fue electo año de 1730, y aunque no pasó a esta Isla ni se le ha dado lugar entre los obispos de ella, me ha parecido justo dárselo en esta serie, porque en esta ciudad fue celebrado por tal, luego que se tuvo noticia cierta de su presentación.

27. -Mtro. don Fr. Gaspar de Molina y Oviedo, agustiniano, electo el mismo año de 1730, fue promovido antes de pasar a estas partes al Obispado de Barcelona y después obtuvo el de Málaga y los empleos de gobernador del Supremo Consejo de Castilla, comisario general de la Santa Cruzada, Teólogo del Concilio Lateranense y Cardenal de la Santa Iglesia Romana; murió en Madrid, año de 1743.

28. Don Fr. Juan Lazo de la Vega y Cancino, natural de la ciudad de Carmona, de la regular observancia de N. S. P. S. Francisco, fue electo año de 1731, desembarcó en Cuba el de 1732 y llegó a esta ciudad el día 13 de junio del siguiente. Ocupó meritísimamente en su Provincia de Andalucía los ministerios de más consideración, y el de Definidor general de toda la orden. Fue Teólogo de la Real Junta de la Inmaculada Concepción, Calificador de la Suprema y otras honrosas ocupaciones correspondientes al carácter de su persona, nobleza, literatura y religiosidad. Gobernó esta Diócesis cerca de veinte años y murió en el de 1752, día 19 de agosto; se le dio sepultura en la que había elegido y señalado en vida para su entierro, en el pavimento de la Capilla de San Francisco Javier de la Iglesia de su Seráfico Patriarca de esta ciudad, en cuyo mármol se labró el epitafio que dictó su profundo abatimiento, y es el que traslado, omitiendo poner los que le formó la esti-

mación de su Iglesia y rebaño, y de que fue tan benemérito por sus singulares prendas y virtudes.

HIC RESURRECTIONEM SPERAT
FR. JOANNES LAZO DE LA VEGA ET CANCINO,
MINORITICÆ ET BETICÆ PROVINCIÆ
INGRATISSIMUS FILIUS,
MINORUM MINIMUS, PECCATORUM MAXIMUS,
EPISCOPORUM INDIGNISSIMUS,
IN HOC TENEBROSO LOCO INQUIT,
ILLUM AUDITE:
MISERERE MEI, MISERERE MEI,
SALTEM VOS FRATRES, ET AMICI MEI.
REQUIESCAT IN PACE
AMEN.
OBIT DIE 19 AUG. ANNO 1752.

29. Doctor don Pedro Agustín Morell de Santa Cruz, natural de Santiago de los Caballeros en la Isla de Santo Domingo, fue electo año de 1753 y llegó a esta ciudad el 7 de enero del siguiente. Obtuvo primeramente la canongía doctoral de la Santa Iglesia Metropolitana de la Española, y el Provisorato y Vicaría general de esta ciudad, del que pasó el año de 1721 al Deanato de la Catedral de Cuba, en que permaneció hasta el de 1747, que pasó a ser obispo de Nicaragua, cuya silla ocupó poco tiempo por su breve promoción a la de esta Isla, que hoy goza y llena felizmente.

A la serie de los Ilmos. Prelados de la Iglesia de Cuba, que he reducido a éste y al antecedente capítulo, parece que se pueden añadir con bastante probabilidad otros dos sujetos de que no se tenía hasta ahora ninguna noticia, la cual he hallado autorizada del gravísimo cronista de la religión seráfica, que nos la da muy circunstanciada en la obra y lugar que cito. En él refiere que por un consistorio secreto celebrado en la Corte Romana a los cinco de diciembre de 1520, consta fue el primer obispo de Cuba don Jorge de Priego, Prior de San Marcos de León, del orden de Santiago; que el año de 1596 fue electo para la misma dignidad don Fr. Esteban de Ursisa, Maestro Provincial de la del Santo Evangelio de México, que renunció la expresada mitra y las de Mechoacán y Campeche, con edificación de aquella Metrópoli.

Esta especie, aunque tan nueva y singular entre los escritores más exactos de Indias, no me ofrece ninguna duda en cuanto a la nominación de estos prelados, y solamente encuentro dificultad en orden a la primacía del señor Priego, porque como dejo asentado con la autoridad de Antonio de Herrera, fue nombrado desde el año de 1519 Fr. Julián o Fr. Juan Garcés para este Obispado, persuadiéndome la anterioridad de la fecha a que fue primero éste que aquél, electo el año de 1520, no obstante que se cite y produzca un monumento tan auténtico como el acto consistorial, porque evidenciándose del mismo apéndice del Rmo. P. Cronista que en ellos no se hallan notadas o escritas otras provisiones de igual clase, es muy posible que se omitiese también la del Mtro. Garcés, sin que éste sea motivo ni fundamento bastante para dar al señor Priego la prelación que en mi dictamen tuvo aquél, y que mucho menos pudo haber obtenido don Fr. Juan Suárez, a quien Su Rma. parece se la concede, afianzado en el célebre analista Wadingo, porque, como se verifica de la historia general de Herrera, este prelado pasó a las Indias provisto obispo del Río de Palmas y Provincias de la Florida el año de 1527, mucho tiempo después que el nominado señor Priego a quien cita, y otras personas fuesen presentadas para el de Cuba, a quien no estaban entonces anexas aquellas partes.

La renta que disfrutan los Sres. Obispos de esta Diócesis, así de la gruesa decimal como de ovenciones y patronatos, excede la cantidad de 27.000 pesos anuales.

Desde el Ilmo. Valdés han tenido todos los que le han sucedido en la mitra obispos auxiliares, conseguido el primero a representación del señor Evelino, su antecesor, quien propuso (aunque no logró por haber muerto antes) al licenciado don Dionisio Recino, Cura rector de la Parroquial de S. Cristóbal y su Provisor y vicario general, que fue electo con el título de obispo de Adramite por auxiliar de Cuba, año de 1705, y se consagró en la ciudad de Mérida de la Provincia de Yucatán el de 1709; falleció de sesenta y seis años de edad en 12 de septiembre de 1711 y se enterró bajo del presbiterio de la iglesia de recoletas de Santa Catalina de Sena de esta ciudad, cuya fundación fue muy adelantada por este insigne varón antes de ser obispo. Pondré la inscripción latina que imprimió en la losa de su sepulcro el dolor y la fineza de sus compatriotas, cediendo la dureza del mármol a pocas porfías del cincel, humedecido o docilitado a copiosos riegos de sus oriundos, de quienes fue universalmente amado y a correspondencia sentido; porque en este sujeto se verificó lo que rara vez sucede, haber sido profeta en su patria, porque en ella tuvo todo el honor y estimación que por sus prendas merecía. El epitafio dice así:

don don don DIONISIUS RECINO
ADRAMITENSIS PONTIFEX, PRIMUS PATRIÆ
DIŒCESIS PRIMUS AUXILIARIS CUBANÆ
PRIMUS OMNIBUS, ULTIMUS IPSE SIBI.
SAT PRO LAUDE:
FACTUS EST, QUIA NOVISSIMUS PRIMUS
SATIS LAUDIS;
RUBESCAT NE FORTE PALIDUS CINIS
QUIA SUO TANTUM GLORIABATUR IN CINERE.
MIGRAVIT LUCE DIE 12 SEPTEMBRIS ANNO DNI. 1711
ÆTATIS SUÆ 66, EPISCOPATUS 6.

Las virtudes y circunstancias de que fue adornado este respetable pastor corren impresas en la parentación fúnebre que hizo en sus exequias el R. P. Fr. Juan Tomás Menéndez, natural de esta ciudad, Lector entonces de Prima de su Convento de Nuestro Padre S. Francisco de ella, la que estampó en México don Martín de Veytia, Oficial de la Real Hacienda en el puerto de la Veracruz, a quien hizo el amor a este suelo más patricio que vecino.

Don Fr. Francisco de S. Buenaventura Tejada, franciscano de la Provincia de Andalucía, obispo titular de Tricali, que nominó por auxiliar y trajo consigo a Cuba el Ilmo. Lazo. Fue electo el año de 1732 y llegó este mismo a La Habana por el mes de noviembre; se consagró en México el de 1734, y habiendo vuelto a esta ciudad y pasado a residir a la Florida, se mantuvo allí hasta que el año de 1745 fue promovido al Obispado de Yucatán y de éste al de Guadalajara, en donde falleció santamente.[158]

Doctor don Pedro Ponce Carrasco, de quien dejo hecha ya memoria, se consagró en esta ciudad con el título de obispo de Adramite en 3 de diciembre de 1747, en cuyo año fue electo.

Al señor Recino se le consignó por el rey de congrua anual 3.000 pesos sobre los 2 reales novenos de este Obispado y vacantes de los de Nueva España, y el obispo le acudía con 1.000 pesos de su renta; pero habiéndose tocado después eran defectibles los dos ramos expresados, se le mandaron pagar de los derechos de almojarifazgo de esta ciudad por ser efectivos; ahora percibe el actual 1.200 pesos anuales.[159]

Fuera del tribunal ordinario eclesiástico de que dejo dada razón, y que en el presente pontificado se halla dividido en un provisor, un juez de testamentos y un visitador de capellanías, hay también en esta ciudad el del Santo Oficio que se forma de un comisario, alguacil mayor, notario, receptor y otros ministros consultores y familiares que nombran los señores inquisidores de Cartagena para el pronto expediente de los negocios que puedan ofrecerse tocante a él, y para la promulgación de los edictos de fe.

158 Real cédula fecha en Ventosilla, 26 de septbre. de 1615. Otra en Bn. Retiro, 15 de diciembre de 1715.

159 Cédula de Madrid, 20 de jul. de 1709. Otra de Sevilla, 12 de noviembre de 1732.

Capítulo XXXIII. De las dos iglesias parroquiales de esta ciudad, cofradías fundadas en ellas y otras noticias particulares

Habiendo dado ya individual razón de todos los juzgados que hay en esta ciudad, así reales como eclesiásticos, y noticias particulares sobre la antigüedad, preeminencias y ministros de cada uno, pasaré a referir los templos, monasterios, colegios, hospitales y lugares píos que hoy tiene y en que la devoción y religiosidad de sus habitadores han consagrado a Dios multiplicadas casas de oración en que sea servido y alabado y tenga el pueblo abundancia de pasto espiritual, y ciudades de refugio en sus aflicciones y desconsuelo, para lo que han fundado tantas memorias y capellanías que exceden incomparablemente el fondo de los caudales de este país; pues apenas hay heredad o posesión alguna que no reconozca distintas pensiones, que solamente puede hacerlas suaves el sagrado destino a que se aplican en culto del Señor y gloria accidental de sus siervos, siendo tan repetidas las celebridades, que casi no hay día de los que se compone el círculo del año en que no se dediquen festivos y solemnes obsequios a su Divina Majestad, a la Sacratísima Virgen o alguno de los santos, con tan exquisito adorno en las imágenes y tan primoroso aseo en los altares, que si acaso en la riqueza y preciosidad no pueden competir a los de otras partes, creo les igualarán en la curiosidad y el esmero; y a proporción de lo que cabe en esta ciudad, juzgo que excede a todas, experimentando en premio de su piedad y devoción, entre otros beneficios, la copia de frutos y bonanza de tiempos que les dispensa el cielo.

Ilustran esta ciudad dos iglesias parroquiales y dos auxiliares, correspondientes a lo numeroso de su vecindad y feligresía. La mayor es dedicada al ínclito mártir S. Cristóbal, patrón de la ciudad y titular suyo. Está situada, como ya dije, cerca de la ribera de la bahía, de suerte que entre ella y la playa solo media el espacio de la Plaza de Armas y una corta acera de casas; comenzose a construir el año de 1550, porque la primitiva había sido incendiada por los enemigos el año de 1538, como se apuntó en otro lugar, y habiéndose aplicado para esta obra la poca renta de fábrica que entonces había, algunos arbitrios y la contribución del vecindario, duró mucho tiempo su construcción, hasta que vino a darle su principal complemento y deseado fin la herencia o legado que destinó para ello Juan de Rojas, uno de los vecinos más ricos y condecorados de aquella edad, y que había ejercido diversas veces el Gobierno de esta república. De modo que debió a este subsidio su final conclusión por los años de 1571 o poco más adelante, dándole en el candor de aquellos tiempos el honor de patrono, poniendo el escudo de sus armas sobre el lugar más público y eminente de dicho templo, yerro que enmendó la política del Cabildo, aunque a costa de una ruidosa controversia, haciendo colocar las de S. M. en aquel paraje como era debido.

Casi un siglo después la reedificó y amplió el señor obispo don Juan de Santo Matías, con auxilios y limosnas de los vecinos, por los años de 1666. Compónese este templo de un cañón principal y un orden de capillas a la parte del Norte anchuroso y capaz, y aunque no a lo moderno, fue para aquella edad, como dice el maestro Gil González, noblemente edificado, aunque hoy, por no ser correspondiente a lo ilustre y numeroso de esta población, la desluce y desautoriza mucho un lunar tan notable, porque lo que entonces era decente y regular para una pequeña villa o ciudad, ya desdice de una de tanto esplendor.[160] Supongo que a esta desgracia han dado motivo los obstáculos que sobre la traslación a otro sitio se han ofrecido, malográndose el tiempo más oportuno para la fábrica y construcción de esta iglesia, a quien ha enriquecido de alhajas y de ornamentos la magnificencia del señor don Fr. Juan Lazo, quien le hizo labrar un sagrario hermoso de plata que costó más de 10.000 pesos, y es correspondiente a la lámpara mayor, que es muy exquisita y ostentosa. También la ha adornado con un retablo dorado primoroso, y si en la erección de nueva iglesia no se le hubiesen frustrado sus deseos y diligencias, no nos hubiera dejado en la obra que apetecer, sí mucho que aplaudir y admirar.

Tiene coro alto y bajo, y un reloj en su torre. Hay fundadas en ella siete cofradías: la del Santísimo Sacramento, que tiene agregadas dotes para ayuda de dar estado a doncellas pobres huérfanas; la del nombre de Jesús; la de la Sangre de Cristo y Santa Misericordia, destinada a los piadosos ejercicios de enterrar muertos y asistir y consolar los ajusticiados; la de

160 Teatro ecco. de Ind., cap. 11, pág. 876.

Nuestra Señora de los reyes; la de S. Crispín y Crispiniano, del gremio de los zapateros; la de Santa Bárbara, de los artilleros de esta plaza, y últimamente la de las benditas almas. Debiendo referir como anexo a esta parroquial la gruesa obra pía del capitán Martín Calvo de Arrieta, natural y vecino de esta ciudad, cuyo principal es de 100.000 pesos y su rédito 5.000 cada año, que se reparten en cinco dotes de doncellas nobles, parientas suyas y de su primera y segunda mujer, sorteándose entre las legítimas pretendientes, que ocurren el día de S. José, a quien dejó instituida fiesta donde se ejecuta el acto del sorteo.

Tiene esta parroquial dos curas beneficiados, cuya renta excede de 2.000 pesos, y dos tenientes que asisten por semanas para la administración de los sacramentos; un sacristán mayor, que goza de casi igual renta que la de los curas; doce capellanes de coro y cuatro clérigos presbíteros, para llevar las varas del palio siempre que su Divina Majestad sale en público a visitar los enfermos, con dotación de capellanías para esto: hay en ella cuatro mozos para el servicio de la sacristía y demás concerniente a la iglesia, los cuales y el teniente de cura asistente tienen habitaciones contiguas al cementerio de dicha iglesia.

Para las fiestas clásicas que se celebran en este templo, y que acuda también a los otros en semejantes funciones, hay capilla de música con maestro, instrumentos y cantores correspondientes, que oficien con seria y compasada armonía las vísperas, maitines y misas en tales festividades, las que se ejecutan con majestad y lucimiento; porque el clero que hay en esta ciudad y comúnmente las autoriza es numeroso y respetable, como después expresaré, y así da un lleno de esplendor muy particular a las funciones graves y solemnes de esta parroquial, con cuyo conocimiento y experiencia no dudó el doctor don Alonso Menéndez, Canónigo de la Santa Iglesia de Cuba, exponer y afianzar a S. M. que, trasladando aquella Catedral a esta iglesia, se ejecutarían desde luego las funciones capitulares y oficios divinos con pompa y ornato casi igual a las de Puebla y México,[161] expresión que no pasó la raya del encarecimiento, porque a más de la competente renta de fábrica que gozaba, preseas y ornamentos costosos que tenía, la ilustraba y asistía un clero noble, docto y acomodado, lo que hoy se verifica con

161 Il. Morell, Historia de la Isla y Catedral de Cuba, c. 13, a. 1677.

mayores ventajas en todas líneas, pasando de 120 presbíteros, diáconos y subdiáconos los que residen en esta ciudad, sin contar los ordenados a título de algún beneficio, siendo igual el número de clérigos de órdenes Menores, todos a los menos con 5.000 pesos de congrua, que es la establecida por constitución sinodal, aunque hay muchos que la disfrutan más crecida, poseyendo muy pingües capellanías; de donde puede inferirse no solo el esplendor y autoridad que darán con su concurrencia a esta iglesia y demás del gobierno de su ordinario, sino también la gran suma del caudal que ha convertido en bienes espirituales la religiosa piedad de los vecinos y naturales de este país.

Entre los muchos venerables párrocos que ha tenido esta iglesia, sin nominar a los actuales ni comprender aquellos de que ha dejado noticia en algunos lugares de esta obra, los que han dejado más fama póstuma de su piedad y ternura para con los pobres e integridad de vida y costumbres son los siguientes: doctor don Francisco de las Casas Cabeza de Vaca, natural de esta ciudad y graduado en teología en Salamanca, exhausto su patrimonio en el socorro de los desvalidos, vendiendo hasta los esclavos de su servicio para este fin. Mandose enterrar en el cementerio, por acompañar en muerte a los que había amado tanto en vida, mereciendo tal concepto la suya en esta ciudad, que su gobernador y Cabildo solicitó con instancia que la real clemencia le presentase para obispo de esta Isla, vacante entonces la silla por la promoción a Guatemala del señor Santo Matías, siendo el agente para el informe y pretensión solo su mérito. don Cristóbal Bonifaz de Rivera, natural de Florida, y don Francisco Menéndez y Posadas, natural de esta ciudad, de quienes permanece la memoria, no en los padrones que levanta la vanidad, sino en los que deja mas indelebles la virtud.

La segunda iglesia parroquial es la del Espíritu Santo, que está erigida muy cerca del extremo de la ciudad de la parte del Sur; fue ésta en su principio una ermita pequeña y pobre que dedicó la devoción de los negros libres al Divino Paráclito, por los años de 1638.

Hallándose, a los diez años después de su fundación, con conocidos aumentos de su vecindario esta república, y por consecuencia más extendida su población, se discurrió por el gobernador don Diego de Villalva sería conveniente se erigiesen dos parroquias, una en dos barrio del hospital de

San Juan de Dios y otra en la expresada ermita, que eran los extremos de la ciudad, para que más fácil y oportunamente se administrasen los sacramentos a la gente de sus contornos, a que sin gran trabajo y dilación no era posible ocurrir a la parroquial mayor de San Cristóbal, y que para la congrua sustentación de los ministros que se pusiesen en ella se dividiese la renta de uno de los curas que había fallecido.

Tratose esta especie en el Cabildo de veinticinco de abril de 1648, y con unánime acuerdo se dispuso que el Procurador del Común representase la necesidad y beneficio de esta providencia al Licenciado don Agustín Serrano Pimentel, Deán de la Santa Iglesia Catedral de Cuba, Provisor y vicario general en sede vacante en esta ciudad, el cual, movido de las razones y conveniencias que se le proponían, tuvo a bien instituir interinamente dos ayudas de parroquias, la una en la iglesia del hospital y la otra en la ermita del Espíritu Santo, nombrando por teniente de cura en ésta al Bachiller Antonio Rodríguez Gato; que fue cuanto por entonces le permitirían sus facultades y el estado de las cosas, dejando para tiempo más oportuno o autoridad más amplia la ejecución de lo que se había propuesto y pedido.

Había el Ayuntamiento de La Habana pretendido en la Corte desde el año de 1632, por medio de Simón Fernández Leiton, del orden de Cristo, su procurador general, que el rey concediese licencia para la erección de otra parroquia, porque pedía ya esta providencia la extensión de la ciudad y aumento de su vecindario; pero no se pudo lograr entonces otro expediente que el de que informase el gobernador, hasta que considerándose algún tiempo después por el Reverendísimo obispo (que discurro sería el señor reina) la necesidad de erigir otra parroquial y añadir otro beneficio, lo representó a S. M., motivando el informe con las razones de ser la renta muy suficiente para este intento, y haber en esta ciudad sujetos muy idóneos para obtenerlos, los cuales, habiendo consumido lo mejor de su edad y gastado sus patrimonios en seguir la carrera de las letras en universidades famosas, se hallaban sin esperanza de algún decente premio a sus desvelos, ni honrosa ocupación para sus personas, por ser únicamente dos los curatos a que podían aspirar dentro de su patria, cuya consulta parece la hizo a S. M. antes del año de 1660, y habiéndose pedido informe a la ciudad sobre el propuesto asunto, en vista de él se mandó hacer la erección, que sin duda se puso en práctica pocos años después del citado.[162]

Este templo tiene su puerta principal al Oriente y era de un solo cañón hasta el año pasado de 1760, que le hizo labrar un orden de capillas a la parte meridional el Ilmo. obispo doctor don Pedro Morell, techado de madera éste y aquél, a excepción de la capilla mayor, que es de bóveda de piedra, y la fabricó el Ilmo. Valdés. Tiene, como la iglesia principal, reloj en su torre y habitación cómoda para su cura, dos tenientes y dos monaguillos; su beneficiado era antes el más moderno; pero hoy no, después que se ha destinado uno de los tres a la iglesia de Guadalupe extramuros, gozando todos de igual renta. Comprende su feligresía más de 11.000 personas, según el padrón anual que se forma. Hay en ella fundadas canónicamente tres cofradías que son la del Santísimo, que tiene dotación de capellanías para clérigos que saquen el palio, la del Espíritu Santo, de morenos libres, y la de Nuestra Señora de la Caridad, y una hermandad del Rosario, que se ejercita en esta devoción todas las noches por las calles de esta ciudad.

162 Real cédula, Aranjuez, 22 de abril de 1660.

Capítulo XXXIV. De las dos iglesias auxiliares del Santo Cristo del Buen Viaje y Ángel Custodio

La iglesia auxiliar del Santo Cristo del Buen Viaje tuvo principio el año de 1640, en que se le dio sitio y licencia para fundar ermita, llamada entonces del Humilladero, para que terminasen en ella las estaciones del Vía-Crucis, que con grande consuelo y edificación de esta ciudad se habían introducido por los religiosos de la observancia de Nuestro P. S. Francisco y terceros seculares del orden de penitencia, cuyo ejercicio, continuado sin novedad hasta ahora en los viernes de la Cuaresma, finaliza en esta iglesia, la cual fue destinada para ayuda de parroquia por los años de 1693 y en ella tuvo asiento por algún tiempo la Congregación del Oratorio de San Felipe Neri, hasta que se fabricó iglesia propia separada. Está situado este templo a la parte occidental cerca de la muralla, que ciñe por parte de tierra esta población en paraje levantado, y que por lo espacioso de su plaza es muy alegre y desembarazado. Su forma es un crucero con dos torres iguales en los extremos de la fachada que cae al Oriente y es de vistosa perspectiva; pero hubiera variado en la extensión y orden por la fábrica de la capilla mayor y colaterales que empezó a construir y no pudo continuar por su muerte nuestro venerable pastor el señor Lazo, con ánimo de seguir toda la iglesia. Después de ella finalizó la obra principiada su Ilmo. sucesor, consumando la fábrica de las tres capillas.

Esa iglesia, como notó y refiere la pluma del peregrinante Cubero en el lugar que cito,[163] es muy frecuentada de los navegantes que arriban a este puerto, porque la advocación de la devota imagen de Cristo crucificado que se venera en ella, y especiales socorros con que se experimenta los favorece en los riesgos del mar, hace que ocurran a su templo, luego que ancoran, a rendirle las gracias y votos ofrecidos por su seguridad, siendo los más preciosos y memorables los que en estos últimos tiempos le ha consagrado la devoción y piedad del teniente general don Benito Antonio Spínola, especial venerador de esta santísima efigie del Redentor del mundo.

Tiene teniente de cura, un presbítero mayordomo del Señor y dos ordenantes que la asisten, gozando todos habitación competente. Hay instituida

163 Pedro Cub., Peregr. del mundo, pág. 401.

en ella cofradías del Santísimo y Nuestra Señora de Alta-Gracia, y las hermandades de la Divina Pastora y Santa Efígenia, esta última de morenos libres, por quienes fue promovida su fundación.

La iglesia del Santo Ángel Custodio fue fabricada desde los cimientos por el señor obispo don Diego Evelino de Compostela, que con su personal asistencia y limosnas la principió y acabó, dedicándola para auxiliar el año de 1690 como se evidencia de la inscripción latina que puso y se perpetúa en un lienzo en dicha iglesia, que es la que traslado fielmente:

TEMPLUM HOC
SANCTO ANGELO CUSTODI SACRUM,
PRÆRUPTA DIFFICILLIMA RUPE,
ET SAXEO COLLE INGENTI LABORE COMPLANATO,
DIDACUS EVELINO DE COMPOSTELA
EPISCOPUS CUBENSIS
A FUNDAMENTIS STRUXIT,
ET PARROCHIALIS PRIMARIÆ COADJUTRICEM FECIT
ANNO SALUTIS 1690.

Está fundada esta iglesia a la parte del Norte, poco distante de la muralla, plantada sobre una colina que se llamaba vulgarmente en aquellos tiempos la Peña Pobre y en ésta la loma del Ángel, que señorea el campo, el mar y la población. Era de un cañón pequeño, pero aseado; después se le han añadido dos capillas de bóveda colaterales de la mayor, que le han dado más extensión y hermosura; la una es consagrada a Nuestra Señora de Guadalupe indiana, y la otra al Ángel San Rafael. Está circunvalado todo este templo de un recinto de piedra engalanado a trechos de almenas, que le sirve de atrio por todas partes. Hay erigidas en él dos cofradías, que son la del Santísimo y Nuestra Señora de Guadalupe; asístela un teniente de cura y dos monaguillos que tienen viviendas contiguas.

A más de las dos auxiliares referidas, hay otras extramuros de que daré noticia en el lugar que les corresponde y he de tratar de los curatos del monte y santuarios del campo de la jurisdicción de esta ciudad.

Capítulo XXXV. De los conventos del NN. PP. Santo Domingo y San Francisco, su antigüedad y circunstancias

Los conventos e iglesias de regulares que hay fundadas hasta ahora en esta ciudad (no incluyendo los dos Hospitales de San Juan de Dios y Belén, que tienen otro lugar) son cuatro: el de predicadores, titulado S. Juan de Letrán, que debe ser el primero en orden, aunque no por antigüedad; se comenzó por el año de 1578 en virtud de real cédula demostrada por el Presentado Fr. Diego de Carvajal, en cuya consecuencia se le concedió el sitio correspondiente para fabricarlo cerca de la Real Fuerza y Plaza de Armas, siendo ésta la primera casa que tuvieron en la Isla; porque aunque (según afirma Herrera)[164] desde el año de 1519 se les dio permiso para hacer fundación en la ciudad de Cuba, y en el año de 1524 les hizo S. M. donación de unas casas que tenía allí, pertenecientes a su Real Fisco, no se pudo efectuar entonces, ni ha logrado después, consiguiendo La Habana esta primacía entre otras muchas que la adornan.[165]

Su iglesia corre de Norte a Sur, y aunque tiene la puerta principal hacia el primero, la del costado cae al Este, por donde goza la plazuela que le da desembarazo y claridad. Antiguamente solo tenía una nave, en su ancho, altura y largo bien proporcionada, con techo curioso de madera. En nuestra edad se le ha añadido un orden de capillas de bóvedas antiguas al primer claustro, siendo la que sirve de colateral a la mayor, formada de cúpula o linterna, y está dedicada a Nuestra Señora del Rosario, cuyo devoto simulacro es muy venerado en esta ciudad, y su ilustre cofradía de las más antiguas y ricas de ella, y que tiene anexas algunas obras pías para socorrer huérfanas. Hay instituidas en este templo otras: la del Dulcísimo Nombre de Jesús; la de S. Pedro González o San Telmo, que es de los navegantes; la Milicia angelical y la de Santa Rosa de Santa María, patrona universal de las Indias, cuya fiesta es de tabla en esta ciudad. Las alhajas, preseas y ornamentos destinados al adorno y servicio de este templo son muy decentes y preciosos.

164 Déc. 2.ª, cap. 5, lib. 1.

165 Déc. 2.ª, lib. 6, cap. 1, f. 175.

El convento tiene tres claustros, el primero labrado de columnas y arcos de piedra, y los otros de madera con todas las aulas correspondientes a los escolares y oficinas precisas para los religiosos. Su comunidad se compone hoy de más de cincuenta, con la asistencia al coro, confesionario y otros ejercicios propios de su instituto. Observan disciplina muy regular: desde su principio ha sido el taller donde se han labrado los sujetos más insignes que ha tenido en letras y virtud la Provincia de Santa Cruz, surtiéndose los más de sus conventos de los reboces de éste; y así residen en él la mayor suma de maestros y presentados que en cátedra y púlpito tiene según su número dicha Provincia.

Los que han dejado más crédito en ambas líneas son los RR. PP. MM. Fr. Francisco Martínez, Fr. Juan de Olivera, Fr. Cristóbal de Sotolongo (de quien se hace memoria en la Biblioteca Mexicana),[166] Fr. José de Vélez, Fr. Salvador Cabello, Fr. Francisco y Fr. Melchor de Soto y Fr. Juan Salcedo, naturales todos de esta ciudad, y los más de ellos dignísimos Priores Provinciales. No numerando otros muchos de los que hoy viven y son tan acreedores de este lugar, por no ofender su religiosa modestia, porque me persuado dejará más bien recomendado su mérito a la posteridad la delicada pluma del R. P. Presentado Fr. José González Alfonseca, que encargado hoy de la Historia de su Provincia tendrá en la noticia de sus nombres, prendas y ocupaciones, bastante materia para amplificarla.

Sin embargo de la razón expuesta, no quiero ser tan mirado ni proceder tan escrupuloso que a vista del estilo observado por el doctor Montalván, el Padre Marcillo y otros escritores,[167] considere sea digno de la censura en mí lo que no ha sido reprensible en ellos, cuando militan a mi favor motivos más poderosos, que hagan disculpable la expresión de algunas menudencias iguales a las que se encuentran en estos autores cerca de las obras y escritos que han dado a la estampa distintos sujetos de los que nominan;[168] y así comunicaré sin recelo a los curiosos la noticia de que corren impresos un sermón panegírico a San Felipe Neri del Maestro Vélez, otro de la Sma. Virgen del Rosario, del Maestro Cabello, y otro de acción de gracias al Santísimo Sacramento, predicada en la celebridad de los despo-

166 Tomo 1, pág. 517, n. 734.
167 Para tod., Indit. de Jux de M., pág. 500.
168 Crisis de Catal., pág. 63.

sorios de la Serenísima Señora doña María Teresa, Infanta de España, con el Serenísimo Delfín de Francia, por el P. Fr. Gabriel de Peñalver, hijo de esta ciudad y del expresado convento, por los cuales se reconocerá la facundia y erudición de sus autores, y que si fuesen en estas partes menos difíciles y costosos los moldes, sudarían muchas veces en la impresión de obras muy delicadas y de escritos muy ingeniosos.

El convento de frailes menores de quien es titular la Purísima Concepción de Nuestra Señora (y no S. Salvador como dice el R. P. cronista Torrubia) se empezó a fundar el año de 1574, promoviendo el afecto de los vecinos su erección con tanta actividad, que no obstante la declarada oposición del cura que era entonces, contribuyeron con diligencias y limosnas para proseguir la obra y para que Fr. Francisco Jiménez ocurriese a la Real Audiencia de Sto. Domingo a impetrar providencia favorable contra los obstáculos que se le oponían y se desvanecieron al año siguiente de 1575, presentando Fr. Gabriel de Sotomayor licencia del rey para la fundación del convento, de que fue nombrado guardián y juntamente comisario de todos los religiosos de la Isla.[169]

S. M. C. aplicó de su Real Erario algunas expensas para la obra, de quien eligió el Cabildo por síndico a Melchor Rodríguez, y habiéndose consumado la fábrica del convento, se incorporó en la Provincia de Yucatán en 27 de abril de 1591, en cuyo estado permaneció hasta el de 1595,[170] según afirma el P. Cogolludo, que se agregó a la del Sto. Evangelio de México, como asienta el novísimo cronista general de la Religión, quedando las misiones de la Florida subordinadas al prelado de esta casa hasta el año de 1606, que se erigieron en custodia y después en provincia el de 1612, intitulándose de Santa Elena, y consta por monumentos antiguos que su primer prelado provincial fue el P. Fr. Juan Capilla.

Fabricose esta religiosa casa en la parte occidental de la bahía, casi a la mitad de distancia que tiene la población de punta a punta, y tan sobre la orilla del mar, que sus cimientos le han quitado algún tanto de jurisdicción a las ondas. Reconociéronse el año de 1719 indicios de ruina en su antigua capilla mayor, y habiéndola derribado, se comenzó a labrar un crucero de

169 Crón. seráf., tomo 9, 1. 1, cap. 25.

170 Historia de Yucatán, 1. 7, c. 11, f. 412.

bóveda, que se continuó con gran lentitud por la escasez de limosnas de aquel calamitoso tiempo, que fue el más fatal que creo ha experimentado nuestro país; hasta que ya finalizado, se discurrió seguir toda la iglesia, ensanchando los ánimos para emprender obra tan costosa el de un devoto vecino nombrado don Diego de Salazar, que aplicó muchos operarios y materiales para este fin, venciendo con crecido trabajo y singulares artificios las dificultades que se encontraban en sus fundamentos por el costado que cae a la plaza, cuyas profundas zanjas se inundaban de copiosos raudales de agua, que corrían subterráneos por aquel sitio. Consumió en esto bastante tiempo y caudal, y dejando levantados los dos muros laterales y concluida la portada, no pudo proseguir el edificio. A quien dispuso Dios diese la última mano y total perfección fue el Ilmo. señor don Fr. Juan Lazo, que llegado a esta ciudad el año de 1733, y reconociendo las pocas esperanzas de que tuviese termino esta obra, se empeñó como tan buen hijo en darle el necesario complemento a esta sagrada casa o solar de su bendito Padre, el que por fines de noviembre de 1738 dejó acabado y consagró el día 19 de diciembre, celebrándose su dedicación y consagración con plausibles y majestuosas demostraciones, de que compuso por superior orden una especial, curiosa y erudita relación el R. P. Fr. Andrés Menéndez, natural de esta ciudad, Lector entonces de Sagrados Cánones en dicho Convento, y después benemérito Padre y Ministro Provincial de esta Provincia, que aunque no ha salido a luz, es muy digna la obra de esta memoria, como su autor de mi particular estimación.

Desde el citado año de 1719 que se empezó a derribar la capilla mayor antigua para construir otra nueva más capaz y hermosa, se encomendó la intendencia de la obra al cuidado del R. P. Fr. Juan Romero, predicador jubilado, ex-Definidor de esta Provincia, natural de esta ciudad, e hijo de este convento, religioso de conocida actividad, práctica y celo; el cual continuó en este ministerio hasta el año de 1738, que se consumó la fábrica de todo el nuevo templo, debiéndose a su infatigable personal asistencia muchos adelantamientos en lo material y formal del edificio, y a sus amables prendas el que captando los corazones de los devotos y bienhechores, facilitase gruesas limosnas para su continuación, y especialmente el haber conseguido todo el favor y gracia del Ilustrísimo señor don Fr. Juan Lazo, cuya filial inclinación promovió eficazmente la religiosidad y obsequiosos rendimientos de este memorable varón.

No he podido negar a la posteridad esta noticia, tanto por lo que merece el desvelo y trabajo del sujeto, cuanto porque como se lo expreso mi corto ingenio en un epigrama castellano, debe perpetuarse con los aplausos y duraciones de este templo la memoria y fama de su nombre, pues parece que Dios le eligió para instrumento de esta gran obra, y le guardó solo la vida hasta consumarla, llevándoselo poco después a descansar de sus fatigas en el cielo.

La forma de la enunciada iglesia es de una nave principal de buena altura, con dos órdenes de capillas a una y otra parte, siendo la techumbre de aquél y de éstas iguales en la materia y el arte. Levántase sobre los cuatro arcos torales de la mayor una espaciosa cúpula o cimborrio, desde donde corren por lo interior hasta el coro, sobre dos cornisas voladas, unas vistosas galerías matizadas de verde y oro. Su torre, en que hay reloj, es la más sublime entre todas las de la ciudad, y carga encima de los muros de su fachada que cae al Poniente, y es de bella simetría y correspondiente al templo, que es hasta ahora el más espacioso y adornado de retablos que hay, y sobre todos el más especial es el que dedico dicho Ilmo. obispo a S. Francisco Javier, apóstol de la India.

Su coro tiene una bien labrada sillería de caoba y su sacristía está muy proveída de ornamentos y vasos sagrados, debidos a la piedad de sus bienhechores. Está unida esta iglesia con la Lateranense de la Santa Ciudad de Roma, gozando de los indultos y privilegios de aquella sacratísima Basílica, como se manifiesta en una de las lápidas que se ven colocadas en la principal puerta de las tres que tiene hacia el Occidente en su frontispicio, en donde están esculpidas con letras de oro estas cláusulas: *Non est in toto sanctior orbe locus.*

Hay fundadas en este templo tres cofradías y tres hermandades; las primeras son: la de Nuestra Señora de los Remedios, que se instituyó canónicamente el año de 1598, a pedimento de los negros libres de nación Zape; la de la Inmaculada Concepción, que se erigió el de 1619 por el Reverendísimo obispo don Fr. Alonso Enríquez, a instancia de los principales vecinos de esta ciudad, de la que fue declarado patrono el gobernador y

Cabildo de ella. Tiene agregadas tres obras pías para repartir anualmente entre doncellas huérfanas para ayuda de tomar estado, y la del Patriarca señor San José, de los carpinteros. Las hermandades son la de Nuestra Señora de las Angustias; la de Santa Lucía, de los escribanos públicos y reales, y la de San Benito de Palermo, también de negros libres.

La planta y fábrica del convento, que casi quedó acabado con las gruesas limosnas que dio en vida y dejó destinadas para su fin su insigne bienhechor el señor Lazo, es suntuosa, porque no midiendo la obra por las estrecheces de su instituto, sino por las amplitudes de su corazón magnánimo, le dio un lucimiento y capacidad grande. Compónese de tres claustros, con extensión bastante para vivienda de los religiosos y desahogo de sus oficinas; su comunidad pasa regularmente de setenta frailes, y en ocasiones el número de ochenta, los que se ocupan en la secuela del coro, asistencia a los moribundos, consuelo de los penitentes, predicación de la palabra divina y enseñanza de Latinidad, Artes y Teología, para los que están instituidos un maestro de Gramática, un lector de Filosofía, y tres catedráticos de la última Facultad, con regente general de sus estudios, que fueron los primeros que tuvo esta ciudad, mereciendo entonces tanto crédito que excitaron la emulación de otras escuelas y motivaron el que a representación de don Gregorio Mojica, Procurador del Común, informase el Regimiento a S. M., el año de 1647, concediese a sus religiosos autoridad de conferir grados menores en Filosofía y Teología.

Los naturales de esta ciudad que de poco más de un siglo a esta parte han florecido en él, con aplauso de muy doctos y religiosos, son los siguientes: el R.P. Fr. Juan de Hinestrosa, natural de esta ciudad y Ministro Provincial de la Provincia de Santa Elena, de cuya nobleza, virtud y letras, informó el Cabildo al rey el año de 1644, suplicando a S. M. le presentase para obispo de esta Diócesis, vacante por muerte del Maestro don Fr. Jerónimo de Lara; los RR. PP. Fr. Manuel de Santa María, Fr. Gonzalo de Oquendo, Fr. Pedro Menéndez, Fr. Juan Tomás Menéndez y Fr. José Bullones, Lectores jubilados y los dos últimos Ministros Provinciales, debiendo añadir a Fr. Miguel de Leyva, Lector de Teología, muy versado en la expositiva y en los derechos, pero especialmente el P. Santa María fue el oráculo de su tiempo, distinguiéndose por su ciencia y virtud, de que se podían referir cosas memorables que omito por no ser más difuso, como también el no hacer mención de los presentes porque no parezca es lisonjearlos.

Mas no pasaré en silencio que del enunciado Fr. Juan Tomás Menéndez corren estampadas dos oraciones fúnebres que predicó en esta ciudad, y una devota novena que compuso de Nuestra Señora de los Ángeles, y asimismo que el P. Fr. Manuel José Rodríguez, hijo de esta ciudad y del expresado convento, ha impreso en México un sermón de San Ignacio de Loyola y otro de la milagrosa imagen de Aranzazú, predicados en aquella Corte con singular aplauso.

También fue hijo de este convento y provincia, y natural de esta ciudad, el ejemplar varón Fr. Juan de Jesús, religioso lego que murió en el convento grande de dicha Corte con opinión de rara humildad, extremada pobreza y continua mortificación, en donde le dio la piedad en muerte los honores que él despreció tanto en vida.

Capítulo XXXVI. De la Capilla de la Santa-Veracruz, y conventos de San Agustín y Nuestra Señora de la Merced

La Iglesia o Capilla de la Santa-Veracruz, que como anexa al Convento de Nuestro P. S. Francisco y sujeta a la dirección de sus prelados debo referir inmediatamente, ha sido preciso tocarla en capítulo separado, porque no haya entre ellos una notable desproporción, ya que no es posible tengan una misma igualdad, en cuyo supuesto creo no será culpable la prefiera en el lugar y narración a los conventos del gran Padre de la Iglesia San Agustín y de redentores de cautivos, de quien he de hablar posteriormente, porque no se le da esta antelación por preeminencia de orden ni antigüedad de fundación, sino por ser correlativo tratar de ella a consecuencia del templo o santo convento a quien está formal y materialmente unida.

El año de 1599 hicieron donación el P. Guardián Fr. Antonio Camargo y demás religiosos del antedicho convento a los mayordomos de la cofradía de la Santísima Veracruz, que lo eran Pedro Portierra y Antonio de Molina, de un solar que tenían dentro del sitio o término de su convento, para que labrasen capilla separada con puerta a la calle, en donde hiciesen sus ejercicios y celebrasen sus juntas, cuya fábrica parece no tuvo efecto hasta los años de 1608 o siguientes, que gobernaba esta plaza don Gaspar Ruiz de Pereda, que debió de ayudar a su construcción, según se percibe de una lápida que tenía en su fachada la capilla antigua y se ha colocado en la nueva donde está existente.

En lo pasado estuvo erigida dicha capilla entre los dos claustros del convento, con su puerta al Poniente, cuidando de su aseo y lucimiento la prevenida cofradía, y después la tomaron a su cargo los hermanos del orden tercero, orden de penitencia, que la ilustraron y ampliaron mucho, fabricándole capilla mayor, que no tenía, en sitio que compraron para ella al convento el año de 1678, añadiéndole diversos retablos, alhajas y reliquias muy apreciables. Con ocasión de haber sido preciso derribar el convento para hacerlo de nuevo, se le dio sitio bastante para labrar otra capilla en el extremo del que cae al Sur, correspondiente al del Norte, en que está fundada la iglesia del primer orden, en cuyo paraje empezaron a fabricar desde luego un crucero con tres capillas muy capaces, que se finalizaron por fines del año de 1758 y dedicó a principios del siguiente con las mejoras que se tocan en su buena disposición y planta.

En la prevenida iglesia está fundada la archicofradía de los cordígeros, las cofradías de la Santa-Veracruz y San Nicolás de Bari, y hermandad del diario de la Purísima Concepción y Santa Corona, y en ella está colocada la milagrosa imagen del Santísimo Cristo conocido por el nombre de la Santa-Veracruz, la que sudó maravillosamente el año de 1700, de que se hizo atento y formal examen. De este lugar salen las estaciones del Vía-Crucis todos los viernes de la Cuaresma y las demás doctrinas que en ella y en el adviento acostumbra hacer conforme a su regla y constituciones el orden de penitencia, el cual es numerosísimo en esta ciudad y muy ejercitado en obras de piedad, visitando y socorriendo la cárcel y hospitales en señalados días, y concurriendo tres de la semana a la oración y disciplina de su capilla.

El convento de religiosos ermitaños de Señor San Agustín, de quien es patrona Nuestra Señora de Candelaria, parece se principió a fomentar su fundación el año de 1608, siendo obispo de esta Isla el Maestro don Fr. Juan de las Cabezas, dominicano, que coadyuvó a su establecimiento, sin embargo de la contradicción del nominado gobernador don Gaspar Ruiz de Pereda, que debió de representar la indispensable circunstancia de impetrar licencia del Real Patronato para su erección, como se verifica de una real cédula de 22 de junio de 1633, colocada al folio 45 del libro primero de ellas, existente en el archivo de este Gobierno, por lo cual mandó el rey se le informase sobre el asunto, cuya providencia le cogió tan adelantado, que por justos reparos hizo forzosa su conservación y disimulable aquel requisito, dándole la aprobación necesaria por real despacho expedido posteriormente, según tengo noticia, a instancia de la Orden y Provincia de Nueva España.

Está fundada esta iglesia y convento casi en el centro y corazón de la ciudad, teniendo la una y el otro su frente al Este. El cuerpo principal del templo es de buena altura, capacidad y cargo, aunque las capillas que tiene al Norte son algo bajas. Las cofradías que hay en ella instituidas son las de Candelaria, la de Nuestra Señora de Consolación, la de San Francisco de Sales, y la de Santa Catalina mártir, de pardos libres, y la hermandad de Nuestra Señora del Triunfo.

El convento se compone de un solo claustro, y a su continuación tiene distinto patio, en que están las oficinas precisas para la servidumbre de su comunidad, que llega al número de treinta religiosos. Pertenece esta casa a la Provincia del Nombre de Jesús de la Nueva España; ha producido y cultivado en todos tiempos sujetos para leer sus cátedras y ocupar su púlpito, y los ha dado muy excelentes a su Provincia, entre los cuales nominaré el R.P. Fr. Sebastián de Saldaña, maestro del número y regente de estudios en su insigne Colegio de San Pablo de México, en donde murió, con muchas señales de transitar al descanso eterno. El R. P. Fr. Alejandro Recino, maestro asimismo y procurador general a la Curia Romana por dicha Provincia, a quien aplicó por este religioso la agudeza de un gravísimo agustino aquella alabanza que un orador griego dijo a Filipo, padre del gran Alejandro: *Sufficit filium te habuisse Alexandrum.*[171] El R. P. Fr. José de las Alas, catedrático de Artes y Teología en el enunciado Colegio, y últimamente los RR. padres Fr. Juan y Fr. Martín Rodríguez, maestros del número y priores de este convento y todos hijos suyos y de esta ciudad.

En el propio terreno del sobredicho convento y a espaldas de su iglesia se ha labrado otra mediana, dedicada por los de su tercero orden al Tránsito de Nuestra Señora, a quien celebran anualmente con un octavario muy devoto y solemne, siendo igualmente primoroso el ornato del altar y sepulcro en que se manifiesta la venerable imagen, cuyos cultos promueven con gran fervor y cordial ternura, ejercitándose en otras obras de piedad cristiana.

El del Real y Militar Orden de Nuestra Señora de la Merced, de quien es titular San Ramón Nonato, vino a obtener al cabo de una centuria la regia facultad para fundarse, prueba clara de la naturaleza de los escollos que la impedían, pues costaron todo un siglo para allanarse. Pero ¿qué arduidades no supera con el tiempo la perseverancia, si a la continuación de una gota de agua cede la resistencia de una piedra? El año de 1637 compró unas casas en el barrio llamado de Campeche Fr. Jerónimo de Alfaro, religioso de esta familia, y creyéndose erradamente eran para situar convento las que solo se destinaban para hospedería de los padres que solicitaban la limosna para la redención de cautivos, hizo contradicción el tesorero Juan López de Tapia, como Procurador entonces del Común, siendo éste el primer ensayo

171 Mtro. F. Antonio Gut., aprob. de la arac. fún. del Il. Señor Recino.

de las sucesivas dificultades que habían de suscitarse sobre esta obra, la que pretendió facilitar el año de 1647 la autoridad y diligencia de Fr. Atilano de San José, vicario general de las Provincias de Indias, consiguiendo favorable informe de este Cabildo para S. M., el que se repitió el de 1655, a pedimento de Fr. Francisco de Rojas, Procurador general de su Provincia de San Lorenzo.

Estas instancias no tuvieron ningún efecto, manteniéndose el hospicio por muchos años en una prolija calma, que fue pronóstico, como generalmente sucede, de la mayor borrasca que habían experimentado en este negocio, llegando a esta ciudad orden del rey para que se les cerrase la iglesia que tenían, y en que ya celebraban públicamente los oficios divinos amparados de la antigua posesión, o lo que es más cierto, de las vecinas esperanzas con que se hallaban de conseguir la licencia conveniente y precisa. Puesto en ejecución el real despacho con sentimiento universal de esta ciudad y aun del propio ejecutor, avivaron los religiosos interesados las diligencias, y con nueva y reverente suplica del Ayuntamiento agenciada por el Maestro Fr. Manuel de Ogán y Cepillo, activo promovedor de esta dependencia, tuvo logro la pretensión el año de 1744, solemnizando los padres y todo el vecindario, con recíproco alborozo, la gracia conseguida, aunque no dejó de tener en la posesión motivos para el desabrimiento y causas en que ejercitar la tolerancia con que se venció todo.[172]

Tiene su pequeño templo y convento a la parte del Sur de esta población, con bastante territorio para ampliar uno y otro cuando se proporcionen medios para esta obra. Los religiosos que hoy mantienen serán catorce o quince, conforme a lo que permite el corto fondo de su renta y limosnas del vecindario, los que consuelan y benefician mucho aquella gran parte de la ciudad, y enseñan Gramática, Artes y Teología, cumpliendo también con todos los ejercicios que son tan propios de su instituto, y tan necesarios al bien espiritual de los fieles.

Al tiempo que escribo ésta, es meritísima cabeza de la Provincia de San Lorenzo el R. P. Fr. Melchor Facenda, que siendo hijo de esta ciudad, mirará con duplicadas atenciones de padre esta casa establecida en su patrio

172 Real cédula, Buen Retiro, 17 de dic. de 1754.

suelo, de quien fue primero Comendador el Presentado Fr. Diego Rodríguez Garabito, natural asimismo de ella.

Capítulo XXXVII. Del monasterio de religiosas de Santa Clara fundado en esta ciudad

De los tres monasterios de religiosas fundados en esta ciudad, es el más antiguo el de la Seráfica Virgen Santa Clara, titulado el Santísimo Sacramento, y no la Purísima Concepción, como supone el Mtro. Gil González. Profesan la regla modificada por el Sumo Pontífice Urbano IV.[173] Considerando la prudente atención del gobernador don Pedro de Valdés lo mucho que se iba adelantando la población de esta ciudad y que algunos vecinos de distinción no podían dar estado a sus hijas porque para el del matrimonio les faltaba caudal competente con que dotarlas, y para el de religión no había erigido hasta entonces ningún monasterio de monjas, propuso en el Ayuntamiento se tratase con los vecinos principales, en cabildo abierto, esta especie tan digna de conferirse entre todos, a fin de que se proporcionasen medios de establecer un convento de religiosas, por lo que eran tan interesados en su logro.

Ejecutose como correspondía a una representación tan autorizada y favorable, juntándose en la Parroquial mayor el día 6 de abril de 1603 todos los vecinos de esta ciudad, los cuales se conformaron gustosos con el dictamen del gobernador; y aunque no consta que inmediatamente se hiciesen las diligencias para ocurrir a la Corte, tengo por sin duda que muy poco después se empezó a solicitar con grande esfuerzo el permiso para la fundación del monasterio, así por lo mucho que convenía para la mejor educación y enseñanza de algunas niñas, como para que tomasen estado en él las doncellas virtuosas y nobles que no se inclinasen al del matrimonio.

Habiéndose extinguido algunos años más adelante un devoto beaterio de teresas franciscas que florecía en esta ciudad con conocido ejemplo de virtud, por muerte de su principal promotora Magdalena de Jesús, que lo había fundado, según conjeturas, en aquellos contornos en donde ahora está el Hospital de San Juan de Dios, y parece que subsistió hasta el año de 1627, viniendo por su falta, y quizás también de los socorros temporales, a tal decadencia que se tuvo por bien demoler la capilla y enajenar las casas en que moraban, y consta las compró don Pedro de Armenteros y

173 Teatro ecco. de Ind. cap. 11, f. 275.

Guzmán, por lo que se hizo forzoso proporcionar otro nuevo y más formal recogimiento. para el sexo devoto, y practicar más eficaces instancias sobre la materia.

Consiguiose la real licencia en 20 de diciembre de 1632, y el de 1635 se eligió y asignó el sitio para el monasterio; pero hasta el de 1644 no llegaron a este puerto las fundadoras que fueron cinco, siendo la principal Sor Doña Catalina de Mendoza, que había fundado el de Cartagena de Indias el año de 1617, de donde pasó a esta ciudad con tan santo motivo.[174] Era religiosa, según un autor, de espíritu primitivo, y las compañeras muy a medida de su virtud y celo: sus nombres eran Ángela de Jesús María, Vicaria; Isabel de San Juan Bautista, Maestra de Novicias; Antonia de la Encarnación, Tornera; y Luisa de San Vicente, Portera. Recibiéronlas con el cariño y urbanidad a que eran acreedoras unas siervas de Dios y esposas de Jesucristo, que por su amor y por la propagación de su instituto y consuelo de esta república habían abandonado el sosiego de sus claustros, y expuéstose a los peligros de la navegación, que solo puede contarlos el que llega a padecerlos, no esquivándose a su cortejo ninguna de las matronas nobles y principales de esta ciudad, como se expresa en la relación manuscrita que se conserva en el archivo del monasterio.

Tomaron posesión desde luego del sitio y viviendas destinadas para convento y habitación, para cuya fábrica contribuyeron los vecinos con 12.366 pesos, fincado para dotes de las primeras monjas 37.919 ducados. Quedó sujeto (sin embargo de la condición expresa de la real cédula) por elección de las fundadoras y gusto de los ciudadanos a la dirección y gobierno de la orden seráfica, a cuyo Prelado Provincial dieron la abadía el día 12 de diciembre del prevenido año de 1644, lo que originó un pesado y ruidoso pleito con el Ordinario, Sede vacante, que pretendió quedasen subordinados a su jurisdicción conforme al tenor del rescripto. Intento que no produjo otro efecto que el estrépito y alboroto de la controversia, que llegó a los términos y últimas demostraciones de la severidad del brazo eclesiástico y su poder.

Está plantificado este gran convento en el medio o corazón de la ciudad, corriendo el templo de Norte a Sur, con dos puertas al costado que cae al

174 Memorial de Ind., pág. 13 a 18.

Este; es de un solo cañón o nave no muy mediana; tiene coro alto y bajo, aquél con dos tribunas colaterales y tres ventanas enrejadas hacia el primer claustro. Ocupan los tres de que se compone, con el dormitorio, enfermería y huerta, un terreno muy espacioso, pero muy necesario a la muchedumbre de religiosas, seglares y esclavas que en él habitan. El número fijo de las primeras es el de 100, aunque a veces excede; todas de velo negro, que con las demás personas de la segunda y tercera clase pasan de 250.

Aunque la austeridad de este monasterio no es tanta como la que se observa en los otros dos de que hablaré, ya sea por la mitigación de la regla o ya por la mayor copia de individuos que en él se encierra, y pide mas comunicación y correspondencia con lo seglar, es cierto comprende mucha virtud y perfección religiosa, viviendo algunas, y aun las más, muy desasidas e independientes de lo mundano; y todas muy esmeradas en el culto de su celestial esposo, tributándole alabanzas en el coro y dedicándole adornos muy preciosos para el altar.

El dote que necesitan para su recepción y entrada las monjas es el de 2.000 ducados cada una, conforme a lo dispuesto y ordenado por S. M. en 20 de diciembre de 1632, sobre que habiendo querido hacer novedad el Prelado general de la religión, o un comisario suyo en esta Provincia, tuvo la repulsa correspondiente. El fondo principal de su renta es hoy la cantidad de 550.000 pesos, que a rédito de un 5 %, que es a como corren aquí los censos, monta su ingreso anual 27.500 pesos. Casi frontero a la sacristía está el hospicio de los dos religiosos de la observancia que se destinan para la asistencia del monasterio, sirviéndoles de sacristán un tercero de hábito exterior o un lego de la orden.

Entre las religiosas que de este convento pasaron a fundar el de las catalinas (de quien he de tratar inmediatamente) fue la principal la venerable madre y ejemplar Sor María de la Ascensión de Soto, de cuyas virtudes dio algunas noticias su padre espiritual y gravísimo director el R. P. Fr. José Bullones, en la declamación que hizo en sus honras el día 23 de julio del año de 1713, y después se imprimió en la Puebla; de donde solamente copiaré que, acordándole al tiempo de morir el misterio que celebrábala Iglesia aquel día, que era el de la admirable Ascensión de Ntro. Redentor, cuyo nombre había tomado en su profesión, entonó con gran regocijo: *Ascendo ad Patrem meum, et Patrem vestrum.*[175] *Alleluja, alleluja*, entregando así gustosa su espíritu en manos de su amado esposo: cisne no menos cano por su pureza y edad, que canoro por el gorjeo último de su dichosa vida.

Estando esta obra en los borradores, murió en el expresado monasterio la R. M. Emerenciana de Santa Clara de la Paz, religiosa de tan varonil y vigoroso espíritu en su mortificación y austeridad, que habiéndose encargado la oración fúnebre de las exequias que le hizo su convento al R. P. Felipe Pita, lector ya jubilado de la regular observancia de Ntro. P. S. Francisco, la predicó el Pablo de las mujeres, haciendo un delicado cotejo entre este segundo apóstol y la venerable difunta, de quien, entre otras especiales circunstancias, refirió el estupendo favor que mereció de su esposo en disponer que, estando privada de la vista corporal enteramente, no padeciese este impedimento al adorar y recibir la hostia consagrada, siendo lince de este divino sacramento la que era topo para todo lo demás del mundo.

175 Sermón fún., imp. en Puebla, 1714, Imp. de Miguel Ortega.

Capítulo XXXVIII. Convento de Santa Catalina de Sena y Santa Teresa de Jesús

El de las señoras recoletas de la esclarecida virgen Santa Catalina fue obra toda de la religiosísima casa de los Aréchagas, ilustre en este vecindario, contribuyendo doña Ana, doña Francisca y doña Teresa sus patrimonios para la fábrica y fundación, a que ayudó también con sus expensas el doctor don Juan de Aréchaga, su hermano, oidor más antiguo de la Real Audiencia de México, de quien haré después más honorífica y difusa memoria. Empezose a tratar de su establecimiento el año de 1680, sobre que, habiendo ocurrido las tres pretendientes a S. M., pidió informe a este Cabildo y fue la respuesta tan favorable que facilitó los designios de tan honestas como nobles matronas, hallándose ya el de 1698 finalizado el edificio; pero no se solemnizó la dedicación del templo hasta el de 1700. Pasaron a fundarlo, como ya apunté, tres religiosas muy espirituales del convento de las clarisas, que fueron la expresada Madre Ascensión, Sor Clara de Jesús, su hermana en la carne, profesión y espíritu, y Sor San Buenaventura de Arteaga, que cultivaron el nuevo plantel con tan santas instrucciones y loables ejemplos como lo califican los frutos admirables de virtud que hoy está dando para gloria de Dios y de su iglesia.

La situación de este ejemplarísimo monasterio o religiosísimo relicario, está a la banda del Norte, y su templo corre de Este a Oeste; es de sola una nave y tan bien proporcionada en sus tamaños como aseada y curiosa en sus adornos. Las dos puertas que tiene al Sur y caen a su plazuela le introducen y comunican bastante luz para hacerlo muy claro y despejado; pero ni aun esto contribuye a divisar por entre las rejas las religiosas, que están cubiertas de canceles o celosías tupidas de hojas de lata, que apenas puede la vista más perspicaz distinguir los bultos, guardando este mismo retiro en su locutorio. La fábrica interior es muy acomodada para la habitación de sus monjas y servicio y recreo de su comunidad, para lo que tiene una hermosa huerta de que forman sus manos un paraíso, en donde del candor de su pureza y buen olor de su virtud participan las flores más belleza y fragancia.

El número cierto de religiosas que se constituyó desde el principio debía tener este monasterio fue el de quince, correspondiente al de los sacratísimos misterios del Rosario, y para que se nombrasen, conforme a ellos, Sor N. de la Encarnación, Visitación, Natividad, etc. Después se aumentaron hasta dieciocho, en que hoy permanece. Hay fuera de éstas algunas legas y donadas para el servicio de más fatiga, y entre todas componen treinta. La cantidad de dote es uniforme en todos tres conventos: está sujeto éste a la dirección del ordinario, que les asigna un clérigo para capellán y confesor y otro de órdenes menores para sacristán. El primero tiene su vivienda frente de la iglesia, para el más pronto socorro y consuelo de la comunidad, y ambos estipendio proporcionado a su ministerio.

Del mucho recogimiento, continua oración y rígida austeridad en que viven y se ejercitan estas siervas del Señor, se infiere bien la multitud de verdaderas esposas de Jesucristo que ha habido siempre y hay en este convento, en donde, aunque habitan acá en la tierra, toda su conversación es en el cielo; pero no me es posible individuar algunas, porque mi pluma no es de tanto vuelo, ni mi espíritu capaz para tratar de estas materias, tan propias de personas místicas como ajenas de las profanas o seculares como yo. Solo referiré sucintamente la constante opinión de santidad con que murió el año de 1742 la Madre María de la Visitación, religiosa favorecida del Señor con especiales revelaciones, de que aunque no tengo auténticos testimonios, he oído noticias muy fidedignas, bastantes para la credibilidad o asenso de una fe humana.

El de Santa Teresa de Jesús de carmelitas descalzas fue procurada su fundación por el doctor don Francisco Moreno, Profesor de Medicina, y por doña Ana Tadino su mujer, vecinos de esta ciudad, quienes ofrecieron porción considerable de su caudal para edificar la iglesia y convento, y conducir de Cartagena las religiosas que debían venir para establecerlo, cooperando el señor Evelino, con su gran celo y actividad, no solo a dar calor a las diligencias, pero aun a asistir personalmente a la fábrica. Eligiose entre otros sitios propuestos el de la ermita de Belén o de S. Melchor y casa en que se criaban y recogían los niños expósitos, que después ordenó el rey, por real cédula del año de 1705 dirigida al Cabildo de esta ciudad, se restableciese en otro paraje.

Llegaron a este puerto el año de 1700 las tres fundadoras, que fueron Catalina de S. Alberto, Bárbara María de Santa Catalina, natural de esta ciudad (que había pasado niña con sus padres a la de Cartagena, con motivo de ir proveído teniente de gobernador y Auditor de guerra de aquella Plaza el Licenciado don Gregorio Lazo de la Vega, su padre) y Bárbara de la Santísima Trinidad, todas de la virtud y religiosidad que requería un fin tan santo como el de cimentar el edificio espiritual de un monasterio, que, por la más perfecta observancia de su regla y reformado instituto, fuese un huerto de las delicias del Señor y un relicario precioso para ornamento de su república, que lo venera y estima como uno de los más principales que la ilustran.

La situación o asiento de esta ejemplarísima casa está a la parte occidental y tiene su frontera al Oriente. La iglesia que ahora ha labrado es más grande y cómoda que la antigua; pero así ella como sus viviendas son muy conformes a la estrechez de su instituto. No le falta al templo todo el primor, aseo y gala proporcionada a la decencia del divino culto, como ni en las habitaciones la extensión necesaria al desahogo y honesta recreación de la comunidad.

Bajo del patrocinio del Patriarca San José ha vinculado esta virgínea casa sus progresos, y en ella está hoy establecida la cofradía de Nuestra Señora del Carmen, que se fundó en la iglesia de San Agustín. Tiene dieciocho monjas de velo negro y tres de velo blanco, que con otras sirvientes de color pardo llevan el peso de la cocina y otros empleos de igual trabajo. Gobiérnalas, como a las catalinas, el ordinario que les pone y señala ministros asistentes.

De este coro de vírgenes o esfera de ángeles, posesión fecundísima del Monte Carmelo, ha cogido el divino agricultor muchos frutos de honor y honestidad; pero la que ellas observan en ocultar las dignaciones de su esposo o sacramentos de su amado no me permite especificar los singulares créditos de virtud con que ha florecido alguna, suponiendo que es igual y común en todas.

El año pasado de 1752 descansó en paz la R. M. Bárbara de Santa Catalina, una de sus fundadoras, cuya vida y muerte creemos piadosamente fue muy preciosa en los ojos del Señor, pasando proyecta en años y merecimientos a gozar de la inmarcesible corona de la bienaventuranza.

Capítulo XXXIX. Del colegio de la Compañía de Jesús y de los de San Ambrosio y San Francisco de Sales

De los tres colegios fundados hasta ahora en esta ciudad, es el de la Compañía de Jesús el *novissimus primus,* quiero decir, el primero en la previsión y el deseo, y el último en la ejecución o establecimiento, conforme a aquel axioma filosófico: *quid prius est in intentione, posterius est in executione.* La primera residencia que tuvo en estas partes la apostólica milicia del grande Ignacio, cuando pasó a la conquista espiritual de algunas provincias de este Nuevo Mundo, con las armas de su doctrina y buenos ejemplos, fue (como escribe un grave cronista de esta familia)[176] nuestra feliz Habana, primera en esta circunstancia, y sin segunda en el ansia y solicitud de que se radicase en esta población, manifestándose tan inclinada desde sus principios a los padres Jesuitas, que cuando arribaron náufragos o perdidos a este puerto aquellos santos varones que después murieron invictos mártires en el Brasil,[177] hallaron extremos de veneración y benevolencia en sus moradores, los cuales mostraron en la comunidad del hospedaje y profusión de los regalos, no solo el generoso carácter de sus ánimos, sí también su devota propensión al instituto, repitiendo muchas pruebas de ella con las continuas instancias y ofertas que hicieron para la fundación de este Colegio, con tan constante tesón, que como confesó una Ilma. Mitra, le hizo derramar muchas lágrimas de espiritual consuelo, que suelen ser mudas expresiones del gozo del alma ver como solicitaba el fervor de unos seculares lo que era y debía ser empeño más propio de los eclesiásticos.[178]

Desde el año de 1656 se trato y ocurrió por el Regimiento de esta ciudad al rey Nuestro Señor a impetrar la facultad necesaria para que se fundase en ella Colegio, cuya súplica se denegó por S. M.; y al año siguiente de 1658, habiendo venido de la Nueva España el P. Andrés de Rada a promover y practicar nuevas diligencias al propio deseado fin, se volvió a insistir en la pretensión, ofreciendo los vecinos 14.000 pesos, fuera de algunos materiales para la fábrica y territorio para corral de ganado o ingenio de azúcar. Escribiose sobre el asunto a S. M. y al Rmo. P. Prepósito general de la

176 Flrcia., Historia de la Comp. de Nueva España, lib. 1, fol. 22 y sig.
177 Ib., fol. 40.
178 Carta del señor Evelino al Cabildo, 10 de nov. de 1700.

Compañía; pero no tuvo efecto por entonces, ni se logró tampoco después en el año de 1682, que con nuevo informe y más cuantioso ofrecimiento se volvió a reiterar la súplica, a que dio mayor vigor después la celosa cuanto eficaz actividad del señor Evelino, quien a más de haber comprado sitio en que labró ermita de San Ignacio, destinándola para el Colegio, se obligó a dar 10.000 pesos, sin que bastase esto a facilitarla, sirviendo cada negativa de un nuevo estímulo para la pretensión.

El año de 1704 los padres Francisco Díaz Pimienta y Andrés Recino, naturales de esta ciudad, y el de 1713 los padres José de Arjo y Fernando Reinoso, agenciaron vivamente el negocio; pero ni los unos ni los otros consiguieron ver vencidas las dificultades que lo impedían, hasta que don Gregorio Díaz, presbítero, natural de esta ciudad, estipuló darles 4.000 pesos en unas pingües haciendas que tenía por bienes suyos, con cuya donación se allanaron los antiguos embarazos y el rey expidió en Lerma, a los 19 de diciembre de 1721, la licencia precisa para la fundación, a tiempo que estaban ya en esta ciudad los padres José de Castro Cid y Jerónimo de Varaoria, personas de virtud y letras.

No se efectuó desde luego la plantificación del Colegio, porque hasta el de 1724 hubo sobre la elección del sitio alguna perplejidad en los pareceres, resolviéndose al fin por más conveniente tomar el que les había preparado tantos años antes el Ilmo. Evelino, en el paraje y ermita enunciada de San Ignacio, que está en la plazuela de la Ciénaga y casi fronteriza por las espaldas a la boca del puerto. Fabricose una iglesia con las puertas al Sur, para que sirviese interinamente a sus funciones, hasta que con más fondos se pudiese emprender otra más grande y se fuesen haciendo de más terreno, por no tener el suficiente para la fábrica y precisa extensión de un buen colegio, el que ya está muy adelantado en sus viviendas y en la construcción de la iglesia, obra que fenecida, sin embargo de la irregularidad del territorio, quedará muy sólida, hermosa y bien proporcionada.

Tiene ahora nueve o diez padres presbíteros y tres coadjutores. Es patrón del Colegio el castísimo Patriarca S. José, y está fundada en su iglesia la congregación de la buena muerte, con cuyos ejercicios y otros de grande utilidad corresponden los padres jesuitas, con crecidas ventajas, a este vecindario, lo mucho que desearon y pretendieron, su fundación, enseñando no solamente en sus clases Latinidad, Artes y Teología con el conato que se experimenta en todos sus colegios, pero dando también a pequeños y grandes las mejores instrucciones para la salud de sus almas, como el más propio y principal empleo de su instituto.

El Colegio titulado del Señor San Ambrosio, lo eligió el Ilmo. Evelino el año de 1689 o el antecedente, para la educación o enseñanza de doce niños, que sirviendo en el altar y coro de la Parroquial mayor, se impusiesen desde su tierna edad en los ritos y ceremonias de los divinos oficios, y tomando el estado clerical, fuesen más aptos e idóneos para los ministerios de la Iglesia, a cuyo fin los proveyó de un preceptor de gramática y un maestro de canto, dándoles también rector que los dirigiese y disciplinase en todo lo demás que es concerniente a la honestidad de las costumbres y corrección de los deslices pueriles; obra muy importante y de que tuvo real aprobación, como consta de una cedula expedida en 9 de junio de 1692.

El hábito que visten y usan los colegiales es sotana parda de lana, con beca colorada de lo mismo, y traen bonete. Para la subsistencia de ellos y salarios del rector y maestros, fundó el caudal que juzgó preciso, situando la casa en las cercanías de la Parroquial, y tan contigua a la episcopal que no la dividía más que una pared, para influir más inmediatamente en su buena crianza, a cuyo fin hizo abrir puerta interior por donde podía más fácilmente celar sus ocupaciones; digno y admirable cuidado de aquel Pastor, que entre tantos como tenía, diese lugar al de la instrucción y disciplina de estos infantes.

Por los años de 1605 y siguientes tuvo establecido en esta ciudad el Maestro don Fr. Juan de las Cabezas, en virtud de lo dispuesto por el Santo Concilio de Trento, un Colegio como el antedicho, a que sufrago con los auxilios que pudo arbitrar el Ayuntamiento y vecindario; pero no subsistió su erección después que fue promovido de este Obispado, porque parece no pudo dotarlo de alguna renta capaz de mantenerse en lo sucesivo una obra tan útil como recomendada.

El Colegio de las niñas, dedicado al Apóstol de Chablais, San Francisco de Sales, está al lado del palacio o casa episcopal; fundolo el mismo venerable prelado, con poca diferencia de tiempo al en que hizo la erección del antecedente, según se percibe del real despacho citado arriba y de otro de

5 de junio de 1690, a fin de que en él se criasen y mantuviesen algunas doncellas huérfanas y pobres, que por falta de sus padres y de caudal para sustentarse vivían más expuestas a los peligros del mundo y fragilidades de la naturaleza y sexo, dejando perpetuado este honroso asilo a las que deseasen vivir honestamente recogidas y no públicamente infamadas o distraídas. Tienen su maestra o madre que cuida y cela las ocupaciones de las colegialas, y se maneja por torno y rejas como cualquiera monasterio muy regular, entrando solo a decirles misa en su capilla interior un sacerdote que está asignado para esto y para otros fines de su consuelo y dirección espiritual.

Capítulo XL. Del hospital de San Juan de Dios y del de mujeres de que es titular San Francisco de Paula

De los cuatro hospitales establecidos en esta ciudad para la curación y alivio de los dolientes es el principal en orden y antigüedad el del caritativo P. S. Juan de Dios, conocido por el Hospital Real de S. Felipe y Santiago, en cuyo día se hizo la dedicación de su iglesia, como refieren algunos cronistas. Vinieron a esta ciudad de la de Cádiz el año de 1603 tres hermanos hospitalarios, de quien era superior el P. Fr. Diego de Fuentes, a los cuales en cumplimiento de la orden de S. M. se les entregó la hospitalidad que antes había en ella, y que según entiendo estuvo situada en distinto paraje, cercano al mar, conforme a lo que se percibe de algunos cabildos de aquellos tiempos y de otros monumentos que por la letra y estilo están difíciles de entenderse, el cual sitio por menos cómodo creo abandonarían los fundadores, tomando muy desde luego a su cargo lo que era tan legítimo empleo de su profesión y tan debido a la confianza del Soberano que los destinó para él, experimentando en la beneficencia del Rmo. obispo don Fr. Juan de las Cabezas, atenciones y oficios muy paternales.

Por el año de 1617 se mandó aplicar por el rey para el socorro de las necesidades de este hospital la mitad del ingreso de penas de cámara, y por cédula de 22 de enero de 1634 que se le acudiese con un real de cada plaza de soldado de los que servían en este presidio;[179] pero no pareciendo suficiente el producto del primer ramo destinado, se le asignó de los reales novenos que pertenecen a S. M. de la renta decimal, cantidad considerable que se le contribuye y percibe efectivamente cada año, disfrutando, a más de ésta, otras muchas que le han situado los vecinos para manutención de los enfermos y religiosos y crecidos gastos de su curación y subsistencia.

En el siglo pasado, según la cronología de su orden,[180] tenía esta casa cien camas y parece se computaba curaría al año ochocientos enfermos; pero con el aumento, multiplicación del vecindario y mayor frecuencia en el comercio, ya no se reputan ni cuentan por cientos los dolientes que curan,

179 Memorial de Ind., pág. 13 vuelta.
180 Cronología, t. 2, pág. 431.

sino por millares, para lo que ha sido forzoso crezca también la comunidad, que pasa el día de hoy de treinta religiosos.

El sitio de la iglesia y hospital está hacia el Norte y tiene su fachada al Este. El cuerpo de aquélla es mediano, pero adornado de varios altares. En el principal, que es de muy buena talla, está colocada la prodigiosa imagen de Ntra. Sra. del Monte, de quien se calificaron en la antigüedad muchos milagros. Celébrase en la festividad de la Presentación de la Santísima Virgen con un octavario, que fue en otros tiempos de los más solemnes y plausibles que ha habido en esta ciudad, porque lo reciente de sus maravillas avivaba entonces el fervor de los fieles para el obsequio y la gratitud de los favorecidos para la retribución, y ahora apenas se conserva la memoria de ellas en las tibias aunque religiosas expresiones del culto. Están erigidas en este templo las devotas cofradías de Santa Ana y la de Ntra. Sra. de la Soledad, costeando esta última todos los Viernes Santos la seria y edificativa procesión del entierro de Cristo Ntro. Señor, cuyo sepulcro y las andas de Nuestra Señora son de mucho precio.

Tiene para habitación de los religiosos un claustro alto y capaz, y tres salas bajas muy espaciosas para los enfermos, y aun ya no son suficientes en ocasiones para la copia de ellos que ocurre y que hace a veces forzoso desacomodar de sus viviendas a los mismos asistentes y aun labrar en los ambulatorios o pasadizos del claustro piezas provisionales en que recogerlos y curarlos, para lo que está proveído de botica abastecida de drogas y medicinas proporcionadas a la variedad y multitud de dolencias que en él se curan.

Pertenece esta Casa de hospitalidad a la Provincia del Espíritu Santo de la Nueva España, cuyo capítulo le provee de priores y demás oficiales para su régimen cada tres años. De los prelados que la han gobernado han ascendido dos a las comisarías generales que tiene la religión en estos reinos. El R. P. Fr. Diego de Gusquila al de las Provincias de Tierra Firme y el R. P. Fr. Francisco Barradas al de México.

El Hospital de mujeres dedicado a S. Francisco de Paula, máximo Patriarca de los Mínimos, que después del precedente es el más antiguo, tuvo su origen de la última voluntad y piadosa disposición de don Nicolás Estebes Borges, natural de esta ciudad y Deán de la Santa Iglesia de Cuba, de quien se ha hecho memoria en otra parte de esta obra, debiendo a la autorizada protección del Maestre de Campo don Francisco Dávila Orejón (en quien se enlazaban con exquisita concordia lo político, lo militar y lo religioso) los más sólidos fundamentos para la erección de la iglesia y fábrica de las enfermerías. El año de 1665 pidió al Cabildo de esta ciudad se le hiciese merced de cuatro solares para recompensar a ciertos vecinos el sitio de que quería valerse para el establecimiento de la expresada casa; y habiendo conseguido la gracia y hecho la remuneración debida con el auxilio del señor obispo don Juan de Santo Matías, y la piadosa condescendencia del vecindario, consumó la fábrica del templo y hospicio, que se formalizó con la dotación de 40.000 pesos de principal, para la subsistencia de cuatro camas en que se mantuviesen y curasen mujeres pobres y desvalidas, destinando para el cuidado y asistencia corporal una enfermera o madre y una esclava o criada para su servicio, y médico asalariado. Para lo espiritual se estableció un clérigo capellán y un ordenante para la sacristía, nombrándose también un presbítero mayordomo administrador de sus intereses.

Fundose cofradía del santo titular, cuya devoción me persuado tuvo origen en esta ciudad de la especial merced que con tantas señales de milagrosa experimentaron sus moradores el año de 1602 en la gravísima epidemia que padecieron,[181] pues habiendo ocurrido a su patrocinio en aquella general calamidad y hecho voto de celebrarlo, lograron por su ruego e intercesión se aplacase la ira divina, cesando inmediatamente el contagio, como se relaciona en la crónica del Santo, que ha favorecido con otros beneficios prodigiosos a esta ciudad en distintas ocasiones y conflictos en que ha solicitado su amparo, de que se refieren algunas en sus historias.[182]

El año de 1730 padeció ruina con un recio temporal de viento y agua el antiguo templo, y se comenzó a labrar otro nuevo, formándose de bóveda la capilla mayor y las colaterales, con su cúpula y linternas, en cuyo estado, con especial recomendación de S. M., tomó a su cargo la obra el Ilmo. Lazo, dando breve y cabal cumplimiento a la renovación de la enfermería y conclusión a la iglesia el año de 1745, con igual esmero al que se reconoce en todas las demás que emprendió este magnánimo prelado. A más de las

181 Crónica gen. de S. Fco. de Paula, lib. 2, cap. 31, folio 78.
182 P. Gómez de la Cruz, V. de S. Fco. de Paula, lib. 5, cap. 19, pág. 409.

salas y cuartos precisos de la hospitalidad, le fabricó capaces viviendas para el mayordomo y capellán, continuó el templo de bóveda y lo adornó con un buen retablo, ilustrando la portada con algunas imágenes de piedra. Está situada esta casa a la parte del Sur, en un ángulo de la población, por donde empieza a correr hacia el Occidente. Hay en ella hermandad del Rosario, de que es patrona Ntra. Sra. de las Nieves, que se venera en esta iglesia.

Su actual mayordomo, don Pedro Alonso Lodares, comisario de la Santa Cruzada, ha dotado una cama más sobre las cuatro que tenía, y ha representado a S. M. se halla en ánimo de completar hasta el número de doce y levantar las viviendas de la hospitalidad, para que se curen las mujeres de calidad con separación de las otras de distinta clase, que será obra importante y muy propia de su piadoso corazón, que en tantos años de manejo ha experimentado la necesidad, que hay de ampliar esta casa, para el alivio de tantas pobres infelices como ocurren a buscar en ella la salud, que por otros medios no pueden conseguir.

Capítulo XLI. Convalecencia de Nuestra Señora de Belén y hospital de San Lázaro de esta ciudad

La hospitalidad de convalecencia de que es titular S. Diego de Alcalá y que está a cargo de los religiosos belemnitas, es debida al piadoso corazón y benignas entrañas del señor Evelino, a quien he nombrado tantas veces en el contexto de esta obra, pues aunque no le dio a la de que tratamos el cabal complemento de que ahora goza, fue quien formó la idea y dejó asentados los principios que han contribuido tanto a su posterior aumento y casi ultima perfección.

Lastimábase este compasivo prelado y vigilantísimo pastor de los fatales y repetidos sucesos que se experimentaron en esta ciudad, así entre la gente presidiaria como en la forastera, que saliendo del hospital no bien restablecida la salud, por el desorden del apetito se desarreglaban en comer frutas y otros sustentos o golosinas provocativas al gusto, pero dañosas a su viciada complexión; y deseando poner remedio a este muchas veces mortal estrago, le sugirió su caritativo desvelo la favorable especie de fundar una convalecencia, de donde saliendo los enfermos enteramente reparados de sus dolencias, hicieran menos factibles las desgracias de sus recaídas y reincidencias.

Con este designio, pulsando sus fuerzas para tamaña empresa, halló que los fondos de su congrua (muchísimo menos pingüe entonces) gastados en el socorro de los pobres y consumido o empeñado en tantas obras pías como había ejecutado, eran muy inferiores para este proyecto. Desatendiendo lo que dictaba la cortedad de la prudencia humana, fijó su corazón en lo que debía esperar de la providencia y misericordia divina. Inspirábale eficazmente (como lo expuso a S. M. en carta de 6 de mayo cuya copia guardo) el admirable ejemplo que algunos años antes se había tocado visiblemente en esta ciudad con el devoto hermano Sebastián de la Cruz, tercero del hábito exterior de S. Francisco, que sin más rentas que las limosnas que demandaba diligente y el pueblo le contribuía compasivo, dispuso en una casa particular una acomodada aunque pequeña enfermería donde llevaba, asistía y curaba con la mayor caridad y regalo a cuantos forasteros y desvalidos por el sobre escrito de sus semblantes reconocía estar enfermos, solicitando a costa del propio afán el alivio ajeno, si es que puede llamarse así el del prójimo, con quien la caridad nos debe hacer unos mismos, no faltándole nunca para este piadoso destino lo necesario; cosa que alentó mucho el ánimo y confianza de aquel buen prelado, y que a mí me estimula a escribir el extraordinario modo con que se introdujo en esta ciudad el referido hermano, para que se vea cuán flaco y despreciable fue el instrumento que eligió Dios para facilitar en ella obra tan grande como la fundación de esta insigne hospitalidad.

Apareciose este advenedizo en La Habana por los años de 1677 o 1678, con señales de loco, desnudo de la cintura arriba, descalzo de pie y pierna, con una banderola en la mano, hecha de andrajos; figura con que provocaba la risa de la plebe y el mal tratamiento de los muchachos, con quienes se mostraba tan afable y comedido después que descargaban en él su furia, que los regalaba, así con los mendrugos de pan como con otras cosas que recogía de limosna. Fuese notando en él, a más de esto, un perpetuo silencio y una inalterable paz en cualquiera molestia o injuria que recibía, y que a veces recostándose en los abrojos se recreaba entre sus puntas como un catre de plumas o lecho de flores, sacando el cuerpo taladrado de las espinas y teñido de sangre, donde solamente los insensatos que estimaban por locura lo que en la realidad era mortificación y penitencia no inferían se embozaban entre aquellos excesos algunas máximas celestiales. Verificose así, porque dentro de pocos días salió a representar en distinta escena con el hábito ceniciento de penitencia el honesto y agradable papel de la misericordia, el que ejercitó hasta su muerte, edificando con su compostura a los mismos que tal vez habría descompuesto con su aparente y ridícula fatuidad.

Éste fue uno, si no el principal, de los motivos que concurrieron para promover la erección de esa convalecencia, siendo muy semejante el origen que tuvo la Compañía betlemítica de Nueva España al de su establecimiento en esta ciudad, pues allá la empezó a fundar el venerable P. Betancourt, del tercero orden seráfico, y en La Habana otro hermano del mismo instituto plantó el primer diseño que dio tanto calor a los principios de esta fundación.

A instancias del expresado Rdo. obispo, y representaciones de la Excma. Sra. Duquesa de Alburquerque, Virreina de México, a quien interesó Su Ilma. en este negocio, y que con su presencia y autoridad les daba tanta eficacia, que obraban las insinuaciones como preceptos, se nombraron a los padres Fr. Pedro de la Sma. Trinidad, Prefecto del Convento y Hospital de dicha Corte, a Fr. Francisco del Rosario y a Fr. Julián de S. Bartolomé, para que de la Convalencencia de allí viniesen a instituir y plantificar la que se proyectaba en esta ciudad, a donde solamente llegaron dos religiosos el año de 1704.

Púsolos el citado señor obispo en la huerta de San Diego, que servía de recreación y retiro a su persona en determinados tiempos, dejándoles en ella un espacioso y ameno sitio, una pequeña ermita dedicada a su titular el año de 1695 y algunas habitaciones bajas para vivienda de los religiosos y curación de los enfermos, que todo le tuvo de costo 30.000 pesos, y ocurriendo inmediatamente a S. M. con informe de este Cabildo y de los prelados regulares, obtuvo de la real piedad la licencia deseada, condescendiendo con las ansias de este pastor y las proposiciones que hizo de facilitar la dotación de seis camas y de contribuir hasta 10.000 pesos para concluir las fábricas que faltaban; y no permitiéndole su aniquilada renta y poco tiempo que vivió después se pudiese extender a más, se verificó acabados sus días, lo que antevió años antes y dejó escrito en una de las dos tablas que colocó en el antiguo hospicio y hasta hoy permanecen en la sacristía del nuevo templo, cuyo tenor trasladaré aquí:

HUIC BASILICÆ ADJUNCTUM EST HOSPITIUM PIUM
UT PAUPERES VALETUDINARII, E NOSOCOMIO DIMISSI,
IN EO POSSINT CONVALESCERE ET REPARARI.
CENSUM NON RELIQUIT FUNDATOR QUIA NON HABUIT.
DOMINUS PROVIDEAT VIRUM PIUM ET MISERICORDEM,
ET IN HUNC ANIMUM INDUCAT. AMEN.

Proveyó pues el Señor un varón piadoso y rico que perfeccionase con su caudal la expresada obra, tomándola a su cargo el Alférez Juan Francisco Carvallo, mercader vecino de esta ciudad, quien habiendo en su vida finalizado el primer claustro y casi dado el último complemento a la iglesia, murió el año de 1718, y con el remanente de sus cuantiosos bienes se adelantaron las enfermerías, que hoy están concluidas enteramente, y son de tan buen orden de arquitectura en lo material, como en lo sustancial de la asistencia de los convalecientes. Goza el mejor y más exacto régimen, tocándose muy uniforme en sus salas la distribución de los lechos, la limpieza de la ropa, la buena calidad de los alimentos, y mejor que todo, el gobierno y perfecta dieta de los dolientes; de modo que aunque aborrezco encarecimiento y resisto comparaciones porque son odiosas, me es preciso decir, estando a las noticias de personas veraces e indiferentes, ser este hospital uno de los mejores que tiene la congregación betlemítica en todas las Indias.

La hermosura, claridad y extensión del primer claustro, el primor y ornato de su sala de recibo y hospedería, la capacidad y distribución de sus interiores oficinas y lo deleitable de su huerta, tiene mucha correspondencia y ajustada simetría con todo lo demás magnífico y lustroso de esta peregrina casa. Su templo es un crucero de bóveda bien proporcionado en sus tamaños, cuya puerta principal y extendido atrio cae el Oriente. Está adornada aquélla de estatuas de piedra y efigies de santos; el interior ornato de sus altares, de su coro y sacristía es de mucha estimación, valor y lucimiento.

Tiene esta hospitalidad veintidós religiosos, el uno presbítero, y aunque pocos en numero, obran como muchos en el servicio y consuelo de sus enfermos y en otros empleos de devoción conforme a su regla, que observan en su primitivo vigor, esmerándose bastante en la escuela que tienen para los niños, a quienes instruyen en los rudimentos de la fe y enseñan a leer, escribir y contar con el más exacto cuidado y sin interés alguno, ni distinguir para la solicitud de su aprovechamiento los ricos de los pobres ni los nobles de los plebeyos, porque es para todos igual su desvelo y atención.

El hospital de S. Lázaro está extramuros de esta ciudad distante de ella como un cuarto de legua, cerca del mar en la costa del Norte y banda del Poniente. Parece se señaló este sitio con prudente reflexión porque siendo la brisa el viento general que reina aquí corrieran los hálitos o efluvios para el mar y no hacia la población.

El año de 1681 hizo Pedro Alegre, vecino de esta ciudad, donación de una estancia y de algunas alhajas y ornamentos para ayuda de fabricar hospital a los lazarinos y para el servicio de la iglesia o capilla que se construyese a los contagiados de tal achaque; y desde entonces se empezó a promover esta importantísima obra. Se dilató la licencia del rey hasta el año de 1714, que por real despacho fecha en el Pardo a 9 de junio se dignó aprobar la fundación y se le fueron aplicando algunos arbitrios con que se pudiesen mantener y vivir separados los infectos de este mal, cediendo a su beneficio el Ayuntamiento de esta ciudad, propenso siempre al establecimiento y alivios de este hospital, el producto del arrendamiento de los corrales de recoger ganado vacuno que tenía en el pueblo de Guanabacoa, que hasta ahora disfruta, y después le donó la propiedad del terreno de una huerta que en precario había concedido al doctor Teneza.

Gobernando esta plaza el Marqués de Casa-Torres, acaloró la edificación del templo y de algunos cuartos para vivienda, y después se le han aumentado algunas fábricas y rentas, siendo la más gruesa la de 18.000 pesos de principal que de sus bienes mandó imponer a censo el Excmo. señor don Dionisio Martínez de la Vega, gobernador que fue de esta plaza, dejándole este perpetuo monumento de su piadosa inclinación; pero aún no tiene el régimen y perfección que se desea y necesita para que esté con la debida comodidad y separación que es justo tenga; pues aunque el año de 1753 se aprobaron por el rey Nuestro Señor los arbitrios propuestos para su fábrica por el gobernador y el ofrecimiento que hizo el Ilustre Cabildo, y en consecuencia de su real voluntad manifiestamente inclinada a fomentar y favorecer este lazareto, habiendo tenido efecto aquéllos, se tomó la providencia de principiar la fábrica del nuevo hospital algo apartado del antiguo y a mayor distancia de esta ciudad, no ha tenido la obra el adelantamiento que se creía y esperaba. Habiéndose consumido el caudal que produjeron las dos escribanías beneficiadas y las limosnas y otras contribuciones del vecindario, quedando solo subsistente a su favor la renta que de los 4.000 pesos de sus propios se obligó a imponer el Ayuntamiento, que ya tiene casi satisfecha, en cuyo estado parece indispensable se apliquen otros medios para que tenga el deseado fin una obra de la mayor recomendación.

La iglesia que tienen es proporcionada para que oigan misa, confiesen y comulguen los dolientes, y para que se sepulten en ella los que mueren en el hospital. Su capellán perpetuo es clérigo secular, corriendo todo lo demás de su gobierno temporal a cargo de un mayordomo o mampostor que nombran los gobernadores de esta plaza como vice-patronos.

Capítulo XLII. Del oratorio de San Felipe Neri, hospicio de San Isidro, ermita de Monserrate y casa de niños expósitos

No ilustra menos que ejemplifica a esta ciudad el Oratorio y Congregación de S. Felipe Neri, que habiéndose establecido primeramente el año de 1666 en la Parroquial de la Iglesia Mayor, por nuestro Ilmo. obispo Santo Matías, que la fundó bajo de las reglas y constituciones de la de S. Pedro de México, después se trasladó a la del Santo Cristo del Buen Viaje, que aún no era auxiliar, por los años de 1672 o más adelante, en virtud de la merced que el gobernador y Cabildo de esta ciudad hicieron a dicha Congregación del expresado templo, cuya gracia o donación confirmo por real cédula la Serenísima Sra. reina Gobernadora, de que solamente permanece la noticia en un libro antiguo del mencionado Oratorio, en donde se tomo la razón y han perecido los títulos originales de esta donación.

En 13 de noviembre de 1693 pasó dicha Congregación al nuevo templo y oratorio que le fabricó el Licenciado don Francisco de Sotolongo, cura beneficiado de las parroquiales de esta ciudad, en casas que fueron de sus padres y quiso consagrar a Dios, para lo que obtuvo licencia de don Severino de Manzaneda, gobernador de esta plaza, que se dignó aprobar la Católica Majestad de nuestro monarca don Carlos II, expendiendo el referido don Francisco en esta obra, a más de las limosnas de los congregantes, así eclesiásticos como seglares, parte considerable de su caudal y renta, formalizando con su fervorosa aplicación y autorizado ejemplo, en cuanto fue posible y adaptable, la observancia de los citados estatutos y otros ejercicios de conocida edificación y utilidad, los cuales, no obstante su muerte, se fueron continuando sin interrupción ni decaecimiento hasta nuestra edad. Contribuyó mucho la asistencia que siempre tuvieron en dicho Oratorio algunos ancianos y ejemplares sacerdotes, especialmente el P. don Francisco de Rivera, varón venerable, devoto y místico, y dotado de un gran espíritu para dirigir almas a la mayor perfección, cuyos buenos deseos quiso el Señor mortificar, no permitiendo tuviese el logro que el año de 1751 consiguió el P. don Manuel Rincón, su prepósito actual, recibiendo las constituciones que practica la Congregación del Oratorio de Santa Mana de Vallicela, de la santa ciudad de Roma, erigiendo su beatitud la de esta ciudad por Congregación del gran Patriarca S. Felipe, cesando en virtud de esta concesión el uso de las reglas y constituciones primitivas.

Fuera de este formal y apreciable requisito, ha debido este Oratorio al enunciado P. Primiserio el aumento material de su fábrica, añadiendo mucha obra a continuación de la antigua, para lo que había competente territorio, y haberse últimamente retirado a vivir en comunidad y poner en práctica los estatutos referidos.

Está situado este Oratorio casi en el medio de esta ciudad; sus viviendas altas y bajas forman un claustro cuadrado con el pasadizo o ambulatorio correspondiente; son capaces para la habitación de mayor número de comunidad que la que ahora tiene; y a más de éstas goza otras piezas cómodas en el segundo patio para el recreo y entretenimiento no solo permitido, pero muy necesario y conforme a la virtud de la eutrapelia en las casas más austeras y recoletas.

El templo es un crucero mediano, que en los adornos y alhajas exquisitas y preciosas tiene cuando puede servir a la ostentación de los mayores y más opulentos de este país, con una capilla y oratorio privado contiguo a la sacristía. Está instituida en la iglesia principal la devota congregación de la escuela de Cristo, que florece con buenos ejemplos de humildad y obediencia.

La Iglesia y Hospicio de San Isidro Labrador, que en los tiempos pasados fue huerta y casa de diversión, o más propiamente hablando el honesto retiro del Señor don Diego Evelino, y que después la habitó muchos años su inmediato sucesor el Rmo. Mtro. don Fr. Jerónimo de Valdés, quien hizo solemne donación de las fábricas y sitio anexo a los religiosos de Nuestro P. San Francisco, que ahora lo poseen, habiendo acrecentado las viviendas y demolido la ermita antigua, que estaba casi en el centro del citado paraje, construyó una iglesia mediana, destinándolo todo primeramente para casa de recolección de esta Provincia de frailes menores; aunque muy desde luego separándose de este dictamen, la aplicó para Colegio del orden de Predicadores, que con efecto plantó estudios en dicha casa y admitió colegiales que estudiaron en ella; pero no subsistió mucho tiempo esta disposición, porque desazonado con no sé qué motivos (en que creo no influyó alguno grave) obligó a que la dejase la religión, pasando a vivir a ella las niñas del Colegio de San Francisco de Sales, que la habitaron hasta su muerte, después de la cual dedujeron en juicio su derecho los padres de la Observancia, y no obstante el representado por el referido Colegio de niñas, que pretendían su posesión y propiedad, se declaró aquélla a favor de los religiosos en el Real y Supremo Consejo de las Indias el año de 1730 o 31, ocupándolo desde entonces frailes de la Orden, que llegarán hoy al número de 12, los cuales ejercitan en él los ministerios de predicar y confesar, con utilidad y consuelo de los pobres moradores de aquella parte, que es la más retirada y donde termina hacia el Sur la población intramuros.

El sitio es muy extendido, goza de alegre vista y muy buenos aires, y su huerta, con el riego y beneficio del agua que coge por la cercanía de la zanja o conducto que va al Matadero y derrama al mar, produce todas las hortalizas y frutos regionales. Las viviendas forman un claustro alto y bajo, cuyos modelos son muy conformes a los que tienen y usan las más casas de recolección, para lo que fue destinada, como ya dije, y se solicita establecer por la religión como tan necesaria a la formalidad de esta Provincia. La iglesia no difiere en sus tamaños y proporciones de lo que pide y es regular para semejante fin; su puerta principal cae al Norte, y la que mira al Oeste tiene plazuela.

La casa de niños expósitos, llamada vulgarmente la Cuna, es dedicada al glorioso San José. Estuvo en la antigüedad fundada en el sitio que hoy tiene el monasterio de carmelitas, como ya apunté en otro lugar. Habiendo cesado por algunos años el beneficio que resultaba del establecimiento de tan importante obra, digna por cierto de preferirse en cualquiera república, no solo cristiana sino política, entre las más recomendables y caritativas, para abrigo de la inocencia abandonada de la impiedad de los padres, que faltando no solo a las leyes de la naturaleza y amor dado al fruto de sus entrañas, desatienden también los latidos de sus conciencias, exponiendo a tantos riesgos las vidas y almas de sus hijos párvulos, incapaces de hacer por sí lo que los demás necesitados pueden ejecutar por sí o por otros, gozando el perfecto uso de la razón que para todo abre camino; pues los infantes teniendo manos no pueden comer, teniendo boca no pueden pedir y teniendo pies no saben andar, impedimentos que en la mayor edad los suple la industria y habilidad del mudo, manco y tullido. Estas consideraciones debió tener muy presentes el gran Cardenal de España, para haber, entre otras insignes obras pías, fundado en Toledo con particular atención casa para recoger y criar a los desvalidos huérfanos, y que sin duda me persuado inclinarían la real clemencia para haber encargado al Rdo. obispo de esta diócesis y al Cabildo de esta ciudad confiriesen los medios más oportunos para que se estableciese en ella una obra tan importante.[183]

Ejecutose así el año de 1711, habiendo comprado el Ilmo. Valdés unas casas en que fabricó capilla y viviendas correspondientes para habitación del capellán y de las amas que habían de criar a los expósitos, que todo le tuvo de costo 16.000 pesos, según el informe que hizo a S. M., de quien consiguió se librasen por una vez, sobre el ramo de las vacantes de los obispados de Nueva España, la cantidad de 12.000 pesos destinados al fomento y subsistencia de esta Casa, cuyas constituciones dispuso el rey se formasen por el nominado obispo, gobernador y Cabildo de esta ciudad, a quien por cédula de 16 de abril de 1713 se ordenó concurriese con el primero a arbitrar de qué medios se podría valer para la conservación de obra tan pía, y con efecto se aprobó por S. M. la proposición de asignarle 1.000 pesos todos los años del producto del derecho de sisa, como se preceptuó por un despacho de 7 de junio de 1721, sirviendo esta renta y la de 12.000 pesos de principal, con que la dotó su Ilmo. fundador, para la manutención del capellán, crianderas y niños, a que se agregó el estipendio de algunas accesorias alquilables que tiene la casa. Pero no sufragando todo esto para sus precisos y crecidos gastos, se le han mandado aplicar anualmente otros 1.000 pesos del mismo ramo y aun se esperan de la real piedad otras providencias muy favorables para el mayor beneficio de estos niños en su crianza y educación.

El sitio en que esta construida es cerca de la Marina y algo inmediato al convento de San Francisco; su capilla es muy reducida, pero igualmente aseada; en el altar está pintado el Patriarca San José dormido, y despertándole un ángel con las palabras del Evangelio *accipe puerum*; el capellán es del nombramiento del rey.

Hay otra ermita o capilla dentro de los muros y muy contigua al recinto que guarnece esta ciudad por la parte de tierra y rumbo occidental, consa-

183 Salazar de Mendoza, V. del gn. card., libro 2, cap. 58, f. 381.

grada a Nuestra Señora del Monserrate, a quien la dedicó el año de 1675 la devoción de Gaspar de Arteaga y Doña Magdalena de Corvera, vecinos de ella, la cual sirvió algún tiempo de ayuda de parroquia, como se entiende de una real cédula del año de 1692; pero hoy no está colocado en ella el Santísimo Sacramento, y solamente subsiste el culto de la sagrada imagen a quien celebra el patrón de la ermita y otros moradores en el día y octava de la Natividad, con solemnes fiestas. Tiene la antedicha delante de su puerta una plazuela que cae al Oriente en que se suple con la invención de una ramada la falta de sitio para la concurrencia a los divinos oficios en el prevenido tiempo.

Capítulo XLIII. De la erección y número de los curatos del Monte y Santuarios extramuros

Habiendo concluido la serie y relación de todos los templos que comprende esta ciudad dentro de sus murallas, parece que corresponde individuar los que tiene en sus cercanías, sin extenderme a los más remotos que numera en los partidos o curatos de la jurisdicción, que son muchos y algunos por sus particulares circunstancias dieran bastante asunto para extenderme más; pero omitiendo la prolijidad que piden las noticias de cada uno, daré solo la que conduce a que no se ignore el origen de todos.

El señor don Diego Evelino, vigilantísimo pastor de este rebaño, alcanzando no solo con su consideración prudentísima, sino tocando con práctica experiencia el desamparo en que vivía y moría sin los auxilios eclesiásticos tanta porción de gente como había en los campos de este distrito, ocupados en el manejo de haciendas propias y ajenas, careciendo muchos años del beneficio de la misa y uso de los sacramentos aun en el peligro y trance de la muerte, que cogiendo a muchos en tales desiertos, era preciso darles sepultura en las montañas, y que para que tuviesen después la eclesiástica se conducían anualmente los huesos al cementerio de la Parroquial mayor de esta ciudad, la Dominica in passione, propuso a S. M. la necesidad y conveniencia de crear dieciséis curatos en algunos parajes distantes de esta población, para que ordenados a título de ellos sujetos idóneos con proporcionada renta, residiese cada uno en su partido para ocurrir al remedio de las urgencias espirituales de sus feligreses; consulta a que manifestó el rey su real agrado concediendo el permiso. En su virtud, el año de 1688 dio el citado señor obispo principio a la erección de dichos beneficios con universal aplauso y satisfacción de esta república, como tan interesada en esta piadosísima obra y santísima providencia, la que se consumó y aun amplió algo en el pontificado de su inmediato sucesor, porque *facile est inventis addere.* Nominaré los expresados curatos con distinción de los que están a la parte de Barlovento y los que se comprenden en los de Sotavento y costa del Sur, señalando las distancias que hay de esta ciudad a cada uno de ellos, por satisfacer el deseo de algunos curiosos.

LOS DE BARLOVENTO

	Leguas
S. Miguel del Padrón	2
S. Matías de Río Blanco	10
S. Cipriano de Guamacaro	28
Santa Catalina de Gonzalo o Macuriges	36
S. Hilario de Guamutas	48
Ntra. Sra. de Altagraci a de la Hanábana	55
S. Narciso de Álvarez	60
LOS DE SOTAVENTO	
Santiago de las Vegas	5
S. Hilarión de Guanajay	12
Santa Cruz	28
S. Basilio el Magno	35
Ntra. Sra. de Consolación	40
S. Rosendo de Pinar del Río	46
S. Ildefonso de Guane	64
LOS DEL SUR	
S. Julián de los Güines	14
S. Pedro del Batabanó	14

Bastando para el intento lo expresado arriba, continuaré el propósito de relacionar las iglesias o santuarios circunvecinos a esta ciudad, que dejé pendiente; dando el primer lugar al Templo de Ntra. Sra. de Guadalupe, antes constituido auxiliar, y ya hoy parroquial, a que se ha destinado el más moderno de los tres curas que había en las de esta ciudad. Dista esta iglesia poco más de quinientos pasos castellanos de la Puerta de Tierra, hacia el Poniente. Fue en sus principios ermita de paja, dedicada por Francisco Cañete a la misma santísima imagen, creo que por los años de 1716, la cual el de 1718 se pretendió fabricar de cantería y teja, a lo que se opuso el ingeniero de esta plaza por la inmediación que tenía a la muralla, representando los inconvenientes que se ofrecían en el permiso o disimulo de semejante obra, objeción que motivó se hiciese formal reconocimiento del paraje, nombrando el gobernador y Cabildo por comisarios al Alguacil mayor don Nicolás Gatica y Depositario general Don Gaspar Mateo de Acosta, del orden de Santiago, para que con asistencia del prevenido ingeniero se midiese la distancia y expusiesen las razones adversas y favorables que resultaran de la inspección o vista de ojos, para no dar o conceder la licencia. Aunque practicado el examen persistió el enunciado ingeniero en su dificultad, vigorizándola el parecer del prevenido Alguacil mayor, superaron las razones expuestas por el compañero, dándoles la devoción el mayor peso y eficacia. Quizá tuvo presente el gobernador y Cabildo aquella religiosísima máxima o católica confianza del Emperador Rodulfo I, cuando instándole otro profesor de la matemática mandase demoler un templo de la Santísima Virgen que estaba pegado a los muros de cierta plaza importante, respondió con cristiano denuedo: ea, dejad, que no podemos tener mejor antemural que una iglesia consagrada a Nuestra Señora,[184] haciendo eco a esto mismo lo que el rey don Fernando de Nápoles dijo al salir de dicha ciudad estrechado de las armas de Carlos VIII: *nisi Dominus custodierit civitatem, frustra vigilat qui custodit eam.*[185]

Labrose la ermita, y puesta en ejecución poco tiempo después la obra de la calzada, que hizo tan fácil y cómodo el tránsito de esta ciudad hasta aquel sitio, se fueron llenando de habitadores aquellas cercanías, de suerte que se formó en breve tiempo un barrio numeroso, para el cual se consideró ya preciso mayor templo y proveerlo de ministros, que a más del sacrificio de la misa administrasen los sacramentos al cuerpo de vecindario tan crecido. Proposición a que accedió gustoso el señor don Fr. Juan Lazo de la Vega, aprontando gruesas expensas para esta obra, que salió con la perfección y ventajas que hoy se admiran, dando a este arrabal un templo tan lucido y suntuoso que puede ilustrar otra población más distinguida. Dedicolo e hizo su consagración el año de 1742, día de San Francisco Javier, especial protector de este Ilmo. obispo y nombrado con la Santísima Virgen de Guadalupe patrono de él.

La forma de esta iglesia es un cañón principal dilatado y anchuroso con dos órdenes de capillas a los lados, de buen alto y capacidad; su techo es de artesón primorosamente labrado. La capilla mayor está adornada de

184 Grac., Arte del ing., disc. 24, pág. 199.
185 Ps. 127, v. 1.

un altar o retablo dorado magnífico, y en las demás tiene repartidos otros muy aseados. Su frontispicio, que cae al Norte, tiene tres puertas correspondientes a la nave principal, y dos menores con sus columnas y comisas airosas y bien cortadas sobre las cuales vuela un balcón al piso del coro alto. La sacristía y vivienda del teniente de cura y mozo de iglesia son muy conformes en los tamaños y curiosidad a la grandeza del edificio y ministerios de cada uno. Están constituidas en este templo una cofradía y dos hermandades: aquélla del Santísimo Sacramento, y éstas del Santo Cristo de Burgos y Nuestra Señora de la bendición de Dios. Esta última saca todas las noches el rosario públicamente por aquellos contornos con mucha devoción y decencia, a imitación de lo que se practica en esta ciudad tan loable ejercicio, pues apenas hay alguna de las del año que no se encuentren en sus plazas y calles varias congregaciones y hermandades de la Señora, cantando con acompañamiento de instrumentos músicos la salutación angélica, desterrando con las luces la oscuridad, y deleitando con las voces los corazones de los fieles, obsequioso culto con que corresponde esta ciudad los grandes beneficios que experimenta de su protección y amparo, que no paga pero reconoce.

Algo apartado del templo antedicho, hacia el Noroeste, está situado el santuario del Santísimo Cristo de la Salud, cuya venerable imagen se colocó a primero de mayo de 1742, a desvelos y solicitudes de un devoto pardo nombrado Miguel de Rodas, quien recogiendo algunas limosnas para la fábrica de esta pequeña iglesia, la edificó y adornó con el posible esmero, creciendo tanto la devoción y dádivas para su culto, que hizo principio a labrar mayor templo, y según su planta y medidas será muy semejante al de Guadalupe.

Tuvo sagrario y capellán que administraba los sacramentos de la eucaristía y extrema-unción a aquel vecindario; pero se ha suspendido esta disposición por la del actual Ilustrísimo Prelado y solamente permanece la del sacrificio de la misa y la de excitar con rezos y novenarios a todos los comarcanos a la frecuencia del templo y oración, y especialmente a concurrir al rosario que sale de noche por todo aquel paraje.

El año de 1751 se erigió, no muy lejos del precedente santuario, una ermita dedicada a San Luis Gonzaga, cuya colocación se hizo con plausible y religiosa pompa, llevando el sagrado bulto desde la iglesia de Guadalupe en una lucida y numerosa procesión, y en el año siguiente de 1753 se ha construido y abierto la de Jesús, María y José, inmediata al Arsenal, a solicitud del Padre don Manuel Rincón, prepósito del Oratorio de esta ciudad, a quien está anexa y dependiente.

Capítulo XLIV. Del santuario de Nuestra Señora de Regla e Iglesias del Santísimo Cristo del Potosí y Jesús del Monte

El famoso y devoto Santuario de Nuestra Señora de Regla, del que reservé en otro lugar dar noticia en éste, tiene su situación como ya dije dentro de la misma bahía, en una punta o lengua de tierra que desde la ribera o parte del Sur entra en ella inclinada hacia el Noroeste, de cuyo territorio, que era perteneciente al ingenio de *Guaicanámar,* hizo donación el Alguacil mayor don Pedro Recio de Oquendo, su dueño, al hermano Manuel Antonio, llamado vulgarmente «el peregrino», para que en él fabricase ermita a Nuestra Señora, con la anunciada advocación, como lo ejecutó el año de 1690 con licencia de los superiores, así eclesiásticos como seculares, formando un pequeño oratorio cubierto de paja en lo mas angosto de la expresada punta, en el cual colocó una imagen de pincel.

En la referida disposición no duró más que hasta el año de 1692 en que el ímpetu de la memorable tormenta de S. Rafael, que hizo estrago en los más robustos edificios, arrancando la débil choza, parece debilitó también el flaco o poco constante ánimo del fundador; pero como para las obras que son del divino agrado siempre previene su Providencia instrumentos proporcionados para la ejecución de sus adorables designios, de suerte que cuando falta uno, subroga otro que las lleve a su fin, la misma borrasca que derribó la ermita y entibió los fervores de su erector, esa misma movió también en el experimentado conflicto a Juan Martín de Conyedo para que votase y ofreciese a la Purísima Virgen irla a servir en el mencionado santuario, siendo tan fiel en el cumplimiento de su promesa, que solicitando los suplementos de Alonso Sánchez Cabello, vecino y mercader de esta ciudad, puso, por obra el año de 1693 la fábrica de nueva ermita en el paraje que ahora está, asistiendo personalmente a la construcción, con tan celoso afán, que la finalizó el de 1694, con tres cuartos para hospederías, de tapias, rafas y tejas. Como por el mismo tiempo había llegado a este puerto el sargento mayor don Pedro de Aranda, Castellano de la Punta, vecino de esta ciudad, y traído de los reinos de España la imagen de bulto que hoy se venera, con el fin de colocarla en este santuario, se practicó luego así; aumentándose cada día la devoción, se fue amplificando el culto de la Señora haciéndole fiesta anual el día ocho de septiembre, concurriendo los fieles en otros muchos con votos y presentallas a manifestar su gratitud, y con ellas la copia de beneficios recibidos por su poderosa intercesión.

El año de 1701 quedó sujeta esta ermita a la Parroquial de S. Miguel, distante dos leguas de esta ciudad; pero el de 1706 la agregó el Mtro. don Fr. Jerónimo de Valdés a las de La Habana, cuya justicia y Regimiento juró a la Sma. Virgen titular de ella Patrona de la bahía el de 1714, pasando el Cuerpo Capitular con su respetable cabeza el Marqués de Casa Torres, el día 23 de diciembre, al dicho santuario, donde, en presencia de los venerables curas y prelados regulares, puso el regidor decano en manos del Ilmo. obispo una llave de plata dorada, insignia de las armas y blasón de esta nobilísima ciudad y su gran puerto, la cual pasó de las de S. S. Ilma. a los pies de la sagrada efigie, en que hasta el presente permanece, celebrándose tan religioso como autorizado acto con repique general de campanas, salvas de las fortalezas y navíos ancorados en la bahía y otras devotas y festivas demostraciones.

A los tres años después, en el de 1717, a instancia del señor don Gonzalo Vaquedano, oidor que había sido de la Real Audiencia de Lima, y que transitaba por esta ciudad, electo Fiscal del Supremo Consejo de Indias, se colocó el Smo. Sacramento en la referida iglesia el día 29 de octubre, concurriendo a esta función lleno de mayor esplendor y autoridad que la que hizo tan plausible y seria la antecedente, porque no faltándole circunstancias de las que en este país pueden contribuir al lucimiento y suntuosidad de semejantes solemnidades, tuvo el aditamento de la asistencia del nominado ministro y otros títulos, caballeros y oficiales de carácter que en los navíos del rey venidos de Nueva España se transportaban a Castilla y fueron no solo testigos, sino panegiristas de tan reverente como obsequiosa expresión.

Poco tiempo después se le aumentó a la iglesia para más extensión un portal de arcos en su principal puerta que mira al Norte, y se le alargó por la parte del Sur, haciéndole capilla mayor, que unida al cuerpo del templo sirviese para el sagrario y altar de la Señora, separado de las demás que le adornan; también se ensancharon las viviendas para habitación de los hermanos que asisten al santuario y hospedaje de la gente que va de romería a él. Formose un claustro de aposentos bajos para aquéllos, y otro destinado para huéspedes y peregrinos, y se levantó una pieza para vivir el capellán que está perpetuamente allí. Tiene hoy diez hermanos llamados ermitaños de Regla, los cuales visten hábito pardo de lana, con cuello y mangas ajustadas, el que ciñen con una correa; usan de barba prolija, y observan los estatutos que les dio el Ilmo. obispo don Fr. Juan Lazo, bajo del régimen y dirección del capellán, que es clérigo secular y lo nombran los prelados diocesanos. Hay fundada en esta iglesia una devota hermandad de sacerdotes y legos con el título de la Santa Concordia de Ntra. Señora de Regla, que tiene su rector y conciliarios de ambos estados y acuden con limosnas al culto de la Señora, y otra de S. Antonio Abad, para promover el de este santo.

Las dádivas y ofrendas que contribuye la piedad y devoción para este santuario y limosnas que se recogen para él son tales que, no teniendo ninguna renta fija, sufragan para el salario del capellán, manutención y vestuario de los hermanos, adorno y servicio de la iglesia, que posee muy costosas alhajas y ricos ornamentos, y para octavario de la Santa Imagen y demás funciones que se ejecutan en este templo, como se verá en otro lugar.

De su ejemplar fundador el hermano Juan Martín, natural de Conyedo en las Montañas, no puedo omitir dar una breve noticia, porque lo ajustado de su vida merece esta honorífica memoria, pues no perece la de los justos como la de los impíos con el sonido de las campanas. Este venerable varón fue de virtuosa índole, humano y afable en su trato, de continua oración y mortificación, observando vida cuaresmal hasta los últimos períodos de la suya, no queriendo tomar nada de carne sin embargo de su ancianidad y grave achaque, venciéndolo solo el mandato de su confesor en el mayor aprieto de la enfermedad última. Descansó en paz el año de 1743 y yace sepultado en este santuario en que vivió muerto al mundo cincuenta y un años.

El célebre santuario de Jesús Nazareno, Nuestro Señor del Potosí, que es hoy iglesia auxiliar de la parroquia de San Miguel del Padrón, fue antes del año de 1644 ermita de una estancia perteneciente al mayorazgo del capitán Antón Recio, llamada en aquel tiempo del Potosí, por estar fundada en un cerro, la cual parece labraron don Martín Salcedo y Oquendo y Doña Juana Recio su mujer, quienes la dedicaron a dicho Señor y a la Purísima Concepción de la Santísima Virgen, y la proveyeron de alhajas de plata y ornamentos sagrados, imponiendo una memoria o capellanía de 3.000 pesos de principal, para que en ella se dijese misa todos los domingos y días de fiesta, como se evidencia del instrumento que otorgaron en 9 de abril del citado año, ante Marcos de la Cruz Barreto, escribano público de esta ciudad, cuya fundación revalidaron en 15 de septiembre de 1660 por una cláusula de su testamento, que pasó ante Miguel de Quiñones, asimismo escribano público, dejando el patronato de la capellanía a sus sucesores, con especial encargo del cuidado y aseo de la ermita.

Ésta debió de experimentar alguna ruina y se trató de construir otra nueva, la cual parece se finalizó el año de 1675, según el rótulo que se conserva en una lápida sobre su puerta principal, y en el citado año se volvió a colocar allí la venerable imagen de Jesús Nazareno, por la cual se ha dignado obrar muchos prodigios la Divina Omnipotencia; siendo el más celebrado el que dio motivo a su pública veneración y culto, aunque no tengo de esto ningún solemne apoyo, experimentando los labradores de los partidos comarcanos continuadamente el beneficio de las lluvias, siempre que con ocasión de alguna prolongada seca le hacen devotas rogativas, concediéndoles improvisos aguaceros, copioso y fértil riego para sus sementeras. A esta sola expresión reduzco lo mucho que según la fama y tradición antigua pudiera decirse de la milagrosa invención de la santísima efigie y origen de la ermita; pero el descuido y flojedad con que se ha procedido en perpetuar y calificar tales noticias no nos ha dejado más monumentos que el de una confusa y sencilla narración de los sucesos.

La iglesia de Jesús del Monte, que dista como media legua de esta ciudad hacia el Poniente, se fundó para auxiliar de las parroquiales de ella, en el asiento del ingenio titulado San Francisco de Paula, que fue del Br. don Francisco de Lara Bohórquez, de cuyo sitio y fábricas hizo donación a la Iglesia matriz el Licenciado don Cristóbal Bonifaz de Rivera, beneficiado de ella, el año de 1698; la cual subsiste sirviendo de ayuda de parroquia, y fue su primer teniente de cura don Esteban de León. Está dedicada al Buen Pastor, y hay erigidas en ella cofradías del Santísimo y Nuestra Señora del

Rosario, siendo este paraje, entre los hermosos y amenos del contorno, uno de los más deleitables y agraciados.

Capítulo XLV. En que se da noticia y compendian las fiestas que anualmente se celebran en las iglesias de esta ciudad

Para que mejor se comprenda y verifique lo que anuncié al introducirme en la narración y noticias de los templos de esta ciudad, tengo por preciso hacer una menuda y específica relación de todas las fiestas que se celebran anualmente en ellos con solemne pompa, abstrayéndome de referir y numerar otros novenarios y funciones de menos aparato y ostentación, no pareciéndome ajenas del argumento de esta obra, antes sí muy conducentes a él; porque siendo el fin que se pretende en ella manifestar cuanto hace a esta población célebre y aplaudida, y que la curiosidad de los que no la han visto y oyen nombrar con estimación pueda instruirse perfectamente de todo cuanto contribuye a su grandeza, esplendor y fama, de ninguna manera se asegura mejor que extendiéndome a estas individualidades que califican tanto la religiosidad y devoción de los moradores de esta ciudad, persuadiéndome también a ejecutarlo así no menos autorizado ejemplar que el que nos dejó el sabio rey Salomón en el tercero libro de los reyes;[186] pues habiendo descrito la magnificencia de aquel prodigioso templo, milagro entre las maravillas del mundo, nos dio en compendio noticia de las fiestas que hicieron más ilustre la grandeza y santidad de aquel sagrado edificio, cuanto va de la materia a la sustancia; idea en cuya imitación vinculo el acierto y aun creo que el aplauso.

Indice de las festividades que en el curso del año se celebran en las iglesias de esta ciudad, con vísperas, salvas, misas y sermones, y otros requisitos de mucha gravedad y pompa, demostrándose con una las que son de tabla, así por orden del rey, como por voto del ilustre Ayuntamiento.

IGLESIA MAYOR	
El Dulcísimo nombre de Jesús, en 1.º de enero	1
Ntra. Sra. de la Candelaria en 2 de febrero	1
Los seis viernes de cuaresma, al Santísimo Cristo que se venera en ella	6
San José, en 19 de marzo	1

186 Reg., cap. 8.

Aparición de San Miguel, en 8 de mayo	1
Ascensión del Señor	1
Corpus Christi, con octava	8
San Pedro y San Pablo, en 29 de junio	1
Visitación de Ntra. Sra. en 2 de julio	1
San Marcial, patrón contra las hormigas, el 7	1
Transfiguración del Señor, domínica primera de agosto	1
San Lorenzo, patrón contra los rayos, el 10	1
La Asunción de Nuestra Señora, el 15, con octava hasta el 22	8
San Crispín y Crispiniano	1
San Miguel, 29 de septiembre, fiesta de los alcaldes ordinarios de esta ciudad	1
Patrocinio de Nuestra Señora, domínica segunda de noviembre	1
Aniversario de los militares	1
San Cristóbal, patrón de esta ciudad, 16 de noviembre, con jubileo de 40 horas hasta el 19	4
Santa Bárbara, en 4 de diciembre	1
San Nicolás, obispo, día 6	1
La Concepción de Nuestra Señora, el 8	1
Nuestra Señora de Guadalupe, el 12	1
San Esteban, el 26	1
Las doce dominicas de cada mes al Santísimo Sacramento	12
	57

LA DEL ESPÍRITU SANTO

San José, en 19 de marzo	1
Santísimo Cristo de los Ángeles, domínica cuarta de cuaresma	1
Dolores gloriosos de Nuestra Señora	1
Pascua de Pentecostés	3
Santísima Trinidad, en su domínica	1
Corpus Christi	1

Patrocinio de Nuestra Señora	1
Nombre de María Santísima, con octava	8
Santa Gertrudis, en 17 de noviembre	1
El Señor de la Coronación	1
Los doce domingos terceros, al Santísimo	12
	31
EL SANTO CRISTO DEL BUEN VIAJE	
San José	1
Dolores de Ntra Sra., con Sacramento	1
San Antonio, en 13 de junio	1
Corpus Christi	1
San Cayetano, 7 de agosto	1
Exaltación de la Santísima Cruz, desde 14 de septiembre hasta 21; con jubileo de 40 horas	8
Santa Efigenia, con Sacramento y octava	8
Divina Pastora, domínica segunda de noviembre	8
San Francisco Javier, en 3 de diciembre	1
Ntra. Sra. de Altagracia, desde 26 hasta 28	3
SANTO ÁNGEL CUSTODIO	
San José	1
San Antonio	1
Corpus Christi	1
Santo Ángel de la Guarda, en 2 de octubre	1
San Rafael, desde 24 hasta 27, con jubileo de 40horas	4
Ntra. Sra. de Guadalupe	1
	9
NUESTRO PADRE SANTO DOMINGO	
Dulcísimo nombre de Jesús, 1.º de enero	1
Santo Tomás de Aquino, 7 de marzo	1
San José, 19 del dicho	1
Dolores de Nuestra Señora	1

San Vicente Ferrer, 5 de abril	1
Santa Catalina de Riccis	1
Santa Catalina de Sena, patrona de su 3.ª orden	1
San Pedro Mártir, fiesta del Santo Tribunal	1
San Antonio de Padua, 13 de junio	1
Corpus Christi	1
San Eloy, del gremio de los plateros	1
San Liborio	1
San Pedro González, patrón de los navegantes	1
Santa Inés del Monte Policiano	1
San Luis Beltrán	1
San Juan Bautista, su titular	1
Santa Ana	1
Sto. Domingo, con octava	8
San Juan Nepomuceno	1
Santísima Trinidad	1
San Jerónimo, patrón de la Universidad, 30 de septiembre	1
Nuestra Señora del Rosario, con octava y jubileo de 40 horas	8
Santa Rosa de Santa María, con octava	8
San Rafael	1
San Jacinto	1
San Judas Tadeo	1
Asunción, Natividad, Anunciación, Purificación y Concepción de Nuestra Señora	5
Sto. Domingo Soriano	1
Los 12 domingos primeros del mes a Ntra. Sra. del Rosario	12
	64

NUESTRO PADRE SAN FRANCISCO

El Niño perdido, dominica infraoctava de Epifanía.	1

Patrocinio de Jesús, María y José, domínica segunda de enero	1
San José, con octavario	8
Dolores de Ntra. Sra., con jubileo	2
San Juan Nepomuceno	1
Santísima Trinidad	1
Corpus Christi	1
Translación del Seráfico Patriarca	1
San Antonio, 13 de junio, con octava y jubileo de 40 horas	8
San Francisco Solano, patrón de las milicias de esta ciudad, 24 de julio	1
Santa Ana, en 26	1
Ntra. Sra. de los Ángeles, con octava y jubileo de 40 horas	8
San Cayetano, con jubileo, manifiesto el Santísimo	1
San Buenaventura	3
Ntra. Sra. de Aranzazú, de los guipuzcoanos	1
San Joaquín	1
Translación de San Pedro Alcántara	1
Santa Elena, patrona de la provincia	1
San Benito de San Tradelo	1
Ntra. Sra. de los Remedios, en 8 de septiembre, con octava	8
San Francisco, con Sacramento, en su octava	8
San Pedro de Alcántara, 19 de octubre	1
San Judas Tadeo, en 28	1
San Diego de Alcalá, 12 de noviembre	1
San Francisco Javier, 3 de diciembre	1
Ntra. Sra. de la Concepción con octava, el último día de fiesta de tabla	8

Santa Lucía, del gremio de los escribanos	1
Ntra. Sra. de Guadalupe	1
	73

IGLESIA DE LA SANTA VERACRUZ

Santo o santa de suerte del 3.º orden	1
Invención de la Santísima Cruz, en 3 de mayo	1
San Luis, rey de Francia, en 25 de agosto	1
Las llagas del Seráfico Patriarca, con jubileo de 40 horas, desde 17 de septiembre hasta el 19	3
Ntra. Sra. del Pilar de Zaragoza, 12 de octubre	1
San Nicolás de Bari, domínica primera de diciembre, con jubileo	1
Ntra. Sra. de la Concepción del Diario	1
Los domingos terceros, al Santísimo	12
	21

SEÑOR SAN AGUSTÍN

San Francisco de Sales, en 29 de enero, con jubileo de 40 horas	3
Ntra. Sra. de Candelaria, desde 2 de febrero hasta el 9	8
San José, en 19 de marzo	1
Dolores de Ntra. Sra.	1
Santísima Trinidad, con su domínica	1
Santa Mónica, en 4 de mayo	1
Santa Verónica de Venasco	1
Corpus Christi	1
Santa Rita, en 22 de mayo	1
Ntra. Sra. del Triunfo, con Sacramento	1
Reliquias de San Bonifacio mártir, *idem*	1
Sangre de Cristo Nuestro Señor	1

San Cayetano	1
El Santo Ecce-Homo, en 24 de agosto	1
San Agustín, con octavario	8
San Nicolás de Tolentino, 10 de septiembre	1
Sto. Tomás de Villanueva, en 18	1
Dolores Gloriosos	1
Arcángel San Miguel, en 29 de septiembre	1
Santa Catalina mártir, con jubileo de 40 horas	3
Santa Bárbara, en 4 de diciembre	1
La Purísima Concepción	1
Ntra. Sra. de Guadalupe	1
	41

CAPILLA DEL 3.º ORDEN

San Dimas	1
Asunción de Ntra. Sra., con octava, Tránsito	8
San Joaquín	1
	10

NUESTRA SEÑORA DE LA MERCED

San Pedro Nolasco, en 30 de enero	1
Patrocinio de San José, con Sacramento	1
San Ramón Nonato, *idem*	1
La Santísima Virgen, desde 24 de septiembre hasta 1.º de octubre	8
San Pedro Pascual, en 24 de octubre	1
	12

SANTA CLARA

Santa Coleta, en 5 de marzo	1
Dolores de Ntra. Sra.	1
Patrocinio de San José, con Sacramento	3
Corpus Christi	1
Santa María Magdalena, en 22 de julio	1

San Lorenzo, en 8 de agosto	1
Santa Clara, en 12, con Sacramento	1
Asunción de Ntra. Sra., el 15	1
Ntra. Sra. del Rosario	1
Translación de Santa Clara, en 3 de octubre	1
Santa Gertrudis, en 17 de noviembre	1
La Inmaculada Concepción	1
Los domingos terceros, al Santísimo	12
	26

SANTA CATALINA DE SENA

Corpus Christi	1
Santa Catalina de Sena, en 30 de abril, con Sacramento	1
Sto. Domingo	1
Ntra. Sra. de las Maravillas	1
Asunción de Ntra. Sra.	1
La Purísima Concepción	1
Domingos quintos del mes, al Santísimo	3
	9

SANTA TERESA

Santa Apolonia, en 9 de febrero	1
Jesús Nazareno rescatado, domínica segunda de cuaresma	1
Ntra. Sra. del Carmen, con octava, expuesto el Santísimo	8
Patrocinio del Patriarca San José, con la misma circunstancia	1
El dardo de la Santa Madre Teresa, en 27 de agosto, ídem	1
La Seráfica Virgen, 15 de octubre	1
El Tránsito de Ntra. Sra., en 15 de agosto	1
San Juan de la Cruz, 24 de noviembre	1
Los domingos cuartos del mes, al Santísimo	12
	27

SAN JUAN DE DIOS

San Blas, en 3 de febrero	1
San Juan de Dios, en su iglesia y enfermería, 8 y 14 de marzo	2
Dolores de Ntra. Sra., con jubileo, expuesto el Santísimo	3
Resurrección del Señor	1
Santísima Trinidad, en su domínica	1
Santa Ana, en su día	1
San Carlos Borromeo, 4 de noviembre	1
Ntra. Sra. de Belén, en 26 de diciembre	1
Ntra. Sra. del Monte, en su presentación, con octavario	8
	19

CONVALECENCIA DE NUESTRA SEÑORA DE BELÉN	
Ntra. Sra. de Candelaria	1
Dolores de Ntra. Sra., expuesto el Santísimo	1
Santo Cristo de la Salud, con jubileo, expuesto el Señor	2
Santa Rita y Corpus Christi	1
Ntra. Sra. de Belén, con jubileo	2
	7

SAN FRANCISCO DE PAULA	
San José	1
El Patriarca San Francisco de Paula, con jubileo de 40 horas	3
San Juan Nepomuceno	1
San Antonio de Padua	1
Santo Cristo de Balaguer	1
Ntra. Sra, de las Nieves	1
	8

COLEGIO DE LA COMPAÑÍA	
Nombre de Jesús	1
San José, patrón del colegio	1
Dolores de Ntra. Sra.	1

San Antonio de Padua	1
El Patriarca San Ignacio	1
San Luis Gonzaga	1
Santísima Virgen de la Luz	1
San Francisco de Borja	1
San Francisco Javier	1
Concepción de Ntra. Sra., fiesta de regimiento de esta plaza	1
Ntra. Sra. del Loreto, con novenario de fiestas	9
	19

EL DE SAN AMBROSIO

Su titular, en 7 de diciembre	1

EL DE SAN FRANCISCO DE SALES

Su patrón, en 29 de enero	1

ORATORIO DE SAN FELIPE

San Antonio Abad, 16 de enero, con jubileo de 40 horas	3
Dolores de Ntra. Sra.	1
Invención de la Cruz: al Santísimo Crucifijo que se venera en él	1
San Juan Nepomuceno	1
San Felpe Neri, en 26 de mayo, con el mismo jubileo	3
Santa Rosalía, en 4 de septiembre y su traslación	2
San Casiano, fiesta de los niños	1
Dolores Gloriosos	1
Ntra. Sra. de la Luz	1
La Purísima Concepción	1
Los domingos terceros, al Santísimo	12
	27

SAN ISIDRO

San Melchor, en enero	1

San Isidro labrador, en 15 de mayo	1
La Purísima Concepción	1
	3

LA CUNA	
Su titular Señor San José, en 19 de marzo	1
Dolores Gloriosos de Ntra. Sra.	1
	2

MONSERRATE	
La natividad de Ntra. Sra., el primer día fiesta con sermón, y los demás, misa y salve cantada	8

GUADALUPE	
Santo Cristo de los Milagros	1
San José, en su día	1
Corpus Christi	1
Ntra. Sra. de la Bendición de Dios	1
El Señor de Burgos	1
San Francisco Javier	1
Ntra. Sra. de Guadalupe	1
	7

SANTO CRISTO DE LA SALUD	
Invención de la Santísima Cruz	1
Sangre de Cristo	1
San José	1
Exaltación de la Cruz	1
	4

SAN LUIS GONZAGA	
Titular	1

SANTUARIO DE REGLA

San Antonio Abad, con jubileo, expuesto el Santísimo	1
Ntra. Sra. de Regla, octavario, expuesto el Señor primero y último día	8
San Jerónimo	1
	10

JESÚS DEL MONTE

El Buen Pastor, en su domínica	1
Corpus Christi	1
Jesús Nazareno	1
	3

POTOSÍ

Domingo de la Santísima Trinidad, a Jesús Nazareno, Ntro. Señor	1

RESUMEN DE FIESTAS

La Iglesia Mayor	57
El Espíritu Santo	31
El Santo Cristo del Buen Viaje	33
El Santo Ángel	9
Sto. Domingo	64
San Francisco Seráfico	73
Santa Veracruz de su tercera orden	21
San Agustín	41
Su orden tercera	10
La Merced	12
Santa Clara	26
Santa Catalina de Sena	9
Santa Teresa	27
San Juan de Dios	19

Belén	7
Paula	8
Compañía de Jesús	19
Colegio de San Ambrosio	1
San Francisco de Sales	1
San Felipe Neri	27
San Isidro	3
La Cuna	2
Monserrate	8
Guadalupe	7
Santo Cristo de la Salud	4
San Luis Gonzaga	1
Santuario de Regla	10
Jesús del Monte	3
Potosí	1
Total:	534

De la suma de festividades que se demuestra arriba, se inferirá por mayor lo que se gasta y consume anualmente en cera de Castilla, pues desestimándose la de Campeche y alguna que da el país así para las referidas funciones como para las de Semana Santa, que no incluyo, se busca con emulación la más selecta y pura de Europa, compitiéndose en la calidad y abundancia de ella, de suerte que aunque no me atreva a decir tanto de La Habana como expresó de Lima cierto escritor,[187] ponderando lo que se consume de este genero en aquella ciudad, podré a lo menos, sin ofender con el encarecimiento la verdad, decir que la nuestra gasta tanta cera en un mes como otras ciudades en un año, y que en los demás adornos que hacen tan sobresaliente la pompa de estas religiosas solemnidades puede competir y aun exceder a muchas de las más famosas.

187 Tesoro verd. de las Ind., t. 2, c. 5, pág. 173.

Capítulo XLVI. Del estimable honor que resulta a esta ciudad del mérito y circunstancias de los insignes hijos que ha tenido

Así como la virtud y excelencias de los hijos hace gloriosos a sus padres, así colma de gloria y fama a la patria la bondad y mérito de sus naturales. ¡Qué honor no dieron a Esparta los Epanimondas, a Roma los Camilos, a Atenas los Aristides y a Cartago los Aníbales! Los triunfos y proezas de estos héroes las coronaron de laureles, y sus victorias las enriquecieron de palmas; ninguna alabanza sublima ni ilustra tanto a una ciudad, ni ennoblece más a una población, que el buen nombre de sus patricios y la honrada calidad de sus originarios. En la sabia Grecia compitieron siete ciudades la gloria de ser cuna de Homero, no queriendo ni aun a costa de una disputa perder el honor de un blasón tan apreciable.

Por esta razón discurrí y determiné, como lo previne en otro lugar, poner por remate o final de esta obra un curioso compendio o abreviado resumen de algunos famosos hijos que con su virtud, letras y esfuerzo le han dado a nuestra patria tanto crédito y nombre; y digo solamente de algunos, porque no he podido investigar con certeza los actos, ocupaciones y méritos de muchos, especialmente de aquellos que florecieron en el primer siglo de su fundación, porque extinguidas algunas familias de las antiguas, han perecido con ellas las memorias y monumentos de los que concibo fundadamente produciría no menos fecunda aquella edad. Además que para descubrir los de la siguiente, ha costado bastante dificultad y desvelo adquirir las noticias que comprende el epítome, y eso muy diminutas, de cuyo requisito he querido adornar esta obra, por haber visto autorizada esta práctica de algunos escritores, los cuales en otras de igual asunto la han constituido ya como precisa, siendo uno de los que más modernamente lo han ejecutado el doctor don Pedro de Peralta en su Lima ilustrada, a quien no pudiendo imitar en la elegancia, me contentaré con seguir en esto; obligándome también el deseo y obligación de manifestar que no son estos climas tan estériles de hombres buenos o varones virtuosos como se dice, ni que la prole de los castellanos bastardea en ellos como la buena semilla en ruin tierra.

No ignoro que en este punto escribió el doctor don Juan de Solórzano favoreciendo en justicia a los indianos, y que el Rmo. Salinas y otros autores regionales han formado y difundido copiosos catálogos y honrosos índices de los varones excelentes que han producido nuestras Indias en todas clases, cuyos testimonios irrefragables bastarían a convencer el error, si no estuviese tan obstinada la ceguedad; pero no me creo por esto excusado de la obligación particular de hacer notorio por mi parte y por mi patria lo que ellos pretendieron ejecutoriar en común por todas las provincias del Nuevo Mundo, y así tocaré en abreviatura lo que ellos hicieron tan ampliamente.

En consecuencia de lo propuesto, dividiré en los tres capítulos siguientes el prevenido resumen, colocando en el primero a los que han ascendido por la línea eclesiástica a varias dignidades canonicales y prelacías, así en las catedrales como en las religiones.

En el segundo a los que han subido por su literatura, grados y méritos a las reales cancillerías, tribunales de justicia y universidades famosas de estas y de otras partes.

En el tercero a los que en el servicio de nuestros soberanos han militado en sus ejércitos y armadas mandando en escuadras, plazas y fortalezas, fiadas a su valor, conducta y experiencia.

Hágome cargo de que la severidad de la crítica moderna no me dispensará la censura a vista de colocar y referir en el epílogo algunas personas de nuestro país que no han llegado por la categoría de los empleos a aquel ápice de grandeza y dignidad que puede ilustrar y ennoblecer la patria, cuando escasamente bastará a condecorar el sujeto, o cuando más a distinguir o ameritar la familia; pero aunque conozco la gran diferencia y notable distancia que hay entre los ejercicios de una mediana clase a los de superior jerarquía que no solo se juzgan aptos y capaces de honrar una ciudad, sino hasta de engrandecer una nación, como lo dio a entender el Papa Calixto III en la feliz coyuntura de florecer a un mismo tiempo de la aragonesa un Pontífice Romano, un rey de las Dos Sicilias, un Cardenal Vice Cancelario, un capitán general de las armas de la Iglesia, y un Ministro general de la religión seráfica, no obstante me persuado a que en los mismos términos sobre que puede fundarse la objeción o crisis, resulta siempre en mucho honor de esta ciudad el que la noble inclinación de sus naturales, por las sendas ordinarias del merecimiento, haya solicitado aunque no conseguido una honrosa elevación, porque esto habrá sido adversidad de su fortuna y no desdoro de la generosidad de sus ánimos.[188]

El P. Fr. Jerónimo de la Concepción en su Emporio del Mundo,[189] numerando todas las ciudades, villas y lugares del territorio y obispado de Cádiz, dio una breve noticia de los hijos ilustres que habían producido algunas de ellas, célebres en armas, letras y virtud, y no excluyó de aquel lugar y memoria a los que no llegaron a ocupaciones muy sublimes; si de unas poblaciones tan antiguas como las que componen lo más principal de la Andalucía baja reputó por mucha gloria y crédito haber logrado tales hijos, con cuánta mayor razón y fundamento deberé estimar yo por muy honorífico a nuestra patria (tan desigual en la antigüedad y colocación a aquellas ciudades) el haber producido varones insignes en nada inferiores a los que él numera y pone en todas categorías, considerando (como lo haría el citado autor) que no está a veces la excelencia de los hombres en las elevaciones que facilita la suerte, sino en el mérito que les adquiere su virtud y aplicación.

Hallan comúnmente los indianos, según lo convencen las experiencias y acreditan las noticias, muy difíciles en España los ascensos; se lo embaraza unas veces el mérito y otras la recomendación de los naturales de aquellos reinos, en donde siendo tantos y tan dignos los puestos, es regular sean preferidos en las ocupaciones y que dejen pocos lugares vacíos en que puedan dedicarse los criollos, siempre o las más veces destituidos de paisanos que los protejan y favorezcan; así, por más que sus servicios y suficiencias los haga muy decentes y proporcionados para subir a ellos, prevalece en las pretensiones el favor y patrocinio de los rivales.

De Anteón fabularon o discurrieron los antiguos, como escriben los mitológicos, que el calor y abrigo de su madre la Tierra le daba aliento e infundió espíritus para lidiar con Hércules, cobrando esfuerzos para la lucha cada vez que rendido daba en el suelo, y que separado de este auxilio perdió el triunfo y la vida. Ficción fue ésta sin duda de los poetas, por muy propia inventiva, para persuadir cuánto contribuye el favor materno o suelo patrio

188 Crónica de San Francisco, t. 7, pág. 119.
189 Emporio del mundo, 1. 7, c. 6, pág. 519 y sigs.

para esforzar el ánimo a sublimes empresas y facilitar el logro de grandes cosas.

No ignoran los políticos y cortesanos cuánto obra regularmente hablando, para adquirir los ascensos el respeto de las casas, la inmediata recomendación de las parentelas, y lo que es más, la mano y favor de los compatriotas autorizados y poderosos, siendo ejemplar de esto último la privanza de Mardoqueo y de Daniel, tan propicia y benéfica para exaltación y comodidad de sus paisanos; y como las necesidades en esas partes, por las distancias de sus familias, sirven y trabajan sin estos auxilios, hallan difícilmente el camino para las elevaciones, y faltándoles el patrocinio, pocas veces pueden llegar a la cumbre de la estimación y felicidad, porque el mérito, sin las alas del favor, vuela tan preciosamente, que nunca arriba a mucha altura.

No produzco estas expresiones como querella del poco premio que han tenido los servicios y escritos de los paisanos, sino como satisfacción y respuesta al reparo de no haberse exaltado a mayores puestos los que han trabajado y servido tan honrosamente como expondré, porque solamente atribuyo a la falta de producción y de buena suerte no haberse adelantado alguno de tantos como han pretendido por diversas líneas sus aumentos, a los que considero muy dignos de mi memoria y de que se gloríe La Habana de haberlos producido; por cuya razón no excusaré nominarlos en los siguientes capítulos, a excepción de aquellos de quienes he dado noticia en otros de esta obra, por no hacerla fastidiosa con la repetición; aunque no debo ni me parece omitir el notarial un blasón con que ilustró a esta ciudad el mérito de sus hijos, rara vez conseguido por otras, haciéndolo más estimable para la nuestra, atendidas las circunstancias que concurrían en aquel tiempo para que fuese más honroso.

Habiendo fallecido a fines del año de 1702 el Maestro de Campo don Pedro Benítez de Lugo, gobernador y capitán general de esta ciudad e Isla, y el de 1704 el Ilmo. señor don Diego Evelino, obispo de esta Diócesis, sucedió al primero en el gobierno político el Licenciado don Nicolás Chirino y en el militar el Castellano don Luis Chacón, y al segundo en el eclesiástico de esta ciudad y su jurisdicción el Beneficiado don Dionisio Recino, su Provisor y vicario general, que continuó nombrado por el Deán y Cabildo en la Sede vacante, los cuales empleos ejercieron hasta el año de 1706, que arribaron a este puerto los Sres. obispo y gobernador, y siendo todos tres naturales de La Habana, quedó enteramente el gobierno de ella refundido en sus propios hijos, y lo eran también los que por muerte de los antedichos podían y debían subrogar en sus ocupaciones.

La buena conducta y acertada dirección con que las manejaron mereció repetidas aprobaciones de la Corte, y lo que es más apreciable, una segura confianza de nuestro rey en ocasión que, zozobrando la fidelidad en otros dominios de la Corona, se creía imperturbable la de esta ciudad e Isla mandada por tres naturales de esta ciudad, supongo como tan cierto que no infestó a las Indias el pestilente contagio del fanatismo, sin embargo de que la Gran Bretaña intentó introducirlo por las tentativas de su Almirante Bembow, a que conspiraron otros que ocultamente vinieron a ellas, pensando que en secreto el mal cundiese más bien, pero siempre juzgo más decoroso que en aquella constitución tan lamentable se mantuviese en la fina lealtad de tres habanenses indemne la de toda la Isla, siendo este triunvirato más glorioso y feliz para ella que lo fue para la República Romana el de Octaviano, Marco Antonio y Lépido, pues la conservaron en quietud, obediencia y prosperidad, sin que nos pueda deslucir este honor ni malquistar esta excelencia el ruidoso empeño con que pretendió el Sargento Mayor don Lorenzo de Prados contrarrestar el fundado derecho a don Luis Chacón, pues deben advertir los noticiosos de lo pasado que no llegó esta controversia a los términos en que parece estuvo la suscitada muerte de don Francisco Gelder, en cuyo tiempo no eran criollos los competidores. Baste esta prevención para atajar o desvanecer cualquiera mal intencionado reparo.[190]

190 Real cédula, El Pardo, 19 de en. de 1655.

Capítulo XLVII. Dignidades, canónigos y prebendados: de diversas iglesias, prelados y sujetos insignes de algunas religiones, naturales de esta ciudad

Licenciado don Francisco de Paula y Morales, murió electo obispo de la provincia de Santa Marta, en la ciudad de Sevilla.

Doctor don Francisco de Soto, graduado en Teología en la Universidad de Salamanca, dignidad de maestre de escuela de la Santa Iglesia Catedral de Plasencia.

Doctor don Juan Ferro Machado, graduado en la de Sevilla, Consultor del Santo Oficio y comisario subdelegado de la Santa Cruzada en esta ciudad, Visitador general de la provincia de la Florida, Predicador y Capellán de honor de S. M., Teólogo y Examinador de la Nunciatura de España, teniente de vicario general de los Reales Ejércitos y dignidad de Tesorero de la Santa Iglesia de Valladolid, provincia de Mechoacán.

Licenciado don Francisco de Zayas Bazán, electo primero Racionero de la Santa Iglesia de Cuba, después Prebendado, Canónigo y dignidad de Tesorero de la Puebla de los Ángeles.

Doctor don Antonio de Escalante y Borroto, graduado en las Universidades de México y Santo Domingo, Consultor del Santo Oficio, Prebendado, Canónigo Mercenario y dignidad de Chantre de la Catedral de Cuba, Provisor y vicario general en ella, renunció la dignidad de Tesorero de la Santa Iglesia de Caracas a que fue presentado y promovido; contribuyó este eclesiástico con algunas expensas para una plataforma que labró en el castillo del Morro de la ciudad de Cuba cierto vecino de ella, como lo refiere el Ilustrísimo Morell en la obra y lugar que cito al margen.[191]

Doctor don Luis Umpierres, graduado en Teología en la Universidad de Alcalá, Prebendado y Canónigo de la Santa Iglesia metropolitana de México y juez de rentas de aquel Arzobispado. Escribió y estampó un papel en Derecho sobre el capítulo I, libro IV de los estatutos de dicha Santa Iglesia contra los fundamentos del señor Maestre de escuela el año de 1725; fue varón de mucha entereza, literatura y recogimiento.

---

191 Relación de las tent. de ingleses en Amer., f. 39.

Licenciado don Juan de Almeyda, Canónigo de la Santa Iglesia de Cuba.[192]

Licenciado don José Cordero Esquivel, graduado en Cánones en la ciudad de México, fue presentado y promovido Canónigo Mercenario de la Santa Iglesia de esta Isla el año de 1702, de que no tomó posesión por su anticipada muerte.

Doctor don Gaspar de los reyes, graduado en México, Canónigo doctoral de la Iglesia Catedral de Oaxaca en la Nueva España.

Doctor don Antonio de Pimentel y Calvo, graduado en Teología en la misma Universidad, Catedrático propietario del Maestro de las Sentencias en ella, Calificador del Santo Oficio, Cura beneficiado del Valle de San Francisco, Canónigo lectoral de la Santa Iglesia de Valladolid y Visitador del Obispado de Mechoacán, de cuya literatura y doctas obras hace honorífica memoria le Biblioteca Mexicana.[193]

Doctor don José Duarte y Burón, colegial del insigne de San Ramón, graduado en ambos Derechos en la Universidad de México, Catedrático propietario de Instituta en ella y *ad tempus* de la de Vísperas de Leyes. Examinador sinodal de su Arzobispado, Abogado de presos del Santo Oficio de la Nueva España, Conciliario de dicha Universidad y Canónigo doctoral de la Santa Iglesia de la Puebla. Los actos literarios y méritos con que se halla con decorado este eclesiástico son muy relevantes; ha impreso un papel en Derecho sobre el diezmo que deben pagar las haciendas que siembran y cogen el maguey de que se hace la bebida del *pulque* en el Reino de Nueva España, obra muy especial y digna de sus acreditados estudios.

Doctor don Pedro de Recabarren, graduado en Cánones y Leyes en la Universidad de México, Catedrático propietario en ella de la de Clementinas, Sagrados Cánones y Decreto; su Cancelario y rector, Prebendado de la Santa Iglesia metropolitana de dicha Corte.[194]

Licenciado don Simón de Matos, Canónigo de la Santa Iglesia de Ciudad Real, Obispado de Chiapa, Provisor y vicario general en él.

---

192 Morell, Historia de la Isla y Catedral de Cuba, n.º 7 del Pnt. de D. Greg. de Alarcón.

193 Eguiara, t. 1, pág. 260 y sig.

194 Ibid., n.º 35.

Br. don Lorenzo de Solís, graduado en Teología en la ciudad de México, Canónigo de la Catedral de esta Isla, Provisor y vicario general en Sede vacante de la ciudad de Cuba.[195]

Don Francisco Molina, teniente de Cura de la Parroquial Mayor de esta ciudad, murió ya presentado a una canonjía de la Iglesia de Santo Domingo en la Isla Española.

R. P. Fr. José Suárez, Calificador de la Suprema, Maestro del número de su Provincia de Santa Clara de Montefalco de las Canarias, del Orden de S. Agustín y meritísimo Provincial de ella, varón muy religioso y docto.

Reverendo y venerable P. Fr. Manuel de S. Juan Bautista, del Orden de Ntra. Sra. del Carmen de la Provincia de Nueva España, Lector de Vísperas de Teología y de Sagrada Escritura, Prior del Convento de Valladolid, dos veces del de México, rector del Colegio de Santa Ana en dicha corte, Definidor y Provincial de la expresada Provincia, en donde murió con grande crédito de virtuoso y ejemplar, según una relación firmada de Fr. Miguel de S. José del mismo instituto.

R. P. Fr. Pablo de Jesús Mana, del mismo Orden, Catedrático de Moral en el Colegio de Santo Ángel en la ciudad de México, su rector y Prior del Convento de ella y últimamente Provincial de su Provincia de Nueva España.

El Padre Francisco Rodríguez de Vera, de la Compañía de Jesús, rector del máximo Colegio de S. Pedro y S. Pablo de la enunciada corte, en donde leyó con grande crédito todas sus cátedras y escribió algunas obras de Teología moral, aunque no se han impreso, y cuya noticia debo a la ingenuidad del P. Francisco Javier de Melgar, Catedrático de Filosofía y de Vísperas de Teología en el citado Colegio y rector del de S. Ignacio de la Puebla, nuestro benemérito compatriota.

El R. P. Fr. José Rodríguez de Sanabria, del Orden de S. Juan de Dios, Prior de su Convento y Hospital de Cartagena de Indias y comisario general de todos los del nuevo Reino de Granada.

Otras muchas personas de letras y virtud que han dado al venerable clero y sagradas religiones de esta ciudad, se pudieran añadir; pero se omiten por no hacer más dilatada esta obra.

---

195 Morell, Historia etc., n. 35, de la vac. del señor Sto. Matías.

Capítulo XLVIII. De los ministros togados y otras personas de letras, empleadas en oficios políticos de honra y confianza

Doctor don Juan de Aréchaga y Casas, graduado en el Derecho Civil en Salamanca, Catedrático de Instituta en ella, oidor decano y presidente de Sala de la Real Audiencia de México, Consultor del Santo Oficio, Conjuez del Tribunal de la Santa Cruzada en dicha Corte, gobernador del estado de la Nueva España, gobernador y capitán general de la provincia de Yucatán y juez de residencia del Excmo. señor Virrey Conde de Paredes. Escribió y dio a la estampa un tratado con el título de *Aréchaga, Commentaria juris civilis,* habiendo merecido por esta obra y otros lucidos actos que tuvo en aquella famosa escuela, el aplauso y estimación de muchos de sus principales alumnos, particularmente del Eminentísimo Cardenal Sáenz de Aguirre,[196] como se verá en el lugar que cito. De su integridad y nobles prendas habla honoríficamente el doctísimo Padre Castillo, escritor insigne, al cual remito al lector.[197]

El licenciado don Tomás Recino, estudió y fue graduado en ambos Derechos en la referida Universidad de Salamanca por los años de 1663 y 68: substituyó en ella varias Cátedras, y leyó once veces de oposición a la de Prima, Vísperas, Digesto viejo, Volumen y Código. Escribió un tratado *A quibus acquiri et constitui possunt servitutes,* explicando todos los textos concernientes a la materia. Fue alcalde mayor de la villa de Ugijar y teniente de corregidor en la ciudad de Granada, Abogado de su Cancillería y de los Reales Consejos, juez de millones en la ciudad de Sevilla, y electo oidor de la Real Audiencia de Manila.

Licenciado don Martín de Recabarren, colegial del mayor de Santa María de Todos-Santos en México, Catedrático sustituto de Prima de leyes en su Universidad, oidor de las Reales Audiencias de Panamá y Chile, corregidor y Auditor de guerra y Superintendente del Puerto de la Concepción en el Reino de Chile. Hizo cuatro oposiciones a las primeras Cátedras de dicha Universidad, que le eligió su Conciliario.

196 Card. Aguirre in suis lubid. Salm. preludio 4, núm. 109.
197 Cast., Dedicatoria del 1. Inst. Debb. y Zael.

Licenciado don Ambrosio de Santaella y Melgarejo, Colegial presidente del de los Comendadores de S. Ramón de México, oidor de la Real Audiencia de Guatemala y juez de bienes de difuntos en ella; Fiscal del crimen y de lo civil en la de México, últimamente oidor de ésta.[198] Fue protector del Colegio mayor de Santos en la Universidad de dicha ciudad y en ella hizo varias oposiciones a las cátedras de ambos Derechos, escribió y dio a la prensa en la de la viuda de Miguel de Rivera una docta alegación sobre cierta causa de inmunidad que cita la Biblioteca Mexicana.

Licenciado don Francisco de Castilla Borroto, Colegial presidente del Colegio de S. Ramón,[199] rector tres veces del mayor de Todos-Santos, Abogado Fiscal y oidor de la de Manila, sujeto muy acreditado por su literatura e integridad, y celebrado dignamente en la obra que cito.[200]

Licenciado don Francisco Gómez de Algarín, colegial del insigne de S. Ramón, oidor de la Real Audiencia de Guadalajara.

Licenciado don Juan Aparicio del Manzano, graduado en Méjico y Fiscal del rey en la antedicha.

Licenciado don Gregorio Lazo de la Vega, teniente de gobernador y Auditor de guerra de la ciudad y provincia de Cartagena de Indias, Consultor del Santo Oficio que reside en ella, electo oidor de Quito, a donde no pasó por su muerte.

Don Antonio de Alarcón y Ocaña, corregidor y Justicia mayor y capitán a guerra de la ciudad de Jaén y después de la de Granada y Superintendente de ella; celebrose su discreción y conducta en un poema impreso en Jaén con motivo de las demostraciones plausibles que ejecuto dicha ciudad en la coronación de nuestro católico rey don Luis I.[201]

Licenciado don Francisco Ramírez de Lescano, graduado en la Universidad de Salamanca, teniente de gobernador y Auditor de Guerra de la ciudad de Cartagena, Consultor del Sto. Oficio, alcalde mayor de la de Gibraltar y de la villa de Cáceres en los Reinos de España, en donde fue ocupado en varias comisiones por el Supremo Consejo de Castilla, el de Hacienda y

198 México regoc., pág. 532.
199 Eguiara, Bibliot. mex., pág. 131 y sig.
200 México regoc., pág. 526.
201 Rimas 26, 29, 36, 40.

Guerra, desempeñándolas todas con gran aprobación, de que se le dieron las gracias.

Licenciado don Dionisio de Quiñones, Abogado de los Reales Consejos, Auditor general de la gente de guerra de las armadas de galeones, últimamente de los del cargo de don Diego de Ibarra.

Don Francisco de Mella y Frías, corregidor de la provincia de Huehuetenango y Totonicapan, del Reino de Guatemala.

Don Sebastián de Medrano, corregidor y capitán a Guerra de la ciudad de Tunja en el Nuevo Reino de Granada.

Don José de Zepeda y Aguilar, corregidor y Justicia mayor de la Provincia de Guarachirí en el del Perú.

Don Marcos López de Noroña, corregidor y teniente de capitán general de la ciudad de Antequera y Valle de Oaxaca.

Don Antonio López Matozo, Regidor y Contador de menores de la ciudad de la Veracruz, gobernador y capitán a guerra de la ciudad y provincia de Tlaxcala, que por tiempo de ocho años le ha concedido S. M.

Don Juan Valentín de Moya, Tesorero de la Casa de la Contratación de Cádiz, en cuyo empleo acreditó su desinterés y grande aplicación al real servicio hasta su muerte.

Don José Antonio de Ambulodi y Arriola, Tesorero de marina del departamento de Alicante.

Don Felipe Fernández Pacheco, Oficial de la Real Hacienda de la ciudad y minas de Pachuca por S. M. e interino de las Reales Cajas de México por nombramiento del Excmo. Virrey de la Nueva España.

Don Francisco de Ciscara, Caballero de la orden de Santiago, Ministro de la Real Hacienda del Puerto de la Veracruz.

Doctor don Juan Vázquez de Hinestrosa, graduado en Medicina en la Universidad de México y Catedrático propietario de la de Vísperas en ella.

Doctor don José Escobar y Morales, Catedrático propietario de la de Matemáticas en la misma Universidad. Fue graduado de Doctor en Leyes y Medicina y de Bachiller en las demás facultades, porque a su gran talento ninguna fue extraña. Murió año de 1737 y en la Gaceta de dicho año, impresa en la oficina de doña María de Rivera, se le dan los debidos elogios de su acreditada literatura y aciertos.

Licenciado don Manuel Rodríguez Calvo, colegial del de S. Ramón de la Corte de México y Abogado de su Real Audiencia, habiéndose opuesto el año de 1735 a la canongía doctoral de la Catedral de Manila y sido preferido a los demás opositores y propuéstolo a S. M. el señor Arzobispo Virrey en primer lugar, la renunció, quedándose solo con este mérito y el honor de su experimentada y relevante suficiencia para otras mayores ocupaciones.

Excuso por lo expuesto en el capítulo antecedente añadir en esta clase otros muchos sujetos, que así en el reino de la Nueva España como en distintas partes de este Nuevo Mundo, han ejercido con aprobación varios empleos de confianza, así de justicia como de Real Hacienda.

Capítulo XLIX. De los que se han ocupado en el real servicio, en ejércitos, armadas y plazas con empleos honoríficos

El Excmo. señor doctor Francisco Díaz Pimienta, Caballero del orden de Santiago, del Consejo de Guerra, Señor de Villarreal, gobernador y capitán general de la isla de Menorca, Almirante general de la Real Armada, gobernador general de ella con honores de capitán general, últimamente Virrey de Sicilia, fue hijo de esta ciudad, como lo expuso al rey Nuestro Señor el Rmo. P. Fr. Buenaventura de Salinas, comisario general de las provincias de la Nueva España del orden de S. Francisco,[202] que como autor coetáneo y tan grave debe ser atendido más que alguno que hoy pone en duda la certidumbre de su naturaleza; las acciones memorables y empresas heroicas de este general acreditaron en el orbe su gran conducta, experiencia, valor y fortuna, las que elogia y ensalza con su delicada agudeza el ingeniosísimo Lorenzo Gracián.[203]

Don Gonzalo Chacón, del orden de Alcántara, Marqués de la Peñuola, sirvió en la Armada Real y fue capitán general diversas veces de las flotas y galeones, de cuyos méritos, que supongo muy relevantes, no he podido adquirir individual noticia, y solo tengo la de haber sido natural de esta ciudad, por la aserción de los muchos parientes que tiene en ella y otras personas de no menor crédito.

El Almirante don Luis de Esquivel y Carrillo sirvió a S. M. en la Real Armada cuarenta y ocho años de Alférez, capitán de infantería, de mar y guerra; de teniente general de artillería, y gobernador de la almiranta de Guipúzcoa; se halló en los sitios de Lérida y Orbitelo, en la recuperación de Barcelona, viajes a la costa de Portugal y de Cataluña, islas de Mallorca, Menorca e Ibiza, en la restauración de la isla de Santa Catalina, en la batalla que nuestra armada y galeras tuvo con la de Francia, en que se atribuyó a su valor y disposición no hubiese echado el enemigo a pique la galera patrona, en el combate que el día 22 de abril del año de 1676 tuvo dicha Real Armada en el golfo de Catania, y el mismo año en el puerto de Palermo y en otras muchas ocasiones, con crédito y fama de buen oficial.

202 Manif. inf. y memor., pte. 1.ª, cap. 12, f. 107, núm. 184.
203 Criticón, 2.ª pte., pág. 243, col. 1.

Don Diego de Alarcón y Ocaña, capitán de navío de la Real Armada, sirvió a S. M. cuarenta y dos años en ella en el Presidio de Veracruz y ejército de Andalucía con plaza de soldado, capitán de infantería del tercio de la Armada de Barlovento y de la dicha plaza, capitán de mar y guerra y Almirante de la antedicha, y se halló en dicho tiempo en la facción que se intentó contra los escoceses en el Darién, en el combate que tuvo la almirante de Barlovento del cargo de don Guillermo Murphy, y de que era capitán dicho don Diego, con dos navíos de guerra franceses, en cuya ocasión cumplió con las obligaciones de su sangre y empleo, y lo mismo en la entrada y devastación del Guarico y toma de Puerto Príncipe, asistiendo a las baterías que se le pusieron. En el año de 1701, hallándose en España, se agregó de voluntario a una manga que fue a reforzar e incorporarse en el ejército de Andalucía al campo de Buenavista, y el día 23 de septiembre de dicho año pasó en él a buscar los ingleses y holandeses bajo de sus fuegos, embarazándole la aguada de los Cañuelos hasta que se logró desalojarlos de Rota y su Castillo; lo que certificó con honrosas expresiones el Marqués de Villadarías y otros Cabos a cuya vista y bajo de cuyas órdenes sirvió en esta campaña.

coronel de infantería don Manuel José de Jústiz, sirvió de capitán en la Plaza de Fuenterrabía, de Sargento mayor y Castellano del Morro en ésta y de gobernador y capitán general de las provincias de la Florida en virtud de real cédula fecha en Aranjuez en 13 de abril de 1736.

Don José Franco, capitán de infantería del Regimiento de Portugal y coronel del Regimiento de Milicias del de Écija, sirvió muchos años con gran crédito en los reales ejércitos, portándose en todas las funciones con el mayor valor y honra.

coronel de infantería don Pedro de Zacarías y Villa-Real, gobernador y Castellano del Presidio de Zamboanga en las islas Filipinas, se ocupó en el real servicio de las Armadas de aquellos mares de Asia de capitán de mar y guerra y de Almirante, con tal crédito de las armas españolas y terror de las moriscas que hizo su nombre respetado y temido en aquel archipiélago y costas, como podrá ver el curioso en distintos lugares de la obra que cito, y en que se hacen honrosas memorias de sus empresas.[204]

204 Torrub., Dis. Historia política, pág. 54 y sig.

Maestre de Campo don Gaspar de Hinestrosa, Castellano del castillo de León en la provincia de Nicaragua, lo defendió valerosamente el año de 1694, estando sitiado por los franceses.

coronel don Juan de Dios Valdés, Comandante y gobernador de la Trinidad de la Guayana, en cuya provincia ha servido a S. M. con mucho honor.

teniente coronel de Infantería don Luis Chacón, de cuyas ocupaciones he dado noticia en esta obra, pero no de sus servicios, y reservé para este lugar: consta que militó veintiocho años en la Armada del Océano, Presidio de Cádiz y ejército de Cataluña con los empleos de Alférez y capitán de infantería en los tercios del Duque de Monte León y Marqués de Leganes, y después con el de capitán de caballos, corazas de la guardia del capitán general de dicho ejército, habiéndose hallado en la entrada que el Duque de Palma hizo en Rosellón, donde le tocó desalojar al enemigo de unos fortines en el reencuentro de Espolla, en que quedó herido de un mosquetazo; en el sitio que el francés puso a Puigcerdá, siendo uno de los que valerosamente defendieron la brecha; en el reencuentro de Pon Mayor de Gerona y sitio de esta plaza; en la recuperación de Camprodón, sitio de Barcelona y en otras muchas funciones en que se desempeño como animoso, noble y experimentado oficial.

Don Fernando Chacón, capitán de Fragata de la Real Armada, sirvió en ella con el honor que es tan público y se halló en el combate que con la escuadra inglesa tuvo la nuestra sobre las costas de Sicilia el año de 1719.

teniente coronel de Infantería Marqués de San Felipe y Santiago, sirvió en esta plaza de capitán de Milicias, gobernó en el ínterin la Provincia de Cumaná y últimamente, en la expedición destinada a destruir las plantaciones de la Nueva Georgia, se le encargó el comando de las tropas milicianas de esta plaza, cumpliendo en esta campaña con sus obligaciones.

Don Tiburcio Díaz Pimienta, capitán de infantería y Sargento mayor del tercio de la Real Armada, gobernador del fuerte de San Antonio de la ciudad de Ébora en Portugal, y Coregidor de la de Tunja en el Nuevo Reino de Granada: sirvió en la Armada del Océano y ejército de Extremadura, y se halló en el sitio y toma de Olivenza y Morón en el avance de los fortines, en el sitio de Yelves y toma de Aranchez y Jurameña. Estuvo sitiado en Badajoz y en Ébora mandando dicha fortaleza, y en la batalla que se dio al rebelde sobre Villaviciosa, portándose en todas estas ocasiones con la honra y valor correspondiente a sus circunstancias.

Don Luis de Morales, capitán de infantería y Sargento mayor del Presidio de Manila, gobernador y Castellano de la fortaleza y puerto de Cavite.

Don Lorenzo de Prado y Carabajal, capitán de infantería del tercio viejo de la Armada Real y Sargento mayor de esta plaza, sirvió en Extremadura, Cataluña, Gibraltar, Ceuta y Melilla, y se halló en la batalla y recuperación de Camprodón, y en los avances que se dieron a los moros y socorros que se intentaron introducir en los fuertes de la Albarrada y la Cantera, mostrándose en las referidas funciones con gran espíritu y bizarría, como lo certifican sus generales.

Don Luis de Aguilar y Rojas, Caballero del orden de Santiago, habiendo servido en compañía de Don Juan su hermano, de quien dejo hecha memoria entre los alcaides de la Fuerza Vieja, murió, siendo capitán de infantería, de un balazo en la batalla de Camprodón, con que consumó su mérito.

Don Juan Menéndez Márquez, Caballero del mismo Orden, capitán de infantería y Sargento mayor de esta plaza.

Don Félix Chacón se ocupó en el real servicio catorce años y siete meses en el ejército de Cataluña de soldado y de capitán de infantería en los tercios del Duque de Monte León, de don Francisco Vicentelo y del Duque de San Pedro, habiéndose hallado sitiado en Puigcerdá y en otras varias funciones. Pasó al Piamonte en donde perdió la vida en la batalla de Estafarda, última prueba de su honor y fineza.

Don Juan de Ciscara, Ingeniero militar del Reino de Nueva España e islas Filipinas, capitán de infantería y Sargento mayor del Presidio de Manila, teniente del capitán general en las provincias de Otón y Panai; por sus acreditados servicios y famosas obras de arquitectura militar y civil le premió S. M. con merced de hábito de una de las órdenes militares, mereciendo la insigne fábrica de la capilla de Nuestra Señora del Rosario, que delineó en dicha ciudad de Manila, el aplauso y admiración de aquellas islas asiáticas.[205]

205 D. P. Cordero, Descr. de la cap. de N. S. del Rosario de Manila.

Don Diego de Recabarren, capitán de infantería y Sargento mayor del regimiento de Segovia, sirvió en el ejército de Extremadura y Cataluña, con aprobación, hasta su muerte.

Don José de Santa Cruz, Sargento mayor de la gente de guerra de la flota del cargo del general don Manuel Velasco, que se incendió en Vigo; Alcaide del castillo de la Punta de este puerto, sirvió a S. M. en estos empleos y fue encargado de pegar fuego a todos los bajeles ancorados en el de Vigo, lo que ejecutó con gran riesgo de su vida, pero con igual reputación de su persona por el continuo que hacía la escuadra enemiga sobre nuestros navíos. El año de 1704 fue enviado con socorro de armas y gente al Presidio de la Florida, que estaba amenazado de los ingleses.

Don Miguel de Santa Cruz, su hermano, capitán de infantería del Regimiento del coronel Marqués de Valde-Sevilla, se halló en muchas funciones y campañas, principalmente en el sitio que se puso por nuestras armas a la plaza de Gibraltar el año de 1704 y fue uno de los ofíciales voluntarios que con dicho coronel subieron el día 11 de noviembre del citado año a la montaña a desalojar los enemigos, de donde salió herido y después se halló con su manga en la toma del Pastel, que estaba formado a su entrada, continuando su mérito en el real servicio hasta su muerte.

Don Felipe Matienzo, capitán de infantería en el Regimiento de Lombardía.

Don José de Soto, sirvió con el mismo empleo en el de Segovia hasta su muerte.

Don Juan Tadeo Palacián, don Luis Baraona y Don Agustín de Contreras sirvieron asimismo en los reales ejércitos, los dos primeros de Capitanes de infantería y el último de granaderos, con el que murió en el combate que nuestra escuadra tuvo con la británica el año de 1719 sobre las costas de Sicilia.

Sargento mayor don Antonio Poveda, gobernador y capitán a guerra por S. M. de la provincia de Nicaragua, habiendo terminado su empleo felizmente, le volvió la Real Audiencia de Guatemala a ocupar en el mismo encargo por las inquietudes acaecidas con su sucesor, en cuya ocasión le quitaron traidoramente la vida algunos amotinados.

Don Diego de Peralta, teniente de navío, don Juan Castellón, don Miguel Ambulodi y don Domingo López de Avilés, Capitanes de infantería de Marina, sirvieron en la Real Armada hasta su muerte.

Don José Fernández Pacheco, capitán de infantería y de granaderos del Regimiento de Portugal, se halló en varias funciones en las últimas campañas de Italia.

Don Pablo Castellón, Caballero del orden de Santiago y don Juan de Silva, Capitanes de infantería por S. M. en esta plaza y don Bernabé Sánchez y don Juan Fernández de Chávez en la de Cuba.

capitán don Francisco González Carvajal, Primer Sargento mayor de las Milicias de la villa de Guanabacoa, a quien S. M. concedió este empleo con el sueldo de capitán de infantería en atención a la acertada conducta con que manejó en esta Isla algunas facciones de guerra que se le encomendaron, sirviéndose también de ordenar al gobernador de esta plaza por una real cédula de 27 de julio de 1711 se valiese de su persona y dictámenes en semejantes ocasiones para el mayor acierto de lo que se intentase.[206]

capitán don Antonio Gómez y Montiel, Comandante de Armas en Guanabacoa, hizo importantísimos servicios a la Corona en varias acciones de guerra, por haber sido de un valor extraordinario.

Don Agustín de Ayala y don Juan su hermano, Capitanes de infantería en el Presidio de la Florida; murió el primero en una salida que hizo contra los ingleses teniendo sitiado el castillo, año de 1703; el segundo pasó, con el mismo empleo, a esta plaza.

Don Pedro Rafael de Arrate, mi hermano, capitán de infantería y gobernador de las armas del Presidio de Santa Marta y Comandante de las compañías del de Cuba. Sirvió en el ejército de Extremadura, mandado por el Marqués de Bay, de soldado y Alférez de Caballería en los Regimientos de don Jerónimo de la Puente y don Gonzalo de Carvajal, y se halló en la sorpresa y toma de Alcántara y de Ciudad Rodrigo, en el sitio y bloqueo de la plaza de Olivenza, y en el que los enemigos pusieron a Badajoz; en el socorro que se intentó introducir en Jerez de los Caballeros en la campaña que S. M. siguió personalmente y en la batalla de la Gudiña, cumpliendo en todas como valeroso soldado, especialmente en la última, en que manifestó

206 Márquez de Altamira, Descripción, pág. 7.

su esfuerzo y arrojo a los mayores peligros, como lo certifican todos sus generales.

Don Luis Basabe, capitán de dragones en esta plaza y don Nicolás del Junto en el Reino de la Nueva España.

Don José de Acosta, actual teniente de Navío de la Real Armada.

Don Nicolás de Zenea y don Miguel de Cárdenas, Sargentos mayores de la villa de Guanabacoa por S. M.

capitán don José Antonio de Roa, sirvió en los reales ejércitos veintiséis años en los regimientos de Lisboa y Lombardía, de Cadete, Alférez de compañía sencilla, de granaderos y de teniente de la compañía de don Tomás de Alfaras, y se hallo en el bloqueo de Olivenza y batalla de la Gudiña, en la sorpresa de Montfort y la de Barbasena, en el sitio de la villa de Mages y de Castel Ciudad, y avance que se dio a la Torreblanca; en los reencuentros de las villas de Lagunas, Riodomos, Alechal y Alforjas; en el de Puerto de Cabra y río de Cañas, portándose en todos con gran valor y reputación.

Don Santiago y don Manuel de Arrate, mis hermanos, sirvieron en dichos ejércitos, el primero de soldado y Alférez de caballería del Regimiento de don Diego de Velasco y Córdoba, hasta el año de 1708, que murió en la flor de su edad en Badajoz, habiéndose hallado en muchas funciones, especialmente en el reencuentro que tuvo su Regimiento mandado por el Marqués de Risburg, el año de 1706, día 14 de septiembre, con un cuerpo de 600 enemigos, en cuya ocasión dio muy claras pruebas de su honor y esfuerzo; el segundo sirvió de Cadete y Alférez de caballería del Regimiento de Montesa, y reformado pasó a servir a la Compañía española de Guardias de Corps, hasta que S. M. le confirió una Tenencia en el Regimiento de órdenes viejo, en cuyo tiempo y con los referidos empleos se halló en el sitio de Campo-mayor y sublevación de Cataluña, en varios destacamentos en la campaña de Navarra y cuarteles de Mataró y Vich, en la expedición de África y desalojamiento de los moros del campo de Ceuta, cumpliendo con las obligaciones de su sangre y empleos hasta que se retiro por su quebrantada salud, concediéndole el rey el sueldo de inválido.

Aunque pudiera dilatar más este capítulo y dar mayor cuerpo a esta obra, si hubiese de referir menudamente en él los otros muchos patricios que por la línea de las armas están hoy ocupados en el real servicio en ésta y en aquellos reinos, con varios empleos, desempeñándolos con mucha estimación en las ocasiones que se han ofrecido y ofrecen con motivo de la guerra, calificando el bien fundado concepto o práctica noticia del doctísimo Padre Florencia, que hablando de los naturales de este país afirmó eran muy hábiles para las armas, porque a la verdad son dotados de espíritus marciales; pero me ha parecido excusar tanta prolijidad, porque juzgo suficiente lo insinuado para que se infiera lo que en el asunto omito, dejando también al silencio los floridos ingenios que así en la poesía y oratoria como en las demás artes liberales ha producido esta en todo fecundísima ciudad, aunque con el infortunio de no lograr Mecenas que hayan inmortalizado sus obras, finalizando yo ésta con el rasgo siguiente, respiración ingenua y afectuosa del rubor con que dejo la pluma, viendo malograda por su grosería y mi rudeza la intención con que la emprendí y he continuado hasta aquí, con más borrones que trazos.

SONETO

Aquí suelto la pluma ¡oh patria amada,
Noble Habana, ciudad esclarecida!
Pues si harto bien volaba presumida,
Ya es justo se retire avergonzada.

Si a delinearte, patria venerada,
Se alentó de mi pulso mal regida,
Poco hace en retirarse ya corrida,
Cuando es tanto dejarte mal copiada.

Mas ni aun así ha logrado desairarte;
Pues si tanto hijo tuyo sabio y fuerte
En las palestras de Minerva y Marte

Te acreditan y exaltan, bien se advierte
Que donde han sido tantos a ilustrarte,
No he de bastar yo solo a obscurecerte.

Libros a la carta

A la carta es un servicio especializado para
empresas,
librerías,
bibliotecas,
editoriales
y centros de enseñanza;

y permite confeccionar libros que, por su formato y concepción, sirven a los propósitos más específicos de estas instituciones.

Las empresas nos encargan ediciones personalizadas para marketing editorial o para regalos institucionales. Y los interesados solicitan, a título personal, ediciones antiguas, o no disponibles en el mercado; y las acompañan con notas y comentarios críticos.

Las ediciones tienen como apoyo un libro de estilo con todo tipo de referencias sobre los criterios de tratamiento tipográfico aplicados a nuestros libros que puede ser consultado en Linkgua-ediciones.com.

Linkgua edita por encargo diferentes versiones de una misma obra con distintos tratamientos ortotipográficos (actualizaciones de carácter divulgativo de un clásico, o versiones estrictamente fieles a la edición original de referencia).

Este servicio de ediciones a la carta le permitirá, si usted se dedica a la enseñanza, tener una forma de hacer pública su interpretación de un texto y, sobre una versión digitalizada «base», usted podrá introducir interpretaciones del texto fuente. Es un tópico que los profesores denuncien en clase los desmanes de una edición, o vayan comentando errores de interpretación de un texto y esta es una solución útil a esa necesidad del mundo académico.

Asimismo publicamos de manera sistemática, en un mismo catálogo, tesis doctorales y actas de congresos académicos, que son distribuidas a través de nuestra Web.

El servicio de «libros a la carta» funciona de dos formas.

1. Tenemos un fondo de libros digitalizados que usted puede personalizar en tiradas de al menos cinco ejemplares. Estas personalizaciones pueden

ser de todo tipo: añadir notas de clase para uso de un grupo de estudiantes, introducir logos corporativos para uso con fines de marketing empresarial, etc. etc.

2. Buscamos libros descatalogados de otras editoriales y los reeditamos en tiradas cortas a petición de un cliente.

www.ingramcontent.com/pod-product-compliance
Ingram Content Group UK Ltd.
Pitfield, Milton Keynes, MK11 3LW, UK
UKHW042007190726
13854UKWH00005B/2203